分裂国家的统一：理论与实践

The Unification of the Divided Nation-States: Theory and Practice

- Vereinigung
- توحيد
- 통일
- thống nhất

韩献栋 著

知识产权出版社
全国百佳图书出版单位

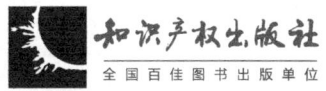

图书在版编目（CIP）数据

分裂国家的统一：理论与实践 / 韩献栋著. — 北京：知识产权出版社，2014.7
ISBN 978-7-5130-2943-8

Ⅰ. ①分… Ⅱ. ①韩… Ⅲ. ①国家统一—研究—世界 Ⅳ. ①D5

中国版本图书馆 CIP 数据核字（2014）第 198606 号

责任编辑：雷春丽　　　　　　　　责任出版：刘译文
封面设计：SUN 工作室

分裂国家的统一：理论与实践

韩献栋　著

出版发行：	知识产权出版社 有限责任公司	网　址：	http://www.ipph.cn
社　址：	北京市海淀区马甸南村 1 号	邮　编：	100088
责编电话：	010-82000860 转 8004	责编邮箱：	leichunli@cnipr.com
发行电话：	010-82000860 转 8101/8102	发行传真：	010-82000893/82005070/82000270
印　刷：	北京中献拓方科技发展有限公司	经　销：	各大网络书店、新华书店及相关销售网点
开　本：	787mm×1092mm　1/16	印　张：	17
版　次：	2014 年 7 月第 1 版	印　次：	2014 年 7 月第 1 次印刷
字　数：	293 千字	定　价：	45.00 元

ISBN 978-7-5130-2943-8

出版权专有　侵权必究

如有印装质量问题，本社负责调换。

目 录

绪 论　　　　　　　　　　　　　　　　　　　/ 1

━━━ 第一部分　理论 ━━━

第一章　统一的涵义　　　　　　　　　　　　　/ 11

第一节　民族与国家　　　　　　　　　　　　　/ 11
　　一、民族与民族主义　　　　　　　　　　　　/ 11
　　二、国家与民族国家　　　　　　　　　　　　/ 14

第二节　统一的涵义　　　　　　　　　　　　　/ 16
　　一、国家统一　　　　　　　　　　　　　　　/ 16
　　二、民族统一　　　　　　　　　　　　　　　/ 17

第二章　国家结构形式　　　　　　　　　　　　/ 19

第一节　涵义与分类　　　　　　　　　　　　　/ 19
　　一、涵义　　　　　　　　　　　　　　　　　/ 19
　　二、分类　　　　　　　　　　　　　　　　　/ 19

第二节　单一制　　　　　　　　　　　　　　　/ 20
　　一、概念与特征　　　　　　　　　　　　　　/ 20
　　二、思想与实践　　　　　　　　　　　　　　/ 21

第三节　联邦制 / 22
一、概念与特征 / 22
二、思想与实践 / 22

第二部分　实践案例

第三章　越南的统一 / 27
第一节　越南简史 / 27
第二节　越南的分裂 / 29
一、分裂过程 / 29
二、越南民主共和国 / 35
三、"越南共和国" / 36
四、南北越比较 / 40

第三节　越南的统一 / 47
一、双方的统一政策 / 47
二、越南的统一过程 / 48
三、统一的实现 / 61

第四节　越南统一的启示 / 67
一、统一基础的奠定 / 67
二、经济与社会的统合 / 68
三、国际介入的应对 / 69

第四章　也门的统一 / 72
第一节　也门简史 / 72
第二节　也门的分裂 / 73

一、阿拉伯也门共和国　　/ 73
　　二、也门人民民主共和国　　/ 79
　　三、南北也门比较　　/ 82

第三节　也门的统一过程　　/ 87
　　一、统一政策　　/ 87
　　二、协商过程　　/ 88

第四节　统一方式及其问题　　/ 98
　　一、政治领域　　/ 98
　　二、经济领域　　/ 102
　　三、社会领域　　/ 103
　　四、军事领域　　/ 104

第五节　也门统一的启示　　/ 104
　　一、民族认同的培育　　/ 105
　　二、统一协商的平台　　/ 105
　　三、统一过程中的制度统合　　/ 106
　　四、国际介入的处理　　/ 107

第五章　德国的统一　　/ 109

第一节　德国简史　　/ 109

第二节　德国的分裂　　/ 111
　　一、战后处理与分割占领　　/ 111
　　二、走向分裂　　/ 114
　　三、两个德国的体制　　/ 122

第三节　统一政策的演变　　/ 123
　　一、1949—1963年　　/ 123
　　二、1963—1969年　　/ 131

三、1969—1974年 / 135
　　四、1974—1989年 / 138

第四节　两德的统一 / 141
　　一、第一个《国家条约》 / 141
　　二、第二个《国家条约》 / 145

第五节　两德的统一方式 / 146
　　一、货币和经济统合 / 146
　　二、政治统合 / 149
　　三、军事统合 / 150

第六节　德国统一的经验 / 152
　　一、民族认同的培育 / 152
　　二、统一协商的平台 / 153
　　三、统一过程中的制度统合 / 153
　　四、国际介入的处理 / 158

第六章　朝鲜半岛的统一问题 / 164

第一节　朝鲜半岛简史 / 164

第二节　朝鲜半岛的分裂 / 166
　　一、托管方案的提出与"38度线"的划定 / 166
　　二、半岛内部的政治生态 / 169
　　三、美、苏的占领政策 / 171
　　四、内部龟裂与外部决裂 / 176
　　五、南北政府的建立 / 184

第三节　统一政策的演变 / 186
　　一、20世纪60年代以前 / 186
　　二、20世纪60年代 / 193

三、20世纪70—80年代后期　　　　　　　/ 197
四、后冷战时期　　　　　　　　　　　　/ 204

第四节　相关的问题　　　　　　　　　　/ 214
一、民族同质性的恢复　　　　　　　　　/ 214
二、异质制度与统一方式　　　　　　　　/ 215
三、地区结构的均衡　　　　　　　　　　/ 217

第三部分　相关文本

一、越南统一相关文本　　　　　　　　　/ 221
二、也门统一相关文本　　　　　　　　　/ 229
三、德国统一相关文本　　　　　　　　　/ 237
四、朝韩关系相关文本　　　　　　　　　/ 247

参考文献　　　　　　　　　　　　　　　　/ 254
一、外文资料　　　　　　　　　　　　　/ 254
二、中文资料　　　　　　　　　　　　　/ 257

后记　　　　　　　　　　　　　　　　　　/ 262

表目录

表3-1　"越南共和国"国家元首（总统）一览表　　　／43

表3-2　"越南共和国"政府总理一览表　　　／43

表4-1　南北也门GDP发展状况　　　／85

表5-1　1991—2000年德国的统一费用预算　　　／155

表5-2　1991—2003年统一费用支出细目　　　／156
　　　（联邦建设交通部）

表6-1　朝韩人际往来状况　　　／214

绪　　论

　　所谓分裂国家指的是原来政治统一的国家分裂为分离实体的状态[①]。不少研究分裂国家统一问题的学者将分裂国家的英文标注为 Divided-Nations[②]，但笔者仍倾向于将其标注为 Divided-Nation States。中国台湾学者张五岳将分裂国家的特征概括为如下六个方面："第一，分裂双方原系一个拥有共同语言、历史、文化和长期统一经验的国家社会单位，亦即在分裂前，其国民意识与国家权力结构，都是一个完整的单位；第二，国家的分裂不管是国际安排或内战所致，皆未经双方人民的同意而产生；第三，分裂双方（或至少一方）皆不断明白宣示，以结束国土分裂，追求国家再统一为其策；第四，分裂双方各自信奉不同意识形态，采取互异的政治、经济、社会体制，使得双方各项发展呈现异质化的现象；第五，分裂双方皆由于国际强权的介入，使得双方的互动与统一均涉及列强的权力平衡；第六，分裂双方所衍生的各项重大问题，如主权、领土、继承等，不仅在传统国际政治上所未见，亦为传统国际法所无由加以规范。"[③]依照张五岳对分裂国家的特征进行的如上描述，只有第二次世界大战以后分裂的国家才符合这些特征，但是统一是早已在数百年甚至一两千年之前的历史上就已经出现的谈论或实践。那么，历史上的统一与当代的统一又具有怎样的不同呢？对此，后文将有论述，这也正是笔者倾向于将分裂国家的英文标注为 Divided-Nation States 的原因，当代国家的分裂与统一问题均是在民族国家的框架内所关涉的问题，不但涉及政府权力的分裂与统一，也涉及民族共同体的分化、隔离与统一。

　　对分裂国家统一问题的比较研究早在20世纪70年代就已经开始，当时主要是本身处于分裂状态之国家的学者对这一问题的研究和思考，实际上现在对本问题的研究状况依然如此。1973年韩国《东亚日报》安保统一问题调查研究

[①] Greory Henderson, Richard Ned Lbeow and John G., Stoessinger eds, *Divided Nations in a Divided World*, New York:David Mckay Company, Inc, 1974.
[②] 夏路：《复合权力结构与分裂国家统一模式——对越南、德国的比较研究》，复旦大学2008年博士学位论文，第1页；王英津：《国家统一模式研究》，九州出版社2008年版，第91页。
[③] 张五岳：《分裂国家互动模式与统一政策之比较研究》，台湾业强出版社1992年版，第2—3页。

所编辑出版了《东西德和南北韩：统一方式的相似性和异质性》一书，《东亚日报》编辑局局长洪承勉等人发表了《分断国问题的再发现》、《德国统一方式和韩国统一方式》等文章，对同处于分裂状态的东西德和南北朝鲜进行了比较研究。随后几位德国学者于1974年共同编著了《分裂世界中的分裂国家》[①]。20世纪90年代以后，随着德国、也门等国家统一的实现，出于对这一问题的关注，不断有学者进行此方面的研究，并陆续用中文出版了一些研究成果，如张五岳于1992年出版了《分裂国家互动模式与统一政策之比较研究》，赵全胜于1994年出版了《分裂与统一：中国、韩国、德国、越南经验之比较研究》[②]。2000年以后，中国大陆学者对这一问题的研究热度升温，陆续有几部专著出版，如李毅臻于2007年编辑出版了《统一之路与分裂之痛：二战后分裂国家统一的启示与统一国家分裂的教训》[③]，王英津于2008年出版了《国家统一模式研究》，陈云林于2009年主编出版了《当代国家统一与分裂问题研究》[④]，夏路在其博士论文的基础上于2011年出版了《复合权力结构与国家统一模式——对越南、德国、也门的比较研究》[⑤]。除中国学术界之外，对这一问题进行深入研究的还有韩国学术界，多年来出版了不少研究成果，本书的参考文献中略有记载，在此不予赘述。

之所以要进行且可以进行比较研究，首要的条件是研究的对象之间要具有可比性，但是可比性不是绝对的和客观存在的，而是一种人为设定的结果，风马牛不相及的事物，只要设定一个合适的参照标杆也是可以进行比较的。一般而言，要进行比较研究，最重要的问题应该是要比较什么以及如何进行比较，在这个问题上不明确，比较研究的意义和价值会大大受到影响，而解决这样一个问题，最重要的工作和方法就是建立一个比较框架的问题。那么，对分裂国家的统一问题进行比较研究的框架如何建立呢？要解决这个问题，首先需要明确分裂国家在统一过程中将会遇到一些怎样的问题，而对这个问题的认识又与研究者所持有的统一观和统一哲学密切相关。

赵全胜在比较研究中就统一途径问题得出了如下结论，分裂国家实现统一

---

① 王英津：《国家统一模式研究》，九州出版社2008年版，第91页，转引 Gregory Henderson, Richard Ned Lebow and John G., Stoessinger eds, *Divided Nations in a Divided World*, New York: David Mckay Company, Inc, 1974, pp.438-442.

② [美]赵全胜、萨特R.：《分裂与统一：中国、韩国、德国、越南经验之比较研究》，台湾桂冠图书股份有限公司1994年版。

③ 李毅臻：《统一之路与分裂之痛：二战后分裂国家统一的启示与统一国家分裂的教训》，中国广播电视出版社2007年版。

④ 陈云林：《当代国家统一与分裂问题研究》，九州出版社2009年版。

⑤ 夏路：《复合权力结构与国家统一模式——对越南、德国、也门的比较研究》，中国社会科学出版社2011年版。

的途径有两种：途径之一是诉诸武力，以越南为例；途径之二是渐进和平，以德国为例。①这个研究结论是否站得住脚呢？乍看起来，是这样的，非和即战，非战即和，但是笔者认为这个研究结论是勉强的。我们不妨考察一下也门的统一问题。也门以和平手段实现了法律上的统一，但最终还是以战争手段完成了事实上的统一。赵全胜的研究结论能涵括也门的统一实践吗？恐怕不能。之所以出现这样的问题，最主要的原因是与研究者所持有的统一观有关，与研究者对统一涵义的认知有关。什么是统一？它究竟具有怎样的涵义？权力（或主权）的统一即国家（或分裂国家）的统一，这恐怕是至今仍然占据主流地位的统一观，也是许多人所秉持的统一哲学。正是秉持着这样的统一观才得出了实现统一的途径非战争即和平的二分性结论，因为除此之外，我们找不到既战又和或且和且战的例子。但是即便如此，我们进行比较研究也不能停留在这种阶段上，因为科学研究是一项专业性的工作，而非战即和则是一种凭借着常识即可作出判断的结论，停留至此，我们的研究价值会大打折扣。即便是统一的途径只有战与和两种，进行比较研究的重点也应该放在通过比较的方法研究如何战与如何和的问题上。

　　以权力统一为中心的统一观有其历史传统。秦始皇于公元前221年统一了六国，这在中国是人人共知的历史事实，但是对于秦始皇是如何实施，并在何时于六国的范围内完成"书同文、车同轨、行同伦、一法度衡石丈尺"的，在统合文字、交通和度量衡制度时是否遇到了一些问题和障碍等则极少论及。因为在我们的潜意识里，会认为国家权力已经统一，还怕书不能同文、车不能同轨、行不能同伦吗？可是，另一个历史事实是，秦王朝维持权力一统的时间只有短短的十五年，而"书同文、车同轨、行同伦、一法度衡石丈尺"政策的实施则为中华民族创下了万世基业，哪个更值得大书而特书呢？

　　统一实际上是一个包含多层面内容的系统过程，而不仅仅只是权力的一统，尽管它是统一的核心内容。实际上，秦始皇时代的统一与当代分裂国家所追求的统一在性质上是不同的，秦始皇时代的统一是东亚大陆民族国家形成过程中的统一，这样的统一是不讲究合法性的，一切以武力说话，一旦政权统一，社会也会随之四海成一家。但是，当代国家的统一是已经具有统一历史传统的民族国家的统一，这样的统一过程应该不仅仅是一个追逐权力统一的实现，而且还要在实现权力统一的前与后消除因分裂而产生的社会及民众在制度和心理层

---

① ［美］赵全胜、萨特R.：《分裂与统一：中国、韩国、德国、越南经验之比较研究》，台湾：桂冠图书股份有限公司1994年版，第4页。

面的龟裂问题的过程。因此，我们需要进行统一哲学的转型，而不仅仅只是关注权力的统一，只是关注在哪个时间界点上实现了权力的统一。

　　之所以如此，是因为时至今日，有的在"二战"后走向分裂的国家，其分裂状态已经持续了近七十年的时间。原则与机制完全不同的政治经济及社会制度运行了近七十年，这对处于分离状态的社会和民众将会产生怎样的影响。这是在追求统一的过程中需要思考也应该认真思考的一个问题。如果我们只是关注实现主权统一的问题，恐怕连主权统一后还要完成社会统一的问题意识也不会产生，更不用说在追求统一的过程中去制定相应的政策预案。如果这样，即便是实现了权力的统一，国家和民族也将要为之付出更多的社会成本与代价，而有时，这种成本和代价有可能是巨大的。德国是在分裂状态持续了四十五年之后才完成国家主权统一的。联邦德国历史学家阿雷蒂恩在《1945年后德国的民族和国家》一文中指出：虽然"从60年代开始实行新东方政策"，但"他们在各自的祖国已经构成了一个新的存在"，"两个德意志国家或多或少已铸造了各自的国家传统。这个国家传统不可能一下子就会消失，德意志民族的共同属性也不会一下子就能够得以恢复。经济发展水平的差异、不同意识形态的长期熏陶、源于四十年的分裂在民族感情上产生的裂痕，都决定着社会心理层面的统一决不是一个短期的过程"。而民主德国最后一届政府的经济副总理克里斯塔·卢夫特就认为："要是不实现经济、社会和思想、情绪上的统一，政治上的统一就永远不能实现，永远不能完成！"反映德国统一问题的电影《再见，列宁！》则更形象地为我们展现出了这一问题。

　　处于民族国家体系中的当代国家对统一的追求不同于古代或近代社会，虽说追求权力是国家的本能，但在民族国家体系已经确立的今天，对统一的追求需要讲究合法性。这种合法性即如张五岳所言，它建立在"分裂双方原系一个拥有共同语言、历史、文化和长期统一经验的国家社会单位"的基础之上，其中对民族共同体的认同构成了统一追求合法性的主要基础。然而，长达数十年的彼此割裂而互不往来的状态会对社会个体的民族认同产生怎样的影响呢？"我生活在一个这里的人们与我长着相似的面孔，且说着同样语言的国家，但他们的生活方式和思想却是如此的不同，我如同一个外国人一样。"[①] 一个离开朝鲜前往韩国生活的朝鲜人这样描述他在韩国的心理感受和生活状态。而德国莱比锡

---

① Roland Bleiker, Identity, Difference, and the Dilemmas of Inter-Korean Relations: Insights from Northern Defectors and the German Precedent, *Asian Perspective*, Vol.28, No.2, 2004, p.36.

市市长也曾说:"高墙(注:指柏林墙)两侧的任何一个人都没有意识到在四十年期间我们相背而行走了有多远,直到现在我们才开始理解它。"①

由于第二次世界大战之后人类社会的发展进入了一个在人类历史上从未出现过的在制度、体制和思想上的龟裂与对立如此深刻的历史发展时期,分裂国家的两侧分别被编入了不同的阵营,建立并运行了完全不同的政治经济社会制度,培育并丰富了迥然各异的思想价值和观念体系,民族共同体意识也因此而在相当的程度上受到了影响。因为隔阂,分裂两侧实际上已经开始孕育出新的利益共同体,这种共同体的存在不但会影响和降低统一追求的合法性程度,干扰对民族统一的追求,而且还会因为双方在制度上的异质化,即使在实现主权统一之后,在消除社会异质化和完成社会制度的整合方面,也会付出巨大的成本,甚至是惨重的代价。德国和也门的统一过程已经为我们提供了这样的实例。在"二战"之后的分裂国家中,德国的统一过程相对来说是比较平稳的,但是由于过低估计了分裂45年彼此之间体制异质性的发展程度,使其在主权统一之后的社会制度,特别是经济制度整合方面付出了巨大的成本,在相当一段时期内影响了全德经济的发展。而也门则全然没有德国那样幸运,也门是已经在法律程序上完成了国家统一的情况下,又爆发了大规模的内战,不但使本来就极为困难的国内经济雪上加霜,还给整个国家和民族带来了巨大的灾难。因此,权力统一时间界点的前与后,都应该纳入国家的统一过程和统一政策的设计体系中,因为统一不仅仅是一个结果,更重要的是一个过程。

"二战"之后,伴随着欧洲殖民体系的崩溃,起源于欧洲、由欧洲国家所确立的现代民族国家体系迅速在全世界扩散,联合国的诞生、国际法在调整国家间关系的重要性快速上升等因素使得主权观念日渐被重视。分裂国家之间也因此而普遍存在着哪一方是代表着本民族的主权争夺与主权竞争的问题。在这一问题上,越南、德国、也门等分裂国家的情况均不尽相同,每一个分裂国家的两侧对这一问题的政策也不一样,而且在追求统一的过程中还有调整与变化。由于这一问题与分裂国家两侧关系的定位密切相关,而分裂两侧关系如何定位又直接影响着各自统一政策的制定、统一进程的推进和统一的实现。因此,这也是一个应该给予重视的问题。

从某种意义上而言,民族的统一应该是现代民族国家体系形成之前或形成过程之中要完成的历史作业。在当前全球化和地区化的发展风生水起,欧洲地

---

① Barbara Kienbaum and Manfred Grote, German Unification as a Cultural Dilemma, *East European Quarterly*, Vol. 31, No. 2, 1997, p. 22.

区已经开始通过国家统合走向地区一体化、向后民族国家化阶段发展的时候，包括中国在内的一些东亚地区国家仍然在追逐着本该早已完成的历史作业，这不能不令人感慨。"二战"后分裂国家之所以走向分裂，从某种程度上而言，都是因为外势的介入而造成的。由于统一将会引发地区安全格局的调整甚至是重大的调整，出于维护世界或地区霸权地位的目的，出于维持地区平衡的考虑，国际势力也必然会介入分裂国家的统一过程。越南、也门和德国在追求统一的过程中都遇到了这样的问题，并用不同的方法，创造出不同的机制对国际介入问题进行了处理和应对。

基于如上的思考，笔者认为，分裂国家在追求国家统一的过程中普遍会遇到以下四个问题：第一，民族认同的培育。长期的分裂与隔绝状态会影响分裂两侧民众对民族共同体的认同。在分裂的状态下，在追求国家和民族统一的过程中，如何保持、巩固、恢复和强化民族认同，奠定国家统一的基础，培育追求民族统一的内在动力，对任何一个分裂国家而言，都是一项重要的课题；第二，统一协商平台的构建。"二战"后处于分裂状态的政治实体之间基本上都存在一个主权与正统性的竞争问题。在这种情况下，如何设定双方在法律层面的关系，既能自圆其说，又不至于为国际介入留下合法的理由和借口，还能够最大限度地降低因为此问题的存在而对双方关系产生的不利影响，构建能够顺畅推进统一进程的协商平台也是一个重要的问题；第三，政治经济社会制度的统合问题。在两极对立的格局和阵营中，分裂两侧的政治经济社会制度是基本不能兼容的，在统一的过程中，会发生激烈的制度性碰撞。统一方式如何设定，如何避免至少是减缓异质制度之间碰撞的激烈程度，使其能够进行很好的对接，完成社会制度和社会心理的统合，不致产生社会龟裂，最终形成一个全民族共同体；第四，国际介入的应对和处理。国际势力势必会介入分裂国家的统一过程，国际体系的本质使然。因此，充分观察和捕捉国际格局的变化趋势，创设出一种机制尽可能地把国际介入的程度降至最低，从而降低在统一问题上的内外联动性和复杂性，这也是追求统一的国家需要认真思考和设计应对方案的问题。

如上四个方面的问题是"二战"后分裂国家在追求统一的过程中所普遍遇到的问题，笔者也正是试图以此建立起一个比较框架，希望通过此框架对分裂国家的统一问题进行比较研究，以获取具有启发意义和价值的经验与教训。

本书由三部分内容组成，第一部分为统一理论部分，主要是简略地介绍和梳理国家和民族统一的相关理论，包括在对民族和国家等相关概念进行梳理的基础上对统一这一概念的涵义进行探讨。因为国家结构形式的安排与主权问题密切相关，而在追求统一、实现统一和完成统一的过程中,主权问题又是一个难以回避的核心问题,因此这一部分还包括对国家结构形式等相关理论和新的实践探索的介绍。

本书的第二部分为实践案例部分,这也是本书的重点部分。在这一部分中,笔者选取了越南统一、也门统一、德国统一和朝鲜半岛的统一问题作为案例研究的对象。由于众所周知的原因,我国学术界在20世纪五六十年代对越南问题的研究带有强烈的意识形态色彩,对"越南共和国"也就是南越缺少客观、科学和深入的研究,但"越南共和国"毕竟也是一个存在了20年的政治实体。这一政治实体虽然没有加入联合国,但也是得到西方阵营所普遍认可和接受的。在1977年统一的越南以越南社会主义共和国加入联合国之前,单纯从法律地位上而言,越南民主共和国和"越南共和国"都是一样的。20年的存续过程中,南越政权是如何运作南越社会的?北越为什么又能够主导越南的统一进程,本着这些问题意识,在越南统一问题的研究中,笔者加强了对"越南共和国"的相关介绍,以弥补学界在这一领域的不足。

也门的统一过程展现了它相当特殊的一面,最高层直接介入,以极为特殊的方式进行了权力和制度的统合。权力问题是统一过程中最核心的问题,南北也门的指导者也意识到了这个问题,并采取了一种特殊的处理方式,试图暂时回避这个问题,但最终还是没有能够避免内战的爆发。也门的内战为什么会爆发?能不能避免?这是笔者在也门统一过程的研究中重点关注的问题。

对曾经的西德而言,德国的统一是相当成功的。对整个德意志民族而言,它是幸运的,避免了越南和也门的统一过程中出现的同族相残之悲惨事件的发生。德意志民族是如何做到的?这是笔者在对德国统一过程的考察中所重点关注和思考的问题。同时,另外一个思考是,当西德统合东德时,采取了"休克疗法"(shock therapy),瞬时间制动了在东德地区运行时间长达四十余年的经济社会制度,而西德则以"供血"方式使东德地区维持正常的社会运转,这样一种制度设计给整个德国的经济和社会带来了严重的后果,物价飞涨、失业率居高不下、国民经济长期萎靡不振。而已经在东德体制下生活了四十余年的东德地区民众更是心理极度失落,难以适应新体制下的生活。两德统一时期的东德经济副总理克里斯塔·卢夫特在《最后的华尔兹——德国统一的回顾与反思》中曾这样写道:"1990年7月1日采用了西德马克,因而一夜之间人们就承袭了德意志联邦共和国的经济制度和经济秩序。借助'西德马克'这种手段来确保德意志联邦共和国对德意志民主共和国的快速吞并,这种政治决策根本不让德意志民主共和国的经济有竞争的机会!德意志民主共和国就这样在毫无喘息时间、毫无保护措施的情况下被生拉硬扯地捆绑到一个经济效能高,但其哲学尚远远没有为德意志民主共和国老百姓所了解的市场经济体制上了!"① 受经济低迷和失业问题的影响,统一之后,德国新纳粹势力死灰复燃,右翼极端民族主义势力也重新抬头,排外事件不断发生。由于德国政府和国际社会密切关注这些问题,因而最终也逐步得到了解决,但德国在统一过程中的制度设计是否可以采取一种更渐进的方法和途径,避免社会的剧烈动荡和经济的萎靡呢?此外,两德在统一过程中各自统一政策的调整和转变也具有足够值得思考和借鉴的价值。因此,笔者在对德国统一过程的考察中,加强了对上述问题的关注和研究。

所选取的四个实践案例中,唯一一个仍未实现统一、仍在追求实现统一的是朝鲜半岛地区。从地缘政治的视角来看,朝鲜半岛在全世界范围内都是一个十分特殊的地区,处于海洋势力和大陆势力的交接地带,处于周边大国势力的利益汇聚交集地带。从历史上看,大国势力的介入也曾经酿成了这一地区的几度悲剧。然而,对于"二战"后朝鲜半岛的分裂原因,既存在外因说,也存在内因说。究竟是什么原因导致了朝鲜半岛的分裂?因为半岛还没有实现统一,对分裂原因的探究有助于正确的统一路径和统一方式的选择。同时,由于具有太多的影响变量而无法对朝鲜半岛的统一方式展现自己的思考,所以在对朝鲜半岛的统一问题进行考察时,笔者主要关注的是朝鲜半岛如何走向分裂以及六十余年来分裂两侧统一政策的演变问题,希望尽可能全面地为读者再现六十余年前的那三年期间朝鲜半岛内部所发生的跌宕起伏的分裂过程,希望尽可能系统地梳理六十余年来双方统一政策的内容及演变过程,以便为读者提供进一步思考的基本资料。

本书的第三部分为文本部分,主要是翻译和整理了四个案例中的分裂双方(个别包括相关方)在追求统一的过程中所签署的部分宣言、声明、协议或协定的文本。这些具有法律意义的宣言、声明、协议或协定对确定分裂双方之间的关系定位、规制双方关系的发展和演变具有重要的影响。通过对这些文本的比对和解读,考察文本签署的平台机制与方式,研究文本签署方对所签文本内容以及措辞等方面的考虑,将会给我们以众多的启示。

迄今,海峡两岸的分裂也已经超过 60 年。实现祖国的统一是中华民族梦寐以求的历史夙愿,笔者对分裂国家统一问题进行研究的出发点和落脚点均在于此。尽管两岸关系与分裂国家分裂两侧的关系具有本质上的不同,但是笔者依然认为,同时也希望,通过对分裂国家统一问题的考察和研究能够为中华民族的统一提供一些有价值的思考。

---

① [德] 克里斯塔·卢夫特:《最后的华尔兹——德国统一的回顾与反思》,朱章才译,中央编译出版社 1995 年版,第 158 页。

第一部分 理论

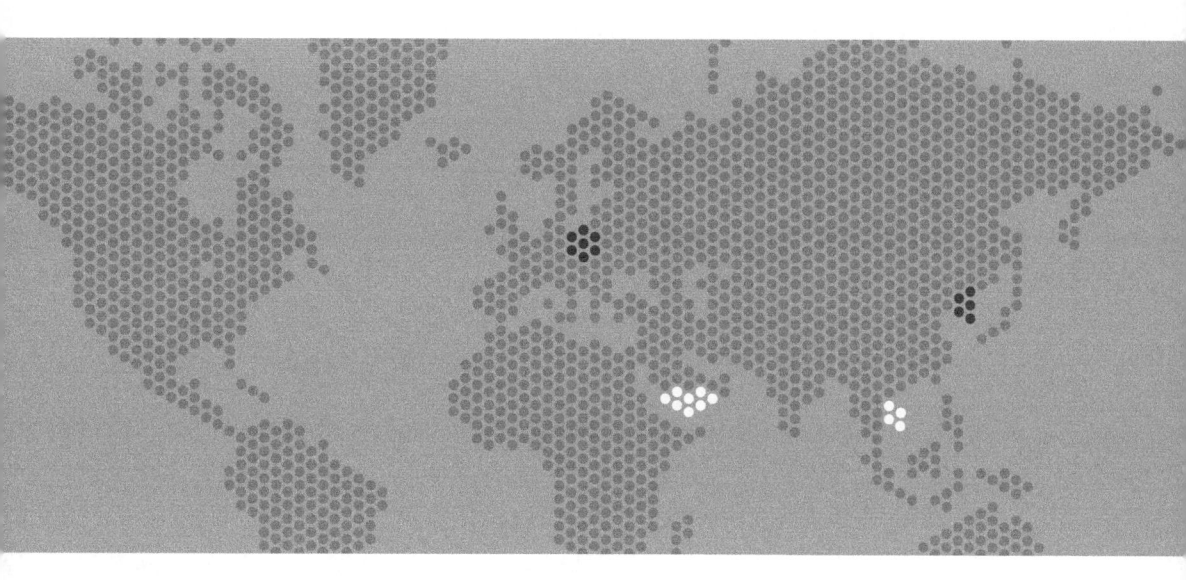

第一章 统一的涵义

第一节 民族与国家

一、民族与民族主义

统一是一个耳熟能详的概念,当从政治学或国际政治学的角度和意义来谈论统一问题时,经常会看到"国家统一"、"民族统一"以及"国土统一"等提法。然而,对于这些听起来十分熟悉的概念和提法,一旦仔细体味,仍会觉得其中有许多需要进一步思考的问题。何谓国家统一,何谓民族统一,何谓国土统一?三者的内涵是否一致?

仅就民族统一这个术语而言,如果说分居在朝鲜半岛南北两侧的朝鲜民族仍在受着朝韩政治关系的影响,以致骨肉血亲仍难以自由相见是为分裂而不统一的话,如今分居在海峡两岸的同胞骨肉则早已突破了难以自由相逢的禁锢,可为何仍然说伟大的中华民族面临着统一的历史任务呢?从这一角度而言,所谓"民族统一"似乎与国家统一具有不同的内在涵义,或者说强调的侧重点是有所不同的。

为了明确统一的涵义,我们需要在概念上对国家、民族等概念进行梳理。作为一种政治组织的国家,从现代政治学的角度对其进行研究时,一般会涉及这样几个概念,nation、state、nation-state,甚至还包括 country,这些概念经常被交替混合使用。之所以如此,主要的原因是这些概念或术语均源自西方,均是在西学东渐的过程中被翻译和引进过来,因内涵相似或彼此相关以及翻译的混乱等原因造成混合交替使用。但是这些概念均具有其各自特殊的涵义或侧重点,按照我们习以为常的理解,nation 主要指的是民族,state 常常是指法律意义上的政府机构,nation-state 则是指建立在民族主义原则基础之上的国家,即民族国家,而 country 指的则是领土层面上的国家,更多强调的是国家的领土性。应该指出对国家概念作上述的剖析基本上都源于西方的国家理论,而在秉持"普天之下,莫非王土;率土之滨,莫非王臣"之理念的中国传统的国家理论中,我们看不到对民族国家和领土国家的强调,中国传统的国家政治理论强调的是天下国家观。

当今世界的国际体系被称为现代民族国家体系,起源于1648年的《威斯特法利亚和约》,建立在西方人(欧洲人)开创的民族主义和民族国家的原则之上。欧洲人首先在欧洲建立了民族国家和民族国家体系。随着他们在全世界的殖民开拓,欧洲人将民族以及民族国家意识带给了全世界,而伴随着欧洲人的殖民开拓以及后来殖民体系的崩溃,全世界最终被民族国家化。

关于民族,查尔斯·蒂利(Charles Tilly)认为它是"在政治词典中最令人迷惑和最有倾向性的术语之一"①。在学术意义上,常常看到这样几个关于民族的定义。约瑟夫·斯大林将民族定义为"人们在历史上形成的一个有共同语言、共同地域、共同经济生活以及表现于共同文化上的共同心理素质的稳定的共同体"。斯大林关于民族的定义在中国影响甚大,长期被奉为经典,该定义的最大特点是强调共同地域和共同经济生活等"客观"因素,"淡化了文化因素(包括语言、宗教)和心理意识因素在民族形成和延续中的重要作用"②。与斯大林强调民族的客观性形成鲜明对比,本尼迪克特·安德森(Benediet Anderson)则认为民族"是一种想象的政治共同体"③,是一种在某些客观因素的基础之上经过想象和建构而形成的一种共同体。安德森重点强调的是感受、感情和心理等"主观"因素等在民族形成中的重要作用。

折中斯大林定义中对客观方面之因素的侧重和安德森定义中对主观方面之因素的强调,戴维·米勒(David Miller)将民族定义为"一种共同体,它(1)由共同的信仰和相互的承诺来建构,(2)在历史中延伸,(3)共同的活动,(4)与特定的疆域相连,(5)因其特有的公共文化而与其他共同体相区别"。安东尼·史密斯(Anthony D.Smith)则把民族定义为"具有名称,占有领土的人类共同体,拥有共同的神话、共享的历史和普通的公共文化,所有成员生活在单一经济之中并且有着同样的权利和义务"④。

---

① [英]安东尼·史密斯:《民族主义:理论、意识形态、历史》,叶江译,上海世纪出版集团2006年版,第11页。
② 马戎:"关于'民族'的定义",载《云南民族学院学报(哲学社会科学版)》2000年第1期。
③ [美]本尼迪克特·安德森:《想象的共同体:民族主义的起源与散布》,吴叡人译,上海世纪出版集团2005年版,第6页。
④ [英]安东尼·史密斯:《民族主义:理论、意识形态、历史》,叶江译,上海世纪出版集团2006年版,第13-14页。

与民族这一概念十分接近的一个概念是族群（ethnic group），安东尼·史密斯将其定义为"与领土有关，拥有名称的人类共同体。拥有共同的神话和祖先，共享记忆并有某种或更多的共享文化，且至少在精英中有某种程度的团结"[①]。史密斯认为，民族与族群具有某种重合，均属同一种现象谱系（拥有集体文化认同），但族群通常没有政治目标，并在很多情况下没有公共文化，而且族群并不一定要有形地拥有其历史疆域。但民族则至少要在相当的一个时期，必须通过拥有它自己的故乡来把自己构建成民族，而且为了立志成为民族并被承认为民族，它需要发展某种公共文化以及相当程度的自决。

从根本而言，世界政治的原初起源于"关系"（relations），这种"关系"指的是社会实体（entities）之间的交往与互动。个体通过交往与互动构成了群体（groups）。人类是一种社会动物，之所以说它是一种社会动物，即是说人具有附属于某个群体的需要，人类必须构成群体以满足生理和心理上的需求。而随着群体和群体观念的形成，身份识别（identification）的意识和观念也逐渐出现，个体与群体保持一致、献出他们的忠诚并保持他们的性格、安全与生存，而群体的身份则给予个体一个基本的归属感和自我尊重。在互动中，共感（we-feeling）随之产生。通过互动与共感的形成，群体逐渐被确定和凝聚，而社会交往的障碍，如距离、语言以及建立在不同的历史经验和宗教之上的关于世界如何运行的不同信仰体系推助了不同群体的产生。社会交往越容易，"我们"（we-ness）的感觉和身份形成的可能性也就越大。社会交往的观念、共感（we-feeling）和忠诚的发展奠定了从最小的社会单位到民族国家的群体身份。于是"我们"和"他们"产生了，而且"他们"是不一样的，因此可能是不正常的，在某些方面甚至还是低劣的。

民族主义主要就是指这种共感的心理状态，对某一群体的认同或忠诚。大体而言，有三种因素促成了民族主义的产生：第一，享有一块共同的领土（common territory）。生活在共同的地域之内，就会面临相同的问题与挑战，就会发展出共同的感觉与身份，尤其是共同的经济生活方式、共同的商业活动方式、依赖相同的资源、应对同样的匮乏与挑战，所有这些都促使着生活在这一土地上的人们形成共同利益和共同的世界观；第二，文化上的相似性（cultural similarity）。在共同的地域生活，形成了共同的语言、共同的宗教以及对于世界的共同认识；第三，共同的历史经验和历史背景的存在。

---

① ［英］安东尼·史密斯：《民族主义：理论、意识形态、历史》，叶江译，上海世纪出版集团2006年版，第14页。

二、国家与民族国家

作为政治组织的形态之一，关于国家，也同样存在不同的定义。列宁认为："国家是一个阶级压迫另一个阶级的暴力工具。"史密斯则认为，"国家的概念与制度行为相关，国家可以被定义为一套与其他制度不同的自治制度，拥有在给予的疆界内对强制性和提取税收的合法垄断"[①]。列宁对国家的定义主要强调了国家的暴力性和阶级属性，而史密斯对国家概念的定义则是在一个更加宽泛的制度意义上进行的，国家的制度意义不仅表现为暴力性，还具有其他的一些功能。

之所以对国家概念的定义不同，主要原因是对于国家这一政治组织的起源存在不同的解释。在马克思主义看来，国家起源于生产力的发展导致剩余产品的出现，使剥削成为可能，从而导致了阶级的产生和阶级斗争的出现，而国家即是阶级斗争的产物。恩格斯在《家庭、私有制和国家的起源》一书中即阐述了这样的观点。而自由主义则把国家的产生过程看作一个通过创建机构来实现某些共同目标的过程，洛克在《政府论》中阐述的即是这样的主张。现实主义则认为国家起源于军事征服，为了征服和防止被征服，都需要一套机构和体系来组织和实施族群共同体制定的政策，国家便应运而生。德国社会理论则支持这样的主张。

之所以可以对国家的起源作出种种的解释，这与国家起源的多样性有关。迄今为止，我们无法用一种模式来解释所有国家的起源现象，而且无论对国家的起源做何种解释，无论国家以何种方式出现，就现代国家的性质和特征而言，可以认为国家的政治组织是存在共性的，这也使得可以对国家下一个具有普遍适用性的定义。

国家指的是在一个既定的领土范围内（a given territory）由管理大众事务的政府（government）构成的一个法律上的实体（legal entity）。它包括三个要素：（1）国家是一套机构，这些机构是由国家的相关人员操纵的。国家最重要的是作为暴力与强制手段的机构；（2）这些机构处于通常被称为社会的那个以一定的地理界限划分的领土的中心；（3）国家垄断着其领土内的规则制定。[②] 强调国家作为一个法律上的实体，实际上是在强调它的合法性和权威性，它之所以能够垄断其领土内的规则制定，本身就与其合法性有关。

---

① ［英］安东尼·史密斯:《民族主义：理论、意识形态、历史》，叶江译，上海世纪出版集团 2006 年版，第 12 页。

② ［美］约翰·A.霍尔、G.约翰·艾坎伯雷:《国家》，施雪华译，吉林人民出版社 2007 年版，第 2 页。

在人类历史上，曾经存在众多的国家形态，古希腊的历史上出现过城市国家、城邦国家，欧洲、中东以及东亚地区的历史上曾出现庞大的帝国。但现如今，整个世界已经被格式化，被民族国家格式化。所谓的民族国家即"以民族主义原则确立其合法性的国家"。而民族主义原则主要包括如下几点内容：（1）世界由不同的民族组成，每个民族都拥有它自己的特征、历史和认同；（2）民族是政治权力的唯一源泉；（3）对民族的忠诚超出所有其他的忠诚；（4）为赢得自由，每个个体必须从属于某个民族；（5）每个民族都需要完全的自决和自治；（6）全球的和平与正义需要一个各民族自治的世界。

基于民族主义原则而确立的国家形态——现代民族国家首先出现在欧洲，起始于1648年《威斯特法利亚和约》的签署。但此前的500年，尤其是从1450年至1650年的200年间，则是一个发生划时代变迁的历史时期。这一时期欧洲的政治、经济、技术以及宗教因素对于现代民族国家体系的形成起到了决定性的作用，其中，资本和强制（coercion）是两个基本的因素。1517年马丁·路德倡导的宗教改革引发了一系列的宗教冲突，成为16世纪和17世纪前期欧洲历史的一个主要部分，并最终导致了30年战争的爆发，而战争的结果便是1648年《威斯特法利亚和约》的签署。实际上，《威斯特法利亚和约》所确立的原则非常简单，即一个地区的统治者有权确定其宗教信仰，但是这标志着欧洲各国内部唯一权威的确立，标志着在所划定的欧洲大陆各国的国界内主权平等原则的确立。

由这样一种强调主权的单元构成的国家间体系既不同于前期在欧洲存在的以封建原则（feudal principle）构成的国际体系，也不同于同时期的印度、中国以及阿拉伯世界存在的以宗主权（suzerainty）原则构成的国际体系。在民族国家体系中，每一个认定他们是一个民族（nation）的群体（group）都试图并且应该通过构建国家（state）来代表他们、保护他们。

就形成方式而言，有的民族国家以统一的方式完成，例如意大利和德国都是在19世纪后期通过战争和外交手段最终完成了民族构建和民族国家构建的过程。有些民族是以脱离一个更大帝国控制的方式寻求了自己国家的建立。这些帝国有土耳其奥斯曼帝国、奥匈帝国、罗马帝国等。脱离帝国，追求建立独立国家的运动一直持续到"二战"结束。而脱离欧洲殖民体系寻求独立的国家运动一直持续到20世纪60年代。一个值得注意的现象是，许多借助殖民体系崩溃之机而独立的国家因为并不存在一个共同的民族认同基础，从而使这些国家在其国家构建的过程中，面临着众多的挑战。这在非洲和东南亚地区都存在不少的事例。

第二节 统一的涵义

通过如上的分析，我们可以看到，统一是一个多层次的概念，而且各层次还彼此关联，这也就是"国家统一"、"民族统一"以及"国土统一"经常被交替使用的原因，只不过使用不同的概念时，强调的侧重点是不一样的。

一、国家统一

国家统一主要是指国家垄断其领土范围内规则制定权力的统一，即国家主权的统一。在谈论统一问题时，更多的、主要的是指这种意义上的统一。世界上存在众多的政治组织，国家也是其中之一。但是，国家这种政治组织拥有特殊的地位，它是具有主权的法律实体，这种地位是由国际规范和法律所赋予的，是其他政治组织或行为体所不能拥有的。从某种意义上而言，国家在技术上并无具体的存在，它只是一个法律上的抽象（legal abstraction），它的代表是政府。而主权则可以被看成一个国际体系内国家之间特殊的（special）、理论上的（theoretical）关系。英国学者布尔（Hedley Bull）将主权分为内部主权（internal sovereignty）和外部主权（external sovereignty），所谓内部主权指的就是国家的权威在其领土范围内的至高无上性，而外部主权则是相对于外部的权威而言，国家是独立的、不受侵犯的。[①]

在现代民族国家产生之前，人类社会处于一种由族群政权构成的体系之内，在这一体系内并不存在一套普遍的规范族群政权间关系的法律规则体系，实力是处理彼此之间关系和问题的首选手段，而且常常受到追捧。在以实力追逐扩大自己控制区域范围，也即领土的过程中，相伴的常常是杀人无数、血流成河，但是却不受任何法律和道德上的谴责和质疑。因为"胜者为王"，这是"天理"所赋予的。现在我们可以提出这样的问题：是谁赋予了秦始皇统一六国的权力？把他人的地盘纳入自己的控制范围，变成自己的领土，合法吗？但是，当年秦始皇及其精英集团恐怕不会想到这个问题，恐怕被吞并者也不会想到这样的问题。在民族国家的构建过程中，不光东亚地区国家，许多欧洲国家、美洲国家也都是靠战争手段完成统一国家的最初构建，包括德国、意大利、英国、俄国、

[①] Hedley Bull, The Anarchical Society: *A Study of Order in World Politics*, London: Macmillan, 1977, p.8.

美国等国在内无不如此。

然而，在主权、民族主义等思想和实践出现之后，处理国家之间关系的手段不再是仅仅依靠实力了。一个国家的实力再强大也不再能够像人类历史上曾经上演过的那样，为所欲为且不受谴责地把他国的土地变成自己的领土。在当今强权大国林立的世界，小国为什么能够生存？是因为，在主权和民族主义等思想和概念诞生之后，给这个世界带来了合法性问题的思考。当一个国家不再能够像当年秦始皇和俾斯麦那样拥有上天赋予的追求扩大自己控制范围的权力时，对国家统一的追求是需要合法性的，那么，在民族国家体系下，国家追求统一的合法性来自何处呢？来自拥有共同的民族基础，来自拥有共同的统一历史。

二、民族统一

民族是一种共同体，当今世界的绝大部分国家都是在民族共同体的基础上建立的。民族共同体的形成与存在奠定了建立现代民族国家最根本的基础，既赋予了民族国家建立和存在的正当性与合法性，也保证了国民对国家的认同和忠诚。没有民族共同体的基础而建立的国家，除非其国民已经形成了高度的政治认同和文化认同，否则便犹如空中楼阁。"二战"之后，在独立运动风起云涌的亚非拉地区建立的一些国家，因为没有现代民族的认同基础，其国民认同仍旧停留在部落认同或族群认同阶段，对部落或族群的认同和忠诚远远超过了对国家的认同和忠诚，从而使得这些国家饱受内部冲突的困扰，非洲地区的一些国家时至今日仍然如此。

19世纪法国的哲学家厄内斯特·瑞南（Ernest Renan）认为民族是一个灵魂、一种精神上的原则。两种东西，实际上是一种东西，构成了这种灵魂或精神上的原则。一个在于过去，一个在于现在。一个是对一份丰富的记忆遗产的共同拥有；另一个是现在对共同生活的向往、对于永续以整体形式接受的遗产之价值的意志。[①]在民族主义的驱动下，"群体的部分成员认为有必要组成一个事实上的或潜在的'民族'"。而民族则具有三个基本目标，即民族认同、民族统一和民族自治。[②]

从原初的意义而言，民族共同体属于人类和社会领域范畴内的事物，理论

---

① Ernest Renan, What Is a Nation?, trans. By Martin Thom, in Homi K. Bhabha, ed., *Nation and Narration*, London: Routledge, 1990, p.19.
② ［英］安东尼·史密斯：《民族主义：理论、意识形态、历史》，叶江译，上海世纪出版集团2006年版，第10页。

上而言，如果没有政治的介入，是很难产生民族分裂这一类现象的，但是民族和政治是天生地联系在一起的，民族是现代政治发生的根源和基础，以民族国家为主体而发生的现代政治正是民族这一事物的产物。如前所述，民族共同体的形成建立在民族认同的基础之上，而当集体认同主要建立在文化成分比如种姓、族群、宗教教派和民族基础之上时，认同感也是最为强烈的，因此说民族认同为建立在其上的国家认同提供了重要的保证，但是这并不能保证民族认同和政治认同的完全一致，因为两者的基础是不一样的，民族认同的形成取决于所拥有的共同的历史和文化，而政治认同则是建立在共同的政治理念和共同的政治价值观基础之上。因此，民族的分裂一般由两种原因所致：其一是外势的介入。由于外来势力的介入，拥有共同而统一的历史和文化以及认同与忠诚的民族共同体被强行割裂而不能自由往来与交流。其二是内部分歧。民族共同体的成员因为政治理念和价值取向的不同，导致了民族共同体发生分裂。当然，这两种情况的划分并不是绝对的，一般而言，现代政治之前的民族分裂多是外势介入的结果，而当代民族发生的分裂多是两种因素共同作用的结果。

如果是外势的介入导致民族发生分裂，民族的认同在短时间内一般不会弱化，而且还有可能被强化，但如果有意识地通过长时间的强势殖民教育，民族的认同也会被削弱。而如果是因为内部政治认同的分化而发生的民族分裂，问题则要复杂得多。"二战"后处于分裂状态下的国家受冷战格局的影响，分别被编入了两大阵营而处于割裂状态。几十年的时间期限对于一个民族整体性身份认同的影响可能不会很大，但是对于民族个体而言已是一个足以影响他的认同和忠诚的时间，因为当政治元素介入时，会给民族认同带来更复杂的问题，特别是进入现代政治阶段之后。现代政治与古代政治的一个重要不同之处在于现代政治给民族和民族个体提供了更多元的政治价值追求，从而有可能使个体在民族认同和政治认同上产生不一致，进而影响个体的民族忠诚和政治忠诚。民族认同不是自然形成的，也不会不通过主观的努力就能永久得以保持和延续。

综上所述，民族的分裂往往具有两种表现或涵义：一是原本为同一民族共同体的成员因为政治的原因处于分裂而不能自由往来的状态；二是对民族共同体的认同因为政治的原因和长时期分裂状态的延续而降低、弱化甚至消失。因此，在争取实现国家统一、政治统一时所谈到的民族统一也有两个方面的涵义：其一是实现民族共同体成员之间能够自由交往的状态，使民族共同体成员之间的交往不存在人为的制度性障碍；其二是民族认同的统一，即在经历了持续的分裂状态并实现统一之后，恢复、保持、强化共同的民族认同并使之延续，而这尤为重要。

第二章　国家结构形式

研究分裂国家的统一问题需要探讨国家的结构形式问题，因为分裂国家在趋向统一的过程中不可避免地要涉及权力的重组问题，而权力的重组与统一国家的国家结构形式安排密切相关。

第一节　涵义与分类

一、涵义

所谓国家结构形式，中国的宪法学和政治学学者具有表述不同但涵义大体一致的论述。王惠岩将国家结构形式定义为"国家整体与局部之间、中央机关与地方机关之间的关系"[①]。许崇德认为，"国家结构形式指的是特定国家表现其国家的整体与局部之间相互关系所采取的外部总体形式"[②]。吴家麟则在其主编的《宪法学》中提出"国家结构形式是指国家整体是由哪些部分组成的，具体是指国家统治阶级根据什么原则、采取何种形式来划分国家行政单位，调整国家整体与组成部分之间的相互关系"[③]。以上定义尽管具体的表述稍有不同，但其涵义还是大体一致的，即国家结构形式主要是国家整体与局部之间的关系问题，其实质是"国家机构体系内纵向配置国家权力行使权并规范其运行程序"的问题[④]，而这里的国家权力主要指的是体现国家主权方面的权力。国家权力不是抽象的，有其具体的体现，主要体现在外交代表权、国土防御权、货币发行权、税收提取权、司法管辖权等方面。国家主权的统一即是以上这些权力的统一。

二、分类

依据上述的标准，学术界对国家结构形式的分类存在两类说、三类说等几种观点。两类说中的一种观点认为国家结构形式分为两类即单一制和联邦制，

---

① 王惠岩：《政治学原理》，吉林大学出版社1989年版，第192页。
② 许崇德：《中国宪法》，中国人民大学出版社1989年版，第53页。
③ 吴家麟：《宪法学》，群众出版社1988年版，第241页。
④ 童之伟：《国家结构形式论》，武汉大学出版社1998年版，第87-88页。

另一种观点认为国家结构形式分为单一制和复合制两种类型,而复合制又包括联邦、邦联、君合国、政合国四种类型。三类说则主张国家结构形式包括单一制、联邦制和国协(即邦联制)等三种类型。严格来说,类似英联邦的组织是由几个国家组成的联盟,不是国家结构形式的一种,因此国家结构形式主要有单一制和联邦制两种类型。但是对国家结构形式的类型划分不是绝对的,随着人类社会新的实践活动,在国家结构形式上出现了既具有单一制的特征,又具有联邦制的特征,但既不是单一制,又不是联邦制的新形式。

第二节 单一制

一、概念与特征

所谓单一制国家结构形式(unitarianism)即由全国性政府独享主权权力的国家结构形式。其主要具有如下特征:(1)全国只有一部宪法和一套中央国家机关体系;(2)每个公民只有一个统一的国籍;(3)中央政府是对外关系中的国际法主体。也就是说,单一制是一种以中央政府为核心而形成的政府间关系,中央政府集中了所有的权力和权威。根据中央与地方权限划分的特点,有学者将单一制分为中央集权单一制、地方自治单一制、中央地方均权单一制和民主集中单一制等四种类型。中央集权单一制主要有两个特征:一是地方自治权(或自主权)很小,或宪法虽笼统地规定了广泛的自治权,但若无中央的允许,地方实际无法行使这些权力;二是中央行政机关往往直接指挥控制地方各级行政机关并监督地方代议机关,地方行政长官不对本级议会负责而对上级行政机关负责。在中央集权单一制之下,地方行政首长由中央政府直接任免,中央政府在权力分配上占居绝对的主导地位,对地方权力的收放有高度的自主权。

在地方自治单一制的国家结构形式下,地方政府拥有比较广泛的自治权,地方政府在处理本地政务时主要对法律负责。地方议会和地方行政机构都由选举产生,行政官员不由中央政府任命,中央与地方政府之间的权力分配主要通过议会以法律规定的形式划定。地方政府虽有较大的自主权,但要接受中央政府在各方面的监督、控制和指导。日本、韩国、英国、意大利和西班牙、葡萄牙等国大体属于此种政府结构体制。而中央地方均权单一制主要是追求中央地方之间权力配置均衡的一种结构形式。民主集中单一制主要是社会主义国家通常采取的一种类型。①

二、思想与实践

关于单一制国家结构形式的思想和理论的萌芽大体开始于16世纪前后,其代表性人物是意大利的尼科洛·马基雅维利和法国的让·布丹。集中体现马基雅维利建立中央集权单一制国家思想的即是他于1515年定稿的《君主论》。在这本小册子中,马基雅维利集中阐释了他对于意大利如何摆脱当时外敌入侵、内忧外患之局面的思考,他给出的答案就是作为君主要"努力创建一个强大的统一的国家"。②与马基雅维利主张建立强大的国家不同,法国人布丹主要提出了主权理论。在布丹看来,主权具有最高性、永恒性和不可分割性三种属性,国家包括对最高权力的掌握,政府包括一个机构,通过这一机构实施最高权力。真正唯一秩序良好的国家是一个主权完整的国家,因为它集主权于一身。对于布丹的这种思想,童之伟认为这实际上已经基本勾勒出了单一制的主要外部特征。③

在马基雅维利和布丹之后的17—18世纪,英国的托马斯·霍布斯、约翰·洛克,法国的让·雅克·卢梭以及意大利的朱塞佩·马志尼等又进一步从主权方面丰富了单一制理论。霍布斯认为属于主权范围内的权力是不可转让、不可分割的,是一个统一的整体。④洛克则在其所著的《政府论》中论述了立法权作为国家最高权力的问题。洛克认为,为了保护社会而行动的有组织的国家中,只能有一个最高权力,即立法权,其余一切权力都是而且必须处于从属地位。⑤卢梭在其名著《社会契约论》中主张,主权是公意的表现和运用,是一个整体,是不能转让、不能被代表和不可分割的。⑥作为一种制度实践,西方的单一制制度形态始于14—15世纪,初步成形于17—18世纪。⑦但位于东亚大陆的中国则早在公元前的先秦时期即开始孕育、形成了"大一统"的观念和思想,战国时期即在制度形式上进入了早期的单一制阶段。⑧

---

① 童之伟:"单一制、联邦制的区别及其分类问题探讨",载《法律科学》1995年第1期。
② [意]尼科洛·马基雅维利:《君主论》,潘汉典译,商务印书馆1996年版,第vi页。
③ 童之伟:《国家结构形式论》,武汉大学出版社1998年版,第200页。
④ [英]霍布斯:《利维坦》,黎思复、黎廷弼译,商务印书馆1985年版,第140-141页。
⑤ [英]洛克:《政府论(下篇)》,叶启芳、瞿菊农译,商务印书馆1964年版,第91页。
⑥ [法]卢梭:《社会契约论》,何兆武译,商务印书馆1980年版,第35页。
⑦ 童之伟:《国家结构形式论》,武汉大学出版社1998年版,第203页。
⑧ 周书灿:"从早期国家结构的基本形式看秦汉大一统政治的社会基础",载《河北师范大学学报(哲学社会科学版)》2002年第6期。

第三节 联邦制

一、概念与特征

所谓联邦制（federalism）是"一种由若干个享有独立权限的组成单位（共和国、州、邦等）联合而成为统一联盟国家的国家结构形式"[①]。这种国家结构形式具有如下特征：(1) 存在两套政府体系，一套是联邦中央政府，一套是联邦各成员政府，联邦与构成单位之间的关系不是中央与地方之间的关系；(2) 除联邦宪法和联邦法律体系之外，联邦各成员单位也有自己的宪法和法律体系；(3) 联邦与成员单位之间的权限划分由宪法规定，联邦无权任意更改；(4) 联邦国是单一的国际法主体，联邦中央政府拥有外交权，并总领国土防御职责。但在某些特殊的情况下，联邦成员单位也可以成为国际法的主体。

二、思想与实践

在思想领域最早讨论联邦制特征和优点的思想家是法国的查理·路易·孟德斯鸠。孟德斯鸠认为联邦制既具有共和政体的内在优点，又具有君主政体的外在力量，能够抗拒外力，保持它的威势，而国内也不致腐败，能够防止一切弊害。[②] 除孟德斯鸠之外，美国人亚历山大·汉密尔顿、法国人阿历克西·德·托克维尔以及英国人约翰·密尔等也都对联邦制理论的丰富作出了重要的贡献。[③]

作为现代意义上的联邦制最早产生在美国，因此美国被认为是历史上最早的现代意义上的联邦制国家。但实际上，在美国人确立联邦制之前，作为一种制度实践，欧洲人早就开始了建立联邦制的实践，因此联邦制并不是美国人首先发明的，希腊人、瑞士人、荷兰人、汉萨人（the Hansa）乃至神圣罗马帝国都为美国立国之父提供了范例，而尼德兰联邦（United Netherlands）对美国联邦制的影响尤其大。[④]

依照宪法中明示或默示的组成联邦制的宪法原则与主权权力的分享格局的

---

① 许崇德：《中华大学大辞典（宪法学卷）》，中国检察出版社1995年版，第235页。
② 童之伟：《国家结构形式论》，武汉大学出版社1998年版，第211页。
③ 童之伟：《国家结构形式论》，武汉大学出版社1998年版，第212-216页。
④ 王丽萍："论联邦制国家的特征与类型"，载《北京大学学报（哲学社会科学版）》1997年第1期。

结合进行分类，童之伟将联邦制也分为四种，即中央集权联邦制、分权制衡联邦制、民主集中联邦制和自治民主联邦制。中央集权联邦制以马来西亚、印度和巴基斯坦等国为代表，实施分权制衡联邦制的国家以美国、瑞士、德国、加拿大为代表，而民主集中联邦制和自治民主联邦制的代表国家则分别为苏联和南斯拉夫。

除此之外，还有学者也将邦联制（confederation）称为国家结构形式的一种，与联邦制同属于复合制的国家结构形式。所谓邦联制是指若干个独立的主权国家为实现某种特定目的（如军事、经济方面的要求）而组成的一种松散的国家联合。一般而言，邦联制具有如下特点：(1)邦联是根据各成员国所缔结的条约而组成的。成员国除了根据条约而明确表示让予或委托邦联机构的权力外，其他权力仍然保留，维持着成员国主权的完整性；(2)邦联既无宪法，无统一的行政机关，亦无统一的国籍、军队和赋税，因而它不是国家主体；(3)邦联对成员国没有强制力，各成员国既可将让予邦联的权力收回，也可以自由退出邦联；(4)邦联的事务由邦联成员国"首脑会议"或邦联会议按条约的规定共同决定。由此可见，邦联制仅是一种国家联盟的形式，它不是国家实体，所以严格而言，邦联制并不是一种真正意义上的国家结构形式。

对国家结构形式做单一制和联邦制的二元分类只是一种理论上的划分，而建立国家结构形式的实践则要复杂得多，从单一制和联邦制均可作出更多的类型细分也可以看出这一点。而且随着社会实践的发展，人类也在不断地创造着现有理论所不能涵盖的新生事物，国家结构理论也越来越不能真实地反映各国变迁中的中央—地方关系。① 例如，随着欧洲地区一体化的发展，人类社会实践中出现了欧盟这样的政治组织。今日的欧盟，既具有单一制的特征，又具有联邦制的特征，还具有邦联制的特征，但是其既不是单一制，又不是联邦制，也不是邦联制。又如，中国是一个单一制国家，但在这单一制的结构之下，不仅存在民族区域自治制度，而且还存在特区制度。如果说，在香港和澳门回归之前，尽管民族区域自治制度下的五个民族自治区拥有比其他省份更多的自主性，单一制国家结构形式的纯洁性并未受到多大影响，那么，在香港和澳门回归之后，所创设的特区制度在一定程度上影响了单一制国家结构形式的纯洁性。货币发行权、税收权以及司法权等是一个国家主权的象征，在理论上，国家主权是不可分割的，但香港、澳门回归之后仍拥有在过去的理论框架中只有主权国家才

---

① 杨光斌："国家结构理论的解释力与适用性问题"，载《教学与研究》2007年第7期。

能拥有的这些权力。这正是中华民族在解决民族统一问题的实践中的创造性表现，这种创造性也必将进一步丰富国家结构形式方面的理论。

从某种角度而言，一个国家实行单一制是一种自然趋势，而联邦制则是一种例外的国家结构形式。在当今世界的近二百个国家中，只有二十多个国家实行联邦制，大部分国家实行的是单一制。但是，就是这二十多个联邦制国家却占去了世界大约 1/2 的土地和 1/3 以上的人口。然而，单纯从理论上而言，单一制与联邦制并无制度上的优劣之分。相对而言，单一制国家结构形式由于中央的权威所在，在国家资源的动员能力上比较强，因而对国家事务的处理效率也会比较高，但另一方面也会造成地方政府缺乏主动性、积极性和创造性的后果。联邦制国家结构形式能使国家的构成单位具有比较充分的自主性，能使之根据自己的特色发挥出其优势，但由于联邦政府与构成单位之间关系的调整主要依据法律规定及其程序进行，在效率上以及国家资源的动员能力上要逊于单一制。

一个国家是采用单一制结构形式还是采用联邦制结构形式与其领土面积的大小也没有绝对的联系。领土面积达 1 707 万平方公里的俄罗斯实行的是联邦制，而领土面积只有 4.12 万平方公里的瑞士实行的也是联邦制。虽然当今世界大国中的多数国家实行的是联邦制，但领土面积并不是决定国家结构形式的唯一因素。除领土面积因素之外，自然因素（尤其是地理因素）、民族因素、包括经济发展水平和产业结构在内的经济因素、历史因素以及政治文化因素等都在影响着国家结构形式的选择。

在分裂国家追求实现国家统一的过程中，国家权力的统一是最为核心、也是最为敏感的问题。无论采用怎样的国家结构形式去实现国家的统一，都会面临这一问题。但是，采用单一制国家结构形式去推进统一，会直接凸显这一问题，处理不好，有可能引发分裂双方的冲突，甚至战争。而采用联邦制国家结构形式或有利于分权的其他结构形式，可在一定程度上照顾到双方对权力利益的关切，淡化分裂双方对此问题的关注度，降低该问题在统一过程中的敏感性，相对而言，也能够更有利于以和平方式推进统一的进程。

第二部分　实践案例

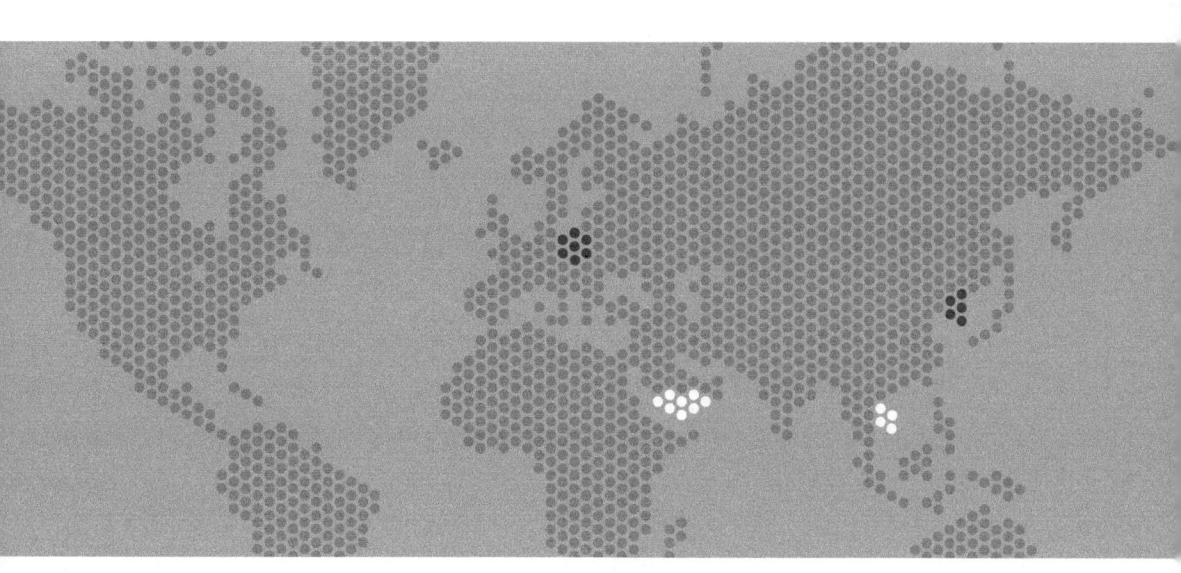

第三章 越南的统一

第一节 越南简史

位于中南半岛东部的越南，国土面积33.12万平方公里，国土呈狭长状分布，南北长1650公里，而东西最窄处只有50公里。越南的南部与北方有低坦的冲积三角洲，中部为高原，偏远的北部、西北部为丘陵和高山地带。这种国土形状和地理特征对越南的政治也产生了十分重要的影响。

从族群构成、语言文化和宗教信仰等社会状况来看，越南是一个十分多元的国家。据美国中央情报局数据库的资料，2013年越南的人口达到了9247.7万，居世界第14位。从族群结构而言，京族85.7%、岱依族1.9%、泰族1.8%、芒族1.5%、高棉族1.5%、赫蒙族1.2%、侬族1.1%以及包括华族在内的其他少数族群5.3%。所使用的语言包括官方语言越南语、英语、法语、华语、高棉语以及山地语言等。居民的宗教信仰结构为9.3%信仰佛教，6.7%信仰天主教，1.5%信仰和好教，1.1%信仰高台教，0.5%信仰基督教新教，0.1%信仰穆斯林，而80.8%则无宗教信仰。①

在一个文化语言宗教结构如此多元的社会中，构建起统一的国族认同（nation-identity）并非易事。从历史上来看，公元968年建立的丁朝（968—980年）是越南的第一个封建国家。在此之前，现今越南的国土范围内并不存在一个规模大、建制完备的国家政权。短暂的丁朝之后是前黎朝（980—1009年），而丁朝和前黎朝属于越南封建国家发展的初期阶段。随后建立的李朝（1010—1225年）和陈朝（1225—1400年）都存在了一个较长的历史时期，属于越南封建国家的巩固和发展阶段。②1400年建立的胡朝（1400—1407年）

---

① https://www.cia.gov/library/publications/the-world-factbook/geos/vm.html，2013年12月26日访问。
② 陈云林：《当代国家统一与分裂问题研究》，九州出版社2009年版，第4页。

在七年之后便被中国的明朝所消灭。1407年明朝灭胡朝后，取消其国号，改为交趾郡，直接管理。二十余年后，黎朝（1428—1527年）于1428年建立，它是越南封建国家制度高度发展的时期。黎朝之后，出现了越南历史上的"南北朝对峙时期"（1527—1771年）。①南北以清化为界，控制北方的相继为莫朝（1527—1592年）和郑氏控制下的北朝（1623—1786年）。控制南方的则是阮氏家族，其实阮氏势力刚开始控制的所谓南方并不是如今越南的南方，而是北部地区的南部，在它的南部则是占城国。1771年阮氏统治下的南方地区爆发了越南历史上规模最大的农民起义，起义军于1788年建立西山朝（1788—1802年）。十余年后西山朝被复辟的阮氏势力建立的阮朝（1802—1945年）所取代。

古代越南的发源地在北部的红河下游三角洲地区，其领土主要限于今天的越南北部和中部靠北边的地区。控制今日越南中部地区的为占城国（又称占婆国），而南部的湄公河三角洲地区则属于真腊国。李朝时期开始向南扩张，先后占领了占城的三个州。②陈朝时继续向南扩张，1402年占领占洞（广南）和古垒洞（广义）之后，开始移民于此。③"南北朝对峙时期"，阮氏势力于1693年消灭了占城国，随后又于1757年将真腊国控制的湄公河三角洲地区归入自己的版图之内。在越南历史上，第一个完全统治南北国土的王朝是西山朝。"西山起义军，先后战斗18年的时间，打垮了越南国内的三个封建集团——郑、阮、黎氏的统治……自北到南完全统一了越南。"④

1802年阮朝建立，国号为越南。次年即1803年阮朝的阮福映向清朝政府请求册封，清政府封其为越南国王，越南国名自此始。⑤阮朝建立后，效仿清朝划分了全国的行政区域，加强了中央集权和控制，并依靠武力巩固了西山朝时期初步形成的南北一统局面。也正是在这一时期，越南人的统一国家观念开始形成。⑥法国殖民势力主控印支半岛后推行的一系列殖民政策客观上强化了越南南北之间的政治经济文化联系，从而也在一定程度上强化了南北的共同体意识。

---

① 余富兆：《越南历史》，军事谊文出版社2001年版，第114页。
② 余富兆：《越南历史》，军事谊文出版社2001年版，第63页。
③ 余富兆：《越南历史》，军事谊文出版社2001年版，第90页。
④ 余富兆：《越南历史》，军事谊文出版社2001年版，第142页。
⑤ 余富兆：《越南历史》，军事谊文出版社2001年版，第146页。
⑥ 陈云林：《当代国家统一与分裂问题研究》，九州出版社2009年版，第7页。

第二节 越南的分裂

一、分裂过程

越南的分裂同其在近代史上的发展路径，同其被殖民地化的历史背景有着直接的关系。从 16 世纪末、17 世纪初开始，西方的传教士和商人相继来到越南，但由于受到当地政府和居民的抵制，很长时期内无法渗透其影响。1787 年阮福映同法国签订了一项条约，法国承诺给予阮福映军事支持，而阮福映答应将会安港口和昆仑岛割让给法国，并给予法国人在南圻完全的进出口贸易自由[1]，但该条约未得到履行。从 19 世纪中叶开始，法国殖民者开始武力进攻越南南部地区，1862 年法国迫使阮朝政府签订了《西贡条约》，迫使阮朝政府割让了南圻六省，开放岘港、巴叻和广安三个港口，并允许法国军舰在湄公河自由航行，传教士可在越南自由传教。[2] 在实际控制南圻之后，法国殖民势力继续向北拓展。1874 年 3 月法国迫使阮朝政府同其再订和约，史称《第二次西贡条约》，在该条约中，阮朝政府正式承认了法国对南圻的占领，法国在南圻有"充分的完全的自由"，并开放河内、海防、归仁三处港口，开放红河，给予法国航运和通商权。[3]1883 年 8 月法国再次迫使阮朝政府签订了《顺化条约》。该条约规定，越南接受法国的保护，越南的外交由法国掌管。法国可以向北圻的重要城镇派驻武装，越南的海关由法国人监督。平顺省并入南圻，改归法属。[4]1884 年 6 月，法国强迫越南签订《第二次顺化条约》，最终完成了在越南确立其殖民统治的法律程序。法国在越南的步步渗透直接威胁到了中国的利益，并导致了 1884 年中法战争的爆发。1885 年 6 月中法签署《中法会订越南条约》，完全承认法国为越南的保护国，越南最终沦为法国的殖民地。

法国殖民者控制越南后，随即向柬埔寨和老挝渗透。1887 年法国通过法令将越南的南圻、中圻、北圻和柬埔寨联通组成了"印度支那联邦"，1893 年老挝沦为法国的殖民地之后并入"印支联邦"。

法国对"印支联邦"的殖民统治对日后越南的分裂造成了重要的影响。法国在"印支联邦"设立总督，并将越南分为交趾支那、安南和东京三个部分进

---

[1] 中国史学会：《中法战争（一）》，上海人民出版社 1956 年版，第 347-349 页。
[2] 中国史学会：《中法战争（一）》，上海人民出版社 1956 年版，第 366-370 页。
[3] 中国史学会：《中法战争（一）》，上海人民出版社 1956 年版，第 379-387 页。
[4] 中国史学会：《中法战争（七）》，上海人民出版社 1956 年版，第 365-369 页。

行统治。在交趾支那即南圻，法国废除了阮朝政府的政府机构，设立了以副总督为首的殖民机构直接进行管理，而在安南（即中圻）和东京（即北圻）则保留了阮朝原有的统治体系。①与经济上在整个"联邦"内推行统一的财政、货币和税收制度不同，政治上法国殖民者采取的"分而治之"的殖民政策使得越南南中北三部分传统的社会结构、思想观念和思想意识被瓦解的程度不同，在一定程度上造成三个部分之间的隔阂与异质化，而在南圻和北圻之间尤甚。

第二次世界大战爆发后，1940年8月法国印度支那总督德古与日本签订协议，法国同意日本在印支享有经济特权，原则同意日本部队进驻东京，而日本保证尊重法国在印度支那的主权。②1941年7月，日本胁迫法国同其签订《共同防御协定》，法国同意日本在交趾支那建立空军基地，在金兰湾和西贡建立海军基地。"两国政府相互保证在军事上合作，以共同防御法属印度支那"③。1945年3月9日，日本使用军事手段，接管了印支法属殖民机构，组建了以保大皇帝和陈重金为首的亲日政府，把法国殖民势力赶出了印支半岛。但是，随着五个月之后日本的投降，印支半岛出现权力真空，使得战后越南的政局形成了相当复杂的局面。

从国际层面来看，1945年7月波茨坦会议召开期间，英国首相丘吉尔提议，在印度支那以北纬16度线为界划分盟军的作战范围，北纬16度线以南属英国指挥的"东南亚战区"，以北属"中国战区"，此议得到美国支持。1945年8月17日，盟军统帅部发布第一号命令，"台湾及北纬16度以北法属印度支那境内的日本高级指挥官以及所有海陆空军和辅助部队，应向蒋介石投降，北纬16度以南由英国军队受降"④。为接收驻印度支那六万日军的投降，英国军队于1945年9月6日进驻西贡。而1945年8月底9月初，中国国民政府的10万军队在卢汉将军的率领下也进驻越南北部地区。

利用这一时机，在英国的帮助下，法国军队也进入越南。对于战后其殖民地的处理问题，法国临时政府于1945年曾就印支问题发表声明，声称法国将在印支组成联邦，"印度支那联邦将和法国以及法兰西共和体的其他部分组成一个'法兰西联邦'。联邦的对外关系将由法国代表。印支在法兰西联邦内部享有应有的自由"。"印支联邦应在宗主国的援助下和在法兰西联邦总防御体系内建

---

① 汪建强：《论法国对印度支那三国的殖民统治政策及其形成原因》，云南大学2002级硕士学位论文，第7—8页。
② ［英］阿诺德·托因比：《1942—1946年的远东》，上海译文出版社1995年版，第30页。
③ 《国际条约集》（1934—944），世界知识出版社1961年版，第331页。
④ 陈鸿瑜：《"中华民国"与东南亚各国外交关系史（1912—2000）》，鼎文书局股份有限公司2004年版，第110页。

立自己的陆、海、空军"。法国新殖民政策的主旨是恢复战前的法属印度支那联邦。1946年法兰西共和国宪法正式规定了建立法兰西联邦的模式。1946年3月完成受降任务的英军撤出印支的北纬16度线以南地区,从"1946年3月4日午夜起,东南亚司令部对这一地区不再负任何责任"①,法国遂顺势填充了英军撤走后留下的权力真空,控制了越南南部。

从越南国内层面来看,"二战"结束后越南主要存在着三种政治势力。

(1) 印支共产党和越盟。以胡志明为首的印支共产党成立于1930年。成立之后,印支共产党领导越南人民开展了各种工农运动。1941年9月,印支共产党建立了自己领导的第一支武装力量——北山游击队。②1941年5月,以越共为核心的越南争取民族独立的统一战线组织——越南独立同盟(即越盟)成立后,开展了建立革命根据地的武装斗争。1945年5月,越盟组建了统一的武装力量——越南解放军,成为越北地区最有政治和军事影响的势力。就在日本宣布投降的次日——1945年8月16日,越盟宣布举行起义,发动了"八月革命",并于1945年9月2日,宣布建立了越南民主共和国。

(2) 陈重金政权。该政权是在日本殖民势力的扶持下成立的亲日政权。"二战"结束前夕的1945年3月9日,日军占领当局发动政变,接管了印度支那法国殖民机构之后,3月14日,在日本支持下,阮朝末代皇帝保大宣布废除1884年越法条约,宣称越南脱离法国"保护",恢复"独立",并于1945年4月17日组成了以陈重金为首相的政府。该政府废除了与法国签订的协定,收回了法国的直辖殖民领地南圻、河内、海防、岘港等,在名义上统一了全国领土。同时还颁布了允许组织工会、结社以及集会自由等法令,提出了"澄清吏治"和"清除贪官污吏"等社会改革口号。③但"八月革命"爆发后,在发展迅速的革命势力面前,1945年8月30日,保大被迫发布《退位诏书》,宣布退位。

(3) 越南右翼民族主义政党——越南革命同盟会(Dong Minh Hoi)和越南国民党(the viet nam Quoc Dan Dang)。这一部分势力长期流亡中国,并受到国民政府的支持。随着"二战"结束后国际和国内政治形势的变化,此一部分势力也回到越南,并组织武装,在越北一些省市,如永安、安沛、芒街等地建立了政权。越南革命同盟会于1945年9月1日,在芒街成立越南过渡临时政府。越南国民党则在越北的河阳省建立了省政府。

---

① [英]阿诺德·托因比:《1942—1946年的远东》,上海译文出版社1995年版,第344页。
② 余富兆:《越南历史》,军事谊文出版社2001年版,第209页。
③ 梁英明、梁志明:《东南亚近现代史(下册)》,昆仑出版社2005年版,第471页。

在这三股势力中，实力最大、最有影响的当属印支共产党和越盟，它不仅以高举民族独立的旗帜在战后遍布世界的民族独立浪潮中获得了名分与合法性，而且还在发动反抗日本殖民统治的武装斗争中进行了社会动员，组建了自己的武装力量。同时还及时利用因日本投降而出现的权力真空，抢占了先机，发动起义，建立了政权机关。而越南右翼民族主义分子由于长期流亡国外，在社会基层中没有进行过大规模的政治和军事动员，缺乏民众基础。虽然在越北部分地区也建立了自己主导的政权，但相对于越盟而言，已是后手，这使得它在越南社会上的影响日渐衰落。而陈重金政权依靠日本殖民势力，从一开始就失去了正当的名分和政权的合法性，这决定着它更难以得到越南民众的支持。

保大宣布退位后，越南民主共和国外部面临着如何处理与法国殖民势力和中国受降军的关系问题，内部则面临着包括如何处理与右翼势力关系在内的国家政权建设问题。

法国在重新控制了北纬16度线以南地区之后，根据其制定的战后殖民政策，梦想重新恢复在印支的殖民统治，竭力试图重返越北地区，然而卢汉将军统领的10万中国驻军客观上成为其进入越北地区的最大障碍。为了进入越北地区，从1945年12月9日开始，法国驻重庆高级代表贝志高与中华民国政府进行了谈判。中法谈判于1946年2月28日在重庆达成协议，双方签订了《关于中国驻越北军队由法国军队换防之换文》、《关于中国驻越北军队由法国军队换防之换文会议记录》。协议规定：(1)中国军队于1946年3月31日前交接完毕，立即撤出；(2)法国同意废除过去与中国签订的一切不平等条约，取消在华的治外法权，归还法租界及广州湾租借地，滇越铁路中国境内的昆明—河口段所有权完全移交中国，中国货物路经越南铁路免纳一切过境税。[①]

为了顺利进入越北地区，在中法谈判的同时，法国政府也同越南民主共和国进行了谈判，双方于1946年3月6日签订了《法越初步协定》及《法越初步协定附约》。协定规定：(1)法国承认越南民主共和国是"一个自由的国家，有它的政府、国会、军队和财政"，并为印支联邦和法兰西联邦的成员；(2)关于三圻合并问题，用人民表决方式来决定；(3)越南民主共和国政府对法军接防中国军队问题，"准备予以友谊的接待"；(4)双方签字后，"立刻停止敌对行动，各保持其军队于原有阵地"[②]。

《三·六协定》签署后，法军15 000人进驻河内与越北地区。但双方随后

---

① 梁英明、梁志明：《东南亚近现代史（下册）》，昆仑出版社2005年版，第481—482页。
② 《法越初步协定》，载《印度支那问题文件汇编》，世界知识出版社1961年版，第7页。

进行的谈判并不顺利，1946年4月和6月，越南民主共和国代表与法国代表分别在越南的大叻和法国的巴黎进行了谈判。1946年9月14日，双方签署了《法越临时协定》，在停止一切敌对行为和暴力行动、保证对方侨民享有本国公民平等的经济文化权益等方面达成了一致，但在越南的外交自主权和南部地区的主权等主要问题上未达成协议。为此，协定还专门规定，"谈判应从速恢复，至迟应在1947年1月举行"[①]。但是双方的冲突始终不断，1946年12月19日，驻北越法军总司令下令向越南民主共和国发动大规模攻击，次日胡志明也发表告《越南人民书》，号召全国人民"拯救祖国"，越法战争遂全面爆发。

但同后来介入的美国一样，法国同越南之间的这场战争是一场不对称的战争，即一个希望开展常规战争与一个更善于从事游击战争的对手之间展开的战争博弈，结果是法国军队在此"陷入了一场挫败不断的游击战泥潭"。长达八年的战争所带来的巨大消耗、对未来前景的渺茫以及美国要求确保印支国家最后独立的压力使法国接受了苏联的建议，召开国际会议讨论朝鲜半岛问题和印支问题。

日内瓦会议于1954年4月26日开始，至6月15日主要讨论朝鲜半岛问题，但无果而终。从5月8日起日内瓦会议开始讨论印支问题，参加会议的除美、苏、英、法、中五大国之外，还有越南民主共和国、越南保大政权以及老挝和柬埔寨等方面。就在会议开始讨论印支问题之前的5月7日，越南民主共和国在越南西北部重镇——奠边府取得了重大军事胜利，这一胜利直接导致法国政局发生了重大变化，从而为《日内瓦协定》的签署创造了良好的条件。从1954年5月8日至7月21日，会议共进行了75天，最后在印支问题上达成了《越南停止敌对行动的协定》、《老挝停止敌对行动的协定》、《柬埔寨停止敌对行动的协定》，并发表了《日内瓦会议最后宣言》。这些协定的内容主要有：（1）立即停止在印支三国的敌对行动；（2）与会各国保证尊重越南、老挝和柬埔寨的主权、独立、统一和领土完整，不干涉其内政；（3）停战后印支三国不得参加任何军事集团，并禁止任何外国在其领土上建立军事基地；（4）设立国际监察和监督委员会，负责监察协定的实施；（5）越南在北纬17度线以南、九号公路稍北划一条临时军事分界线，建立非军事区，越南民主共和国军队在分界线以北地区集结，法国军队在以南地区集结。在老挝，寮国战斗部队移往桑怒和丰沙里两省集结，等待政治解决。在柬埔寨，高棉抗战部队于停火协定生效后30日内就地复员；（6）1956年4月，法国军队全部撤出南越，7月越南全国举行自由选举。老挝、柬埔寨在1955年举行全国自由选举，

[①]《越法临时协定》，载《印度支那问题文件汇编》，世界知识出版社1961年版，第9-10页。

以实现各国的统一。①

参加日内瓦会议的美国并不希望日内瓦会议讨论印支和平问题,但在无法阻止的情况下,它只是以观察员身份而不是以正式代表的身份参加会议。《日内瓦协议》签署后,美国政府发表了一份声明,表示"(一)按照联合国宪章第二条第四款关于各会员国有义务在其国际关系上不得使用威胁或武力的规定,美国将不使用威胁或武力去妨碍它们;(二)美国将充分关切地注视违反上述协定的任何侵略的再起并认为这是严重威胁国际和平和安全的"②。当时的美国领导人既意识到了印度支那的战略重要性,又不希望使自己卷入越南战事,因此在日内瓦会议上,"美国要尽力做到'在场'和'不在场'——以便能充分坚持自己的立场,又必须躲到一边,避免国内谴责它不得不放弃若干原则"。因而基辛格曾说这是他"在外交史上还没有见过的先例,即对不得不拒绝签字的事宜做出保证,而且是在它已经强烈表达了自己的保留意见后"③。

《日内瓦协定》签署后,印支地区暂时恢复了和平,1955—1956年法国军队也撤出了印度支那地区。但与此同时,美国逐渐取代法国介入了印支地区事务。实际上,美国早在战后初期就已经开始介入越南事务。1948年6月,法国支持前阮朝皇帝保大成立的"越南国"就得到了美国的支持,1950年2月,美国就率先承认了保大的"越南国"。越法战争期间,美国曾派遣大批军事顾问团,并给予大量的军事援助。1952年,美国曾资助法国在印度支那1/3的军事费用。④

在看到法国的出局已呈不可避免之势后,1954年6月,美国将曾担任保大朝廷内阁大臣并寓居美国的吴庭艳送回越南,支持其出任保大政权的内阁总理。吴庭艳是一名天主教徒,曾是法国殖民政府的官员,因法国政府拒绝其提出的改革计划而与法国政府关系破裂。由于找不到其他的合适人选,吴庭艳被美国国务卿杜勒斯选中,成为"唯一能找到的良种马"。出任保大政权的内阁总理后,在美国的支持下,吴庭艳掌握了军权,并先后动用武力消灭了对立的教派武装。1955年10月23日,大权在握的吴庭艳以"公民投票"的方式,废除了保大的国家元首地位。10月26日,吴庭艳又宣布在越南南部建立"越南共和国",组织政府,自任总统、总理和国防部长。对于《日内瓦协定》,吴庭艳拒绝承认,并于1956年3月4日在南越举行了选举,成立国民会议,制定宪法,正式建

---

① 《日内瓦会议文件汇编》,世界知识出版社1954年版,第256—266页。
② 《美国代表的声明》,载《国际条约集(1953—1955)》,世界知识出版社1960年版,第201-202页。
③ [美]亨利·基辛格:《基辛格越战回忆录》,慕羽译,海南出版社2009年版,第11页。
④ [美]亨利·基辛格:《基辛格越战回忆录》,慕羽译,海南出版社2009年版,第4页。

立了"越南共和国"。

二、越南民主共和国

保大宣布退位三天之后的 1945 年 9 月 2 日，胡志明代表临时政府宣布成立越南民主共和国。1945 年 9 月 8 日，越南民主共和国临时政府颁布了普选法令。但由于复杂的国际国内环境，普选被数度推延，直至 1946 年 1 月 6 日才得以举行。为主导选举，临时政府规定须经越盟推举的候选人始得参加选举，此举遭到了越南革命同盟会和越南国民党的抵制，他们明确表态不参加选举。由于这部分势力得到中国国民党的支持，对这一问题的处理直接影响到与卢汉领导的中国受降军的关系。经过协商，双方达成特殊协议，越南革命同盟会和越南国民党指派 70 名代表参加国会，以增补正式选举的 300 名代表。① 国会成立之后近两个月的 1946 年 3 月 3 日，才召开了第一次会议，选举了国家主席，组建了包括右翼势力的联合政府。在地方上，则建立了省、县、乡各级人民代表制度。同时，国会第一次会议还决定组建一个由 11 位成员组成的宪法起草委员会。1946 年 11 月 8 日，越南民主共和国国会召开第二次会议通过了宪法，初步完成了国家政权的初期建设工作。

1946 年 7—11 月，越南民主共和国对右翼势力控制的越北永安、富寿、安沛、老街等省的武装势力进行了围剿，完成了对越北地区在政治军事上的统合，进一步巩固了政权，使得越南民主共和国得以集中精力开展抗法战争。

《日内瓦协定》签署后，越南民主共和国利用短暂的和平时期进行了政权建设。鉴于 1946 年宪法存在的缺憾，为适应新的形势，1956 年，越南民主共和国第一届国会第六次会议决定成立宪法修改委员会，进行修宪工作。1959 年 12 月 31 日，越南民主共和国第一届国会第七次会议通过了新宪法。②

在经济方面，由于越法战争的爆发，建国之初的共和国政府暂时没有对原来的社会生产关系进行根本性的改造，只是进行了微调。1949 年 7 月，民主共和国政府颁布了减租法令，1950 年又颁布了减息、废除旧债、缓期还债的法令。为了促进经济建设，抗法战争期间，民主共和国在政治军事方面巩固国家政权的同时，还成立了国家银行、粮食公司、国有工业和商业部门，从而奠定了国

---

① Stein TØnesson, Ho Chi Minh's First Constitution (1946), Paper to be presented to the International Conference on Vietnamese Studies and the Enhancement of International Cooperation, Hanoi, July 1998, p.7.
② 贺圣达、王文良、何平：《战后东南亚历史发展（1945—1994）》，云南大学出版社 1995 年版，第 105 页。

有经济的基础。

随着战争主动权的逐渐掌握，越南劳动党和越南民主共和国开始采取措施对原来的生产关系进行改造。1953年1月，越南劳动党四中全会决定有计划、有步骤地进行土地改革。1953年4月12日，越南民主共和国颁布了三个关于土地政策的新法令，决定彻底实施减租减息，把法国殖民者和越奸的全部土地和公有土地等无限期地分给无地和少地的农民。1953年11月，越南劳动党召开了第一次全国代表大会，大会讨论并通过了《土地改革纲领》，制定了"完全依靠贫雇农，紧密团结中农，联合富农，有步骤地、有分别地消灭封建剥削制度，发展农业生产"的农村工作总路线。1953年12月，越南民主共和国政府颁布了根据《土地改革纲领》制定的《土地改革法》。依据《土地改革法》，越南民主共和国实施了土地改革，至1957年，除了经济和社会状况特殊的部分山区之外，土地改革基本在北越地区完成。

1955年秋，越南民主共和国成立了国家计划委员会和中央统计局，在苏联和中国专家的帮助下，制订了三年经济恢复计划。1958年12月，越南民主共和国国会通过了发展经济、改造经济和发展文化事业三年计划（1958—1960年），集中对农业、手工业和资本主义工商业进行社会主义改造。① 至1960年，越南民主共和国以生产资料公有制的形式实现了对北越地区经济上的统合。恢复、改造和发展并举，使这一时期越南民主共和国的经济实现了前所未有的快速发展。1955—1960年，越南民主共和国经济的年平均增长率达到36.9%。② 从1961年开始，越南民主共和国又在苏联和中国的帮助下，制订并实施了第一个五年（1961—1965年）发展计划。"一五计划"期间，越南民主共和国的经济发展迅速，与1955年相比，电力、燃料、机电、化工、建材、粮食等都实现了数倍乃至数十倍的增长。③

三、"越南共和国"

1946年3月4日，英军在完成了对驻南越日军的受降之后退出越南南部，随之进入的法军填补了英军撤离后留下的权力真空，控制了越南南部地区。为了在南越地区推行其在印支建立法兰西联邦的方案，法国殖民者在占领区内积

---

① 贺圣达、王文良、何平：《战后东南亚历史发展（1945—1994）》，云南大学出版社1995年版，第107页。
② [越]青山："四十五年来的越南工业"，李岳洪译，载《东南亚研究》1991年第1期。
③ [越]青山："四十五年来的越南工业"，李岳洪译，载《东南亚研究》1991年第1期。

极扶植亲法政权,于 1946 年和 1947 年,先后扶植了以阮文声、黎文划、阮文春等为首的政权①,但这几个政权根本无法站稳脚跟。1947 年年底,法国殖民者又选中了曾经发布退位诏书的保大。为了给保大一个合法的名分,1948 年 6 月 5 日,法国驻印度支那高级专员波拉埃与保大签订了《下龙湾协定》,给予了保大"立宪君主"的名义和地位。1949 年 3 月 8 日,法国又与保大签订了《法越协定》,宣布"越南在法兰西联邦内保持独立和统一。"6 月 4 日,保大正式返回越南登基,成为"越南国"的国家元首。为了与越南民主共和国抗衡,1949 年 7 月 1 日,在法国的许诺下,保大发布了第 1 号法令,表示"环境一旦允许举行自由总选举,将立即召开国民制宪会议"②。1950 年 2 月 7 日,保大发布了第 4 号法令,成立了两个咨询机构:一个是由 24 名委员和 6 名候补委员组成的财经委员会,其中有一半委员是居住在南越的法国公民;另一个则是由 48 名委员和 12 名候补委员组成的南越地方会议(regional assembly)。政府给予所有委员一年半的任期,两个机构均属咨询性质,立法的权力属于政府。③

保大的"越南国"得到了美、英、法等国以及联合国的承认④,但保大政权内部派系间的斗争十分激烈,亲法与亲美势力之间的矛盾相当突出,致使保大政府的内阁更迭十分频繁。1949 年 7 月 12 日,保大任国家元首兼政府总理,1950 年 1 月至 4 月阮蟠龙任政府总理,1950 年 5 月至 1952 年 6 月陈文友担任政府总理,1952 年 6 月至 1953 年 12 月阮文心担任政府总理,1954 年 1 月至 6 月宝禄担任政府总理,1954 年 6 月至 1955 年 10 月 23 日吴庭艳担任政府总理。⑤ 保大政府的内阁总理就如同走马灯一般频繁更迭,其中阮蟠龙和宝禄担任总理的时间只有短短的几个月。前者尚未唱罢,后者即已登场,政府首脑如此频繁地更迭,一方面反映出"越南国"低下的政治统合能力,另一方面也进一步侵蚀了本已十分脆弱的合法性基础。在"二战"后遍布亚非拉的民族独

---

① 贺圣达、王文良、何平:《战后东南亚历史发展(1945—1994)》,云南大学出版社 1995 年版,第 101 页。

② J. A. C. Grant, The Viet Nam Constitution of 1956, *The American Political Science Review*, Vol. 52, No. 2 Jun., 1958, p.438.

③ J. A. C. Grant, The Viet Nam Constitution of 1956, *The American Political Science Review*, Vol. 52, No. 2 Jun., 1958, p.438.

④ 1957 年 10 月 25 日,联合国第 709 次全体会议通过 1144 号决议,表示"查一九五〇年十二月二十日决议案六二〇 C(七)及一九五七年二月二十八日决议案一〇一七 B(十一)曾认定越南有加入联合国为会员国之资格,……由于一常任理事国之否决票,仍不能建议允许越南加入联合国为会员国",但"重申越南充分具有为联合国会员国之资格,应准其入会"。http://daccess-dds-ny.un.org/doc/RESOLUTION/GEN/NR0/118/23/IMG/NR011823.pdf?OpenElement',2013 年 12 月 26 日访问。

⑤ 李信:"南越历届政府头目更迭简况",载《印度支那》1986 年第 2 期。

立浪潮中，曾先后与法国和日本人合作过的保大，其执政的社会支持基础本已不足，而再次依靠法国殖民势力登台的做法不仅为民众所诟病，更与要求民族独立的社会主流大势不符。《日内瓦协议》签署之后，法国势力退出南越，"越南国"终也难以维系，随至寿终正寝。

吴庭艳担任"越南国"政府总理后，采取了一系列措施试图力挽危局。首先他解除了已加入法国国籍但仍担任越南国民军总指挥的阮文馨（Nguyen Van Hinh）的职务。其次是以武力消灭了拥有武装力量的平川派、和好教和高台教①，这使得吴庭艳声势大涨。吴庭艳的强势导致了他与保大之间冲突的加剧，但同时也赢得了美国的更加信任。1955年10月23日，吴庭艳在美国支持下就继续实行君主制还是推行以吴庭艳为总统的共和制举行了公民投票。10月26日，吴庭艳公布了投票结果，废黜了保大，宣布建立"越南共和国"。吴庭艳以"越南共和国"取代"越南国"，希冀以此来进一步稳定南越政局，并为此推出了一系列政治、经济措施。

在政治方面，1956年1月23日，吴庭艳发布第8号、第9号法令，宣布进行国民议会选举。1956年3月14日，"越南共和国"撇开《日内瓦协定》，在南越地区单独进行了选举，选出123名议员组成国民议会。随后吴庭艳任命了一个11人的委员会，负责从4月18日起，在45天之内完成"越南共和国"宪法的起草工作。45天的期限于6月2日到期，但宪法的起草工作没有完成，吴庭艳只得下令再延长至7月2日。1956年7月1日午夜，国民议会通过了一份没有序言和国旗、国歌等条文的宪法草案，并于次日呈递吴庭艳。② 吴庭艳之所以如此急迫地通过一部宪法，实际上与法国部队的撤离时间有关。他的设想是，在法国撤出最后一个驻越分队并任命法国大使以取代高级专员之前，完成宪法制定的程序，想以此宣示"越南共和国"的主权存在和国家政权建设的成果。1956年10月26日，在"越南共和国"成立一周年之际，吴庭艳颁布了"越南共和国"宪法。通过合法的程序完成了宪法的制定并予以颁布，这在吴庭艳看来，"越南共和国"便是一个具有合法性基础的国家实体了。

经济方面，南越政府也进行了土地改革。南越政府进行土地改革的背景有两个：一是抵消越南劳动党在北越地区实施土改政策的影响；二是因为南越地区土地占有状况的不均衡程度比北越地区更为严重。在土地占有方面，南越地区

---

① J. A. C. Grant, The Viet Nam Constitution of 1956, *The American Political Science Review*, Vol. 52, No. 2 Jun., 1958, p.439.

② J. A. C. Grant, The Viet Nam Constitution of 1956, *The American Political Science Review*, Vol. 52, No. 2 Jun., 1958, pp.443-444.

的集中程度比北越地区要严重得多。"北越基本上不存在真正的土地改革问题,因为那边地产在五公顷或五公顷以下者占土地总面积的98.2%。在越南中部(现已分属于两个国家)小土地所有者也占全部土地所有者的99%。但在南越本部(即以前的交趾支那)25万土地所有者中,有6 300人拥有1 035 000公顷稻田,或拥有全部土地的45%;而小土地所有者只拥有345 000公顷,占土地总面积的15%。2%的土地所有者占有45%的土地,72%的土地所有者仅占15%的土地,这个地方就是进行彻底土地改革的大好场所。"①越南民主共和国发布的资料也佐证了这一状况。1953年11月,越南民主共和国经济统计调查局的资料表明,南、中、北部的有耕地农户和无耕地农户的比例分别为21%和79%、47%和53%、42%和58%。②

其实,南越地区的土地改革早在保大时期就已开始。1953年6月4日,保大政权就颁布了包括"关于收回地方官府资产以及产业者的荒地的办法"的第19号法令、"关于佃农的规定"的第20号法令、"关于耕地留置率的规定"的第21号法令、"关于享受耕地收成规定"的第22号法令等四项法令的《土地改革法案》。但该法案"对地主给予了宽宏大量的保护,以致大部分土改无法实行"③。吴庭艳担任内阁总理后又分别于1955年1月、2月和1956年10月颁布了三个土地改革法令,但"大部分是早期保大土改的翻版",而且进展缓慢。"依据土地改革法应进行改革的700 000公顷土地,至1961年7月才征收了415 843公顷。其中只有232 451公顷分配给了109 438个农民。"④

"土地改革实施了7年,经征收和征购而收回的100万公顷土地中,只有四分之一左右到达无地农民手中。如此缓慢的蜗牛式进度,抵消了土地改革计划的许多心理效果。这些心理效果,本来应当是土地改革的主要目的。"⑤南越政府本想以土地改革抗拒北越土地改革的影响,争取民众的支持。但实施的结果恰恰与原来的设想相反。"土地改革不等于掠夺。它是按照公正、平等和尊重私

---

① [美]伯纳·B.佛尔(Bernard B. Fall):"南越的经济基础",王云翔译,载《南洋问题资料译丛》1965年第1期。
② [法]米谢尔·林波格:"越南民主共和国的经济现状",王云翔译,载《南洋问题资料译丛》1957年第1期。
③ [越]陈芳:"关于越南南方的所谓'土地改革'",绿叶、张良生译,载《东南亚研究资料》1965年第1期;[美]伯纳·B.佛尔(Bernard B. Fall):"南越的经济基础",王云翔译,载《南洋问题资料译丛》1965年第1期。
④ [美]伯纳·B.佛尔(Bernard B. Fall):"南越的经济基础",王云翔译,载《南洋问题资料译丛》1965年第1期。
⑤ [美]伯纳·B.佛尔(Bernard B. Fall):"南越的经济基础",王云翔译,载《南洋问题资料译丛》1965年第1期。

人财产的原则行事的。"这种原则使得吴庭艳政府只能以赎买的方式来收购大地主手中超过政府规定数量的土地部分。而大部分的收购资金则来自美国和法国的财政援助,这大大加重了南越的财政负担。

除试图进行土地改革之外,南越还实施了发展计划。1955年南越政府成立了计划局,负责起草1956年至1961年的五年计划,并向联合国提出请求给予援助。同年7月,一个以卡特尔·古特列治教授为首的联合国经济调查团抵达南越。该调查团于1956年向吴庭艳政府提出了一份报告书,成为南越政府制订第一个五年计划的基础。[①]第一个五年计划规定的指标"虽然没有充分实现,但完成了许多小指标"。1962—1966年,南越又实施了第二个五年计划。

四、南北越比较

按照《日内瓦协定》以北纬17度线而划分的南北越,北越面积15.58万平方公里,南越面积17.38万平方公里。在人口数量方面,1956年的估计数据为北越1 300万、南越1 200万。依照1958年联合国专家的估计,北越人口为1 500万、南越人口为1 280万。而1959年南越官方所公布的南越的人口数量为1 480万。[②]

以上数据并不完全准确,但大体能够反映出南北人口相当这一特点。资料显示:南越的武装部队共58万人,正规部队23.3万人,其中陆军、空军、海军各为21万、0.9万和1.4万,地方部队35万人。[③]根据《战争中的越南》一书中的数据,1973年巴黎协定签署前北越的武装力量为21.9万。[④]这一数字是否准确笔者难以确定。如果这一数字大体准确,南越的武装力量显然在总量上要大大超过北越。既然如此,北越为什么能够以武力完成最后的统一呢?原因是多方面的,单就动员能力、组织能力和战斗能力而言,曾经长期从事过武装斗争的北越人民军要远胜于南越的军队,而最主要的原因,恐怕与南北越政府的政治和经济能力在沿着相反的路径发展这一整体的发展状态有关。

(一)政治领域

越南民主共和国的政治统合能力一直是在沿着强化的方向发展。在1969年胡

---

① [越] 尊室善:"1954—1960年南越经济的发展",承泽译,载《东南亚研究资料》1962年第1期。
② [越] 尊室善:"1954—1960年南越经济的发展",承泽译,载《东南亚研究资料》1962年第1期。
③ 然:"南越伪军武装部队",载《世界知识》1965年第13期。
④ Phillip B. Davidson, *Vietnam at War: The history: 1946—1975*, Novato CA:Presidio Press,1988, p.736.

志明去世之前，胡志明始终是越南劳动党的核心，其地位和威望在党内是无任何人能够撼动的，这在相当程度上保证了越南劳动党高层领导的稳定。而以胡志明为首的越南劳动党中央正确的判断力和决断力也是保证劳动党领导能力的关键。

1951年2月11日，印支共产党召开第二次全国代表大会，会议审时度势，认为印度支那共产党的组织和名称已经不再适应新的环境，决定把印支共产党在越南的组织改为越南劳动党，并通过了越南劳动党的宣言、党纲和党章。在健全了中央领导体制之后，又自上而下在各级政府机构、学校、医院、工厂等企事业单位建立起以劳动党政治局为核心的党的组织体系。

为了保证劳动党的纯洁性和战斗力，1951年9月，越南劳动党三中全会作出了"关于巩固内部工作"的决议，在中国的帮助下，开始了整党。这些措施有力地保证了越南劳动党的团结和统一。其实，越南劳动党内并非没有分歧与斗争，但越南劳动党内的分歧并没有导致大规模清洗事件的发生，这也在相当程度上保证了越南劳动党的核心领导地位。

为了加强对全国人民的领导，在越南劳动党的主导下，1951年3月，"越盟"和"越南国民联合会"合并组成"越南国民联合阵线"，形成了一个由越南劳动党为领导核心的包括各阶层、各团体的统一战线，从而将全国民众团结在了劳动党的周围，保证了越南劳动党和越南民主共和国政府的动员能力。1955年9月，"越南国民联合阵线"更名为"越南祖国战线"，一直到现在，该组织仍然在越南政治生活中承担着重要的功能。

与越南民主共和国不同，"越南共和国"一直没有形成一个强有力的政治统合能力。吴庭艳并非没有政治抱负，其早年的民族主义诉求和行动也使其在越南民众中享有一定的影响力。但是，他在越南国内并无深厚的政治支持根基，天主教的宗教背景也影响了其执政后支持基础的培育。越南本是一个以佛教为基础宗教的社会，大部分居民信仰佛教，而天主教民众多居住在北越地区，数量超过100万人，南越地区只有45万人信仰天主教。《日内瓦协定》签署后，86万多原北越居民南迁，其中天主教徒达到了67.6万人。[①] 南迁与南越本土合在一起的100余万天主教民成为吴庭艳的主要社会支持基础。

为了展现"越南共和国"的所谓民主形象，吴庭艳也进行了选举，组成了议会，并颁布了宪法。但是其核心目的只有一个，就是加强政府的控制能力和动员能力。123名议员中，从地区分布来看，来自南方的63名，来自北纬17

---

① J. A. C. Grant: The Viet Nam Constitution of 1956, *The American Political Science Review*, Vol. 52, No. 2 Jun., 1958, p.441.

线以南中部地区的 39 名，来自高原地区的 9 名，另有 12 名议员代表着来自北越的 86 万南迁者。但是，就党际构成而言，吴庭艳所属的民族革命运动党占据了明显的多数，另有 25 名来自与其关系密切的天主教党。其弟吴庭儒及其妻子以及 4 名吴庭艳政府的内阁成员也被选举为议员。

1956 年宪法的中心主题也是加强"行政领导和控制"①。该宪法规定，内阁对总统负责，总统由选举产生，任期 5 年，总统有权提出法律，交国会批准，有时可直接颁布法令。议会必须有 3/4 的多数票才能推翻总统的否决。总统还控制着司法机构，决定财政预算拨款等。②

尽管放弃了"越南国"的衣钵，但吴庭艳"越南共和国"的合法性仍然不足，这使得吴庭艳可以进行政治动员的资源和范围十分有限。为了尽最大可能保证政令的执行，吴庭艳不得不放弃他所提倡的民主主义原则，强化总统的权力，给予天主教民特殊优待，利用血缘和亲缘进行政治动员。于是"任人唯忠、唯亲，实施家族式统治，大搞裙带关系"便成了顺理成章的事情。其弟吴庭儒以及几位亲戚担任政府要职，"南越 38 个省中有 23 个省的省长由其亲信担任……广大的乡村的村长大部分是由西贡政府任命"③。南越政局的演进逻辑十分清晰，吴庭艳政府陷入了一个十分尴尬的境地，在合法性不足和社会龟裂难以消弭的情况下，为了政令的畅通，只能在有限的血亲缘范围内进行政治动员，而这样做的结果则是进一步激化了南越的社会分歧，加深了社会和精英集团的分化程度。

为了维持自己的统治，吴庭艳政府不得不采取高压的控制方式，结果却使得阶级矛盾更加尖锐，最终为南方激进势力的发展和越南民主共和国向南方的渗透创造了条件。1960 年 12 月 20 日，南方各派进步势力召开代表大会，宣告成立越南南方民族解放阵线。其目标是："反对好战的美帝国主义的侵略，推翻美帝国走狗吴庭艳统治集团，在南方成立广泛的民族民主联合政权，实现民族独立，民主自由，改善民生，维护和平，实行中立政策，进而和平统一祖国，对保卫印度支那、东南亚和世界和平作出积极的贡献。"④

激化的社会矛盾、南方民族解放阵线的武装斗争进一步瓦解了吴庭艳的统治基础。1963 年 11 月，南越少壮派军人发动军事政变，击毙了吴庭艳、吴庭

---

① J. A. C. Grant：The Viet Nam Constitution of 1956，*The American Political Science Review*，Vol. 52，No. 2 Jun.，1958，p.444.

② 贺圣达、王文良、何平：《战后东南亚历史发展（1945—1994）》，云南大学出版社 1995 年版，第 110 页。

③ 王晓东："'国家建设'战略与肯尼迪政府对南越的非军事介入"，载《内江师范学院学报》2005 年第 1 期。

④ 越南社会科学院史学院编：《越南大事记（1945—1986）》，军事谊文出版社 1991 年版，第 111 页。

儒兄弟。但是，政变之后的南越政局更为混乱，进入了"国家"和"政府"领导人走马灯式轮换交替的时期，无论是"国家元首"，还是"政府总理"，均频繁更迭。除阮文绍时期之外，其他几位总统的任期基本上只有几个月甚至是几天时间。频繁更替的军人独裁统治，更加无法制定并执行能有效促进社会改革的政策，从而使得南越政权逐渐丧失了民众的支持。

表3-1 "越南共和国"国家元首（总统）一览表

顺序	姓名	在职时间	所属
1	吴庭艳	1955.10.26—1963.11.2	民族革命运动党
2	杨文明	1963.11.2—1964.1.30	军人
3	阮庆	1964.1.30—1964.2.8	军人
4	杨文明	1964.2.8—1964.3.16	军人
5	阮庆	1964.3.16—1964.8.27	军人
6	临时领导委员会	1964.8.27—1964.9.8	军人（委员：杨文明、阮庆、陈善谦）
7	杨文明	1964.9.8—1964.10.26	军人
8	潘克丑	1964.10.26—1965.6.14	军人
9	阮文绍	1965.6.14—1975.4.21	军人
10	陈文香	1975.4.21—1975.4.28	—
11	杨文明	1975.4.28—1975.4.30	军人

表3-2 "越南共和国"政府总理一览表

顺序	姓名	在职时间
1	阮玉寿	1963.11.4—1964.1.30
2	阮庆	1964.2.8—1964.8.29
3	阮春鹰（代总理）	1964.8.29—1964.9.3
4	阮庆	1964.9.3—1964.11.4
5	陈文香	1964.11.4—1965.1.28
6	阮春鹰（代总理）	1965.1.28—1965.2.15
7	潘辉括	1965.2.16—1965.6.8
8	阮高祺	1965.6.19—1967.10.31
9	阮文洛	1967.10.31—1968.5.17
10	陈文香	1968.5.28—1969.9.1
11	陈善谦	1969.9.1—1975.4.4
12	阮霸勤	1975.4.4—1975.4.24
13	武文牡	1975.4.28—1975.4.30

（二）经济领域

就越南的资源分布情况而言，矿产资源多分布在北部地区，因此北部的工业基础较好，而南部地区主要为农业种植区域，号称越南的粮仓，越南的大部分橡胶园也分布于此。对于分裂之初南北越地区的经济总量，并没有可以直接凭借的资料进行比较。根据一位美国学者所写的文章，1956 年南越的国民总产值估计为 1.699 亿（作者注：币种不知，应是印度支那币——披亚斯特）①，但并没有直接的数据显示北越在 1956 年前后的经济总量。然而有资料显示，1931 年全越南总体的国家收入为 6.21 亿披亚斯特，其中东京、安南和交趾支那三个地区分别为 2.25 亿、1.63 亿和 2.33 亿，东京略低于交趾支那，但大体相当。② 这份资料大体可以说明分裂之前南北越之间在经济总量上基本处于对等的状态和水平。

分裂之后，越南民主共和国和"越南共和国"都进行了经济的恢复与重建工作，并采取了有计划地主导经济发展的措施。增长的情况如何呢？日本学者江桥正彦和山田康博整理的资料表明，在经济恢复时期，越南民主共和国的工农业总产值增长了 1.32 倍，社会主义改造时期增长了 33%，"一五"计划时期增长了 31.64%。③ 关于"越南共和国"的经济发展情况，说法不一。越南民主共和国的学者黄灵、文问、明之等认为"越南共和国""农业停顿"，"工业和手工业萎缩"，橡胶生产也出现了"不健康的表现"，④ 经济出现了危机。⑤ 但南越西贡国立行政学院的学者尊室善则持完全相反的观点，他认为经过几年的恢复，虽然南越的"旧工业没有什么进展，在某种情况下甚至萎缩"，但在煤、糖、纺织品等新工业发展方面还"是显著的，而且其中某些方面的进展还相当巨大"。至于农业，"在好几方面都有所进展：生产多样化，现代化和机械化的程度都得到提高"。"大米产量在 1955—1956 年至 1959—1960 年之间增长了将近一倍"⑥。出于意识形态方面的原因，南北越学者的文章可能都包含有宣传方面的因素，紧张的环境下也很难统计出真实的数据。因此，我们很难对南北越的经济总量

---

① ［美］K.G. 古华巴拉（Kenichi G. Kuwabara）："南越经济基本资料"，廖宝昀译，载《东南亚经济资料汇编》1960 年第 1 期。
② ［越］彪欢："日内瓦和平协定带给南越的经济后果"，载《南洋问题资料译丛》1959 年第 2 期。
③ ［日］江桥正彦、山田康博："战后北越经济三十年（1945—1975 年）"，汪慕恒译，载《南洋资料译丛》1981 年第 4 期。
④ ［越］黄灵、文问："停滞不前的南越农工业"，徐善福译，载《东南亚经济资料汇编》1960 年第 1 期。
⑤ ［越］明之："南越经济危机"，徐善福译，载《东南亚经济资料汇编》1959 年第 1 期。
⑥ ［越］尊室善："1954—1960 年南越经济的发展"，承泽译，载《东南亚研究资料》1962 年第 1 期。

进行符合事实的比较,但是,我们可以对南北越经济的总体发展状况进行一定的分析和把握。

从南北越学者的资料来看,双方的经济都实现了增长,但是在北越的经济越来越稳定地向好的方向发展的时候,南越的经济实际上则面临着一些问题,甚至是非常严重的问题。这并不完全是由人为因素决定的,最主要的原因是与资源自然分布而形成的产业分工与布局有关。

在南北处于一个整体时,基于资源分布的不同而在南北越形成了各具特色的产业布局,使南北之间形成了很强的互补性。南方所需要的水泥和煤炭分别有50%和20%来自北方,而北方则成为南方富余大米的主要市场。越南交通发展的状况也从一个侧面反映出南北间物流的活跃状况。1945年,全越铁路总里程为2 185公里,公路网总里程24 414公里[①],万平方公里的铁路和公路里程分别为66公里和760公里。而当时中国万平方公里的铁路里程为22公里。《日内瓦协议》将越南分成南北两部分,从而割断了本已形成的统一经济体,对南北两部分的经济发展造成了重大影响。

相对而言,由于北方的工业资源和工业基础较好,比较容易形成一个相对完整、相对独立的产业体系。1955—1964年,北越的重工业如煤炭、电力、水泥,轻工业如棉织、香烟、砂糖等均实现了大幅度的增长。煤炭产量由64.1万吨增长到340万吨,电力由5 300万千瓦时增长到54 800万千瓦时,水泥产量则由9 000吨增长到59.4万吨,棉织从880万米增长到9 950万米,香烟由330万箱增长到13 390万箱,砂糖由1 600吨增长到37 000吨。农业方面,通过调动农民的生产积极性,也实现了较大幅度的增收。1955年,北越的稻谷产量为352.3万吨,1964年达到了451.2万吨,增长率为28%。[②]1955—1964年,北方通过国家计划和主导的方式,在重工业、轻工业和农业各领域都实现了较好的发展,从而形成了一个相对独立的产业体系,保证了经济资源在内部的独立循环。

但是,南方由于缺乏工业资源,并不具备建立独立工业体系的条件。分裂之前,其所需要的工业品主要从北方输入,而经过从19世纪60年代初至20世纪40年代末的80年的殖民统治,自身也"从一个静态的、农业的、自给自足的

[①] [法]米谢尔·林波格:"越南民主共和国的经济状况",王云翔译,载《南洋问题资料译丛》1957年第1期。

[②] [日]江桥正彦、山田康博:"战后北越经济三十年(1945—1975年)",汪慕恒译,载《南洋资料译丛》1981年第4期。

经济变成一个出口的殖民地经济",形成了"一个依赖性的经济结构"①。南越学者尊室善这样描述"越南共和国"建立之初的经济图景:(1)物质财富普遍受到破坏;(2)工农业产量微不足道;(3)主要设备大量瘫痪;(4)经济结构失调,商业成为国民收入的主要组成部分;(5)巨大的贸易逆差;(6)大量的非生产人口的难民;(7)非常庞大的常备军;(8)经济主要为外国人所控制;(9)一个承受着巨大压力而力量单薄的政府。②为了维持民众正常的社会生活,工业基础薄弱的南越也不得不花大力气发展工业。1955—1959年,南越的煤炭生产从一无所有发展到1.9928万吨,电力从20.28万千瓦时增长到27.29万千瓦时。③南越的工业虽然有所发展,但相对北越而言,其产量要低下得多。然而,这还不是南越经济最为严重的问题,南越经济所面临的最主要的问题是它的结构性失衡问题,主要表现为贸易是国民经济的主要支柱、贸易不平衡、对外援的严重依赖等三个方面。1955年,商业占据了南越国民总产值的30%。④从贸易结构而言,南越的主要出口商品是大米和橡胶,两者在1953年、1954年和1955年分别占据了南越出口总值的79%、81%和70%。⑤由于工业产能不足,不但使得出口产品品种单一,而且使得大量的日用工业品都需要进口,从而使得南越的对外贸易出现巨大逆差。1955年,南越进口92.11亿南越币,出口24.23亿南越币,贸易逆差67.88亿南越币。1957年,南越的贸易逆差达到了72.85亿南越币,1959年,南越的贸易逆差有所下降,但仍达到了52.34亿南越币。⑥巨大的贸易逆差使得南越的财政收支难以平衡,于是依靠外援尤其是美国的援助便成了南越政府最为现实的选择。⑦1955—1959年,美国对南越预算的资助分别为70.37亿南越币、56.43亿南越币、56.99亿南越币、50.51亿南越币和50.51亿南越币,5年总计为284.81亿南越币。按当时35:1的官方汇率折合美元为8.137亿美元,再加上同期对南越11.35亿美元的援助,1955—1959年,美国对南越的援助达到了19.487亿美元。⑧除美国之外,法国和日本也向南越提供了财政资助。从出口市场而言,法国、美国和日本是南越商品的主要出口市场,1957年出口至上

---

① [越]彪欢:"南越:一个依赖性的经济结构",魏嵩寿译,载《南洋问题资料译丛》1959年第3期。
② [越]尊室善:"1954—1960年南越经济的发展",承泽译,载《东南亚研究资料》1962年第1期。
③ [越]尊室善:"1954—1960年南越经济的发展",承泽译,载《东南亚研究资料》1962年第1期。
④ [越]尊室善:"1954—1960年南越经济的发展",承泽译,载《东南亚研究资料》1962年第1期。
⑤ [越]彪欢:"南越:一个依赖性的经济结构",魏嵩寿译,载《南洋问题资料译丛》1959年第3期。
⑥ [越]尊室善:"1954—1960年南越经济的发展",承泽译,载《东南亚研究资料》1962年第1期;成皿:"南越经济资料统计",载《东南亚经济资料汇编》1960年第1期。
⑦ [美]K.G.古华巴拉(Kenichi G. Kuwabara):"南越经济基本资料",廖宝昀译,载《东南亚经济资料汇编》1960年第1期。
⑧ [越]尊室善:"1954—1960年南越经济的发展",承泽译,载《东南亚研究资料》1962年第1期。

述三国的南越商品占总出口量的 69.44%，如果加上法郎区，则占到了 82.73%。

鉴于第一次土地改革的效果不佳，"越南共和国"又在 20 世纪 70 年代初实行了第二次土地改革，将 1.6 万地主的 1.3 万平方公里田地赎出，无偿分给 60 多万户大约 400 万农民。同时，南越还努力提高生产力，至 1974 年，共进口了 18.6 万部各类农业机械，从而不但提高了农业机械化程度，而且在粮食和经济作物产量上都高于北方。① 而在美国的援助下，南越的工业和金融等服务业也都有了一定程度的发展，至 1974 年，南越地区已有 2 万名资本家，1.2 万家企业，成立了 31 家商业银行和 90 家农业银行。

但是，由于南越这样一个失衡而依赖性强的经济结构始终没有得到根本性的改善，南越经济所展现出的这种繁荣实际上是虚假的，其"危险性不在于接受外援,而在于无止境地依赖外援的本性"②。这使得南越的经济体系十分脆弱，一旦失去外援，其经济的运转即会立即失去活力而停滞。1973 年《巴黎和平协定》签署之后两年之内，南越即被越南民主共和国统一，同其经济上的脆弱性有着重要的关系。

第三节　越南的统一

一、双方的统一政策

越南民主共和国和"越南共和国"在国际上都得到了一定范围的承认，但双方在主权上则是相互排斥的。1946 年，越南民主共和国宪法规定，"越南民主共和国的领土包括中越、南越、北越三部分，为不可分割之统一体"③。"越南共和国"在 1956 年 10 月通过的宪法第 1 条表示："越南是一个独立、统一、领土不可分割的共和国"，在序言中则明确表明所谓越南指的则是"从金瓯（注：越南的最南端）至友谊关（the Gate of Nam-Quan）的整个祖国"④。北南双方都认定越南是一个整体，彼此之间也均不承认对方的主权与合法性，但由于越南民主共和国无论是在实力上还是在机遇的把握上都占据了上风和先机，因此，

---

① 徐绍丽等：《越南》，中国社会科学文献出版社 2005 年版，第 206 页。
② ［越］尊室善："1954—1960 年南越经济的发展"，承泽译，载《东南亚研究资料》1962 年第 1 期。
③ Stein TØnesson, "Ho Chi Minh's First Constitution (1946)", Paper to be presented to the International Conference on Vietnamese Studies and the Enhancement of International Cooperation, Hanoi, July 1998. p.3.
④ J. A. C. Grant: The Viet Nam Constitution of 1956, *The American Political Science Review*, Vol. 52, No. 2 Jun., 1958, p.457.

在统一问题上，相对于"越南共和国"而言，越南民主共和国自始至终占据了主动和先导权，在追求统一的过程中，制定了主要以武力为主、谈判为辅的统一政策。而"越南共和国"虽然拥有大量的武装，但始终处于被动和防守的境地，其统一政策也始终停留在先求自保的阶段。由于越南的统一问题与"二战"后冷战格局的形成和两大阵营在东南亚地区的介入与竞争具有密切的关系，从而也使得越南的统一经历了一个相当复杂而曲折的过程。

二、越南的统一过程

（一）第一阶段（1946—1954 年）

尽管新生的越南民主共和国宪法规定其领土包括中越、南越和北越三部分，但统一对当时的越南民主共和国而言实属奢望，它所面临的最主要任务是巩固政权、保证生存。但要做到这一点，最优先处理的课题就是如何处理与中国受降军和已经控制了越南南部且正要北上的法国殖民者的关系问题。考虑到中法两国不同的战略目标，越南民主共和国领导人清楚地认识到其所面临的真正威胁是已经控制南越且正欲北上的法国殖民势力，而中国受降军则是一支可以借助的力量。如果能够从控制北越的中国受降军手中直接接收政权是最为理想的。为此，1945 年年底，胡志明曾致函蒋介石，请求援助越南独立，但被蒋介石婉言拒绝。① 在中法谈判进行期间，越南民主共和国和法国殖民代表也进行了接触，就在 1946 年 2 月 28 日《中法协定》签署三天之前的 2 月 25 日，双方正式开始谈判，并于 1946 年 3 月 6 日达成了《三·六协定》。《三·六协定》是在中国受降军与法国殖民军之间爆发的"海防事件"②背景下签署的，双方都有所让步，而且还留下不少悬而未决的问题，但是对于新生的越南民主共和国而言，延缓了与法国殖民者之间直接冲突的爆发，赢得了时间。

《三·六协定》规定，三圻是否合并的问题由人民表决方式决定，但 1946 年 6 月 1 日，法国驻印支高级专员达让利厄宣布成立"交趾支那自治共和国"，作为一项临时措施，并积极在占领区内扶植了阮文声、黎文华、阮文春等政权。《三·六协定》签署之后，双方以此为基础，于 1946 年 4 月 18 日至 5 月 19 日

---

① 王小红：《1945 年中国军队入越受降对巩固新生越南民主共和国的有利影响》，广西民族大学 2011 年硕士学位论文，第 33 页。

② 《中法协定》规定：中法对北越的交防"于三月一日至十五日期间开始，最迟应于三月三十一日完毕"，而关于在海防登陆交防的时间定于 3 月 7 日上午，但是 1946 年 3 月 6 日，法国兵舰即强行在海防登陆，遂遭到中国驻军反击，法军强行登陆失败。这一事件被称为"海防事件"。

在交趾支那的大叻举行会谈，会谈无果而终。继而双方又于1946年7月6日至9月13日在法国的枫丹白露举行会议，但会议进行期间，达让利厄在没有邀请越南民主共和国代表的情况下，与柬埔寨、交趾支那、老挝和安南南部政权代表在大叻召开会议，策划成立"印度支那联邦政府"。在这种情况下，以范文同为首的越南代表团退出枫丹白露会议回国，而为了留有缓和的余地，胡志明留在法国继续谈判。1946年9月14日，双方签署了《临时协定》，即《九·一四协定》，该协定肯定了3月6日的初步协定，规定至迟应在1947年1月之前继续谈判。双方同意停止一切敌对行动和暴力行为，担保不得逮捕一切忠于本国的越、法人民。越方承认法国在越南的经济和文化利益，法方则须尊重越南人民的民主自由权利。但会议除了这项临时协议之外，并未达成其他任何协议。至于越南未来的地位、越南的外交自主权、三圻合并以及南部主权等主要问题，依然未获得解决。① 随后，双方的冲突不断，法军不断以武力方式攻占北越重要城镇，1946年12月19日，越南民主共和国军队向驻守东京和安南的法军发动袭击，次日胡志明发表《告全国同胞书》，号召全民抗战，越法战争即第一次印度支那战争全面爆发。

在武装抗拒法国殖民侵略的同时，越南民主共和国积极争取国际上的外交承认。中国革命的胜利给了越南民主共和国极大的鼓舞和帮助。1950年1月14日，胡志明致函各国政府，宣布越南民主共和国为越南人民的唯一合法政府，愿同一切尊重平等、领土完整和民族主权原则，拥护和平和民主的各国政府建立外交关系。②1950年1月18日，中华人民共和国与越南民主共和国建立外交关系，随后1950年11月3日，苏联、朝鲜等社会主义国家相继同越南民主共和国建交。

1951年2月11日，印支共产党召开第二次全国代表大会，决定把印支共产党在越南的组织改为越南劳动党，并通过了党纲和党章。党纲中规定的越南革命的任务就是"驱逐帝国主义侵略者，争取民族的完全的独立和统一"。

在长达八年的抗法斗争中，越南民主共和国得到了中国的大力支持。1950年年初，中国决定派陈赓大将赴越，并组成了以罗贵波为首的政治顾问团和以韦国清为首的军事顾问团，协助越南民主共和国进行政权建设和军事斗争。③ 从1950年8月至1954年停战，越南人民军曾组织了边界、中游、东北、宁平、

---

① 刘东明："法国重返越南与第一次印度支那战争的爆发"，载《历史教学问题》2005年第3期。
② 李毅臻：《统一之路与分裂之痛：二战后分裂国家统一的启示与统一国家分裂的教训》，中国广播电视出版社2007年版，第119页。
③ 本书编辑组：《中国军事顾问团援越抗法纪实》，中共党史出版社2002年版，第17-33页。

和平、西北、上寮、奠边府等八次较大规模的战役，除和平战役之外，其他七次战役从决策到战役实施的全过程，都是在中国军事顾问团的帮助下进行的。①同时，在援越抗法期间，中国还向越南提供了大量的军械物资援助，包括各种枪支 15.5 万余支（挺）、各种枪弹 5 785 万发、各种炮 3 692 门、各种炮弹 108 万多发、手榴弹 84 万多枚、汽车 1 231 辆、军服 140 万多套、粮食和副食品 1.4 万多吨、油料 2.6 万余吨以及大量医药和其他军用物资。②在中国的帮助下，越南民主共和国取得了军事上的胜利，并有力地支持了日内瓦会议上的外交斗争，促进了《日内瓦协定》的签署。

（二）第二阶段（1954—1965 年）

《日内瓦协定》签署之后，1955 年 2 月，越南民主共和国政府发表了恢复南北正常关系的声明，同年 6 月，又发表了同南越当局举行协商会议以讨论普选问题的声明。1956 年 7 月 6 日，胡志明发表致全国同胞书，呼吁："一、恢复南北双方间的正常关系和自由往来，为北方和南方的政治、经济、文化、社会等团体间的互相联系创造条件。二、召开有南北两方政权代表参加的协商会议，讨论在日内瓦协议的基础上举行自由普选统一祖国的问题。"③但吴庭艳政府和美国对于南北越的普选并无太大的兴趣，形势的发展使得越南劳动党制订了武装斗争的路线。1956 年 12 月，越南劳动党南方地区党委决定："由于南方革命运动的需要，在一定程度上必须有自卫和武装宣传的力量以配合政治斗争，并进而用武装力量进行革命，推翻美吴集团。"④

1959 年年初，越南劳动党中央举行第十五次会议，会议分析了形势，并提出了越南革命的总任务："一方面我国人民必须努力巩固北方，积极推进北方走上社会主义。另一方面，我国人民必须坚决进行革命，打倒帝国主义和封建势力在南方的统治。如果不努力巩固北方和不积极推进北方走上社会主义，则没有稳固的可靠的地方以便在独立和民主的基础上争取和平统一祖国，不坚决打倒帝国主义和封建势力在南方的统治，具体是美吴制度，也就不能为和平统一祖国创造有利条件。"⑤1960 年 9 月，越南劳动党举行第三次全国代表大会，会

---

① 本书编辑组：《中国军事顾问团援越抗法纪实》，中共党史出版社 2002 年版，第 284 页。
② 本书编辑组：《中国军事顾问团援越抗法纪实》，中共党史出版社 2002 年版，第 287—288 页。
③ 梁英明：《东南亚近现代史（下册）》，昆仑出版社 2005 年版，第 649—650 页，转引自胡志明：《为了自由独立，为了社会主义》，越南外文出版社 1971 年版，第 174 页。
④ 梁英明、梁志明：《东南亚近现代史（下册）》，昆仑出版社 2005 年版，第 650 页。
⑤ 越南劳动党中央党史研究委员会编："越南劳动党三十五年的革命斗争"，载《东南亚研究资料》1965 年第 3 期。

议提出"加强全民团结,为保卫和平而坚决斗争,促进北方的社会主义革命,同时促进南方的民族民主革命,在独立和民主的基础上,实现国家的统一,建设一个和平、统一、独立、民主和富强的越南,为加强社会主义阵营和保卫东南亚和世界的和平作出切实的贡献"[①]。

越南劳动党三大正式改变了日内瓦会议后制定的以巩固北方为首要任务的方针,将解放南方和建设北方置于同等重要的地位。[②]1960年12月20日,在越南劳动党南方局的领导下,成立了以越南人民革命党为骨干、由越南南方二十多个政党和团体组成的武装组织——越南南方民族解放阵线。民族解放阵线成立后积极开展游击战争,在农村建立基层政权,使"越南共和国"的政权稳定受到严重的威胁。

"越南共和国"的危机也同样成为美国政府感到"最糟糕"、"最棘手"的问题。1961年1月,肯尼迪就任总统伊始,就批准了拨款增加南越军队、增加军事援助顾问团的计划,5月又决定派遣400名美国特种部队进入南越,从而使美国进入了出钱、出顾问、出特战队员,协助南越进行战争的"特种战争"阶段。然而,这种方式并不能解决南越政府所面临的危机。尽管不愿大规模卷入越南战争,但同时又不愿意看到南越的失势,肯尼迪政府不得不向越南派出越来越多的军事顾问。1962年2月,"美国驻越南军事援助司令部"宣告成立,其职责是统一指挥南越军队和美国的"特战部队",美国对越南的政策逐渐演变为"有限伙伴"政策。然而,虽然美国使用了除派出地面部队以外的军事干涉手段,特别是派出了战斗支援部队和军事顾问,直接协助南越政权作战,但并不能阻止南越局势继续向着不利于南越政权的方向发展。

1963年,面对民族解放阵线实力的日益发展,而"有限伙伴"政策又难以收到实效的现状,肯尼迪政府的对越政策陷入了进退两难的困境。而此时吴庭艳政府也通过法国驻西贡大使和印支国际监委会中的波兰代表同北越和"民解"进行秘密接触,且得到了北越在某种程度上的积极回应。种种因素促使肯尼迪下决心"倒吴"。在美国的默许甚或支持下,1963年11月1日,少壮派军人发动政变,处死了吴庭艳、吴庭儒兄弟。但结果对美国而言,恰恰事与愿违。吴庭艳死后,美国面临的是一个完全的政治真空,在追求同美国目标相应的政

---

① 越南劳动党中央党史研究委员会编:"越南劳动党三十五年的革命斗争",载《东南亚研究资料》1965年第3期。
② 吕桂霞:《遏制与对抗:越南战争期间的中美关系(1961—1973)》,社科文献出版社2007年版,第95页。

策时，它已经没有任何回旋的余地。① 得到美国支持的"倒吴政变"大大强化了美国在南越的政治军事义务，这一事件实际上已经决定了日后美国必然大规模介入越南战争。

1963年11月，约翰逊就任总统后，美国国内曾出现过"越南中立化"的建议，但却遭到了约翰逊的拒绝与抨击。1964年1月，约翰逊总统批准了"34A行动计划"，其目的是通过开展心理战、派遣突袭队破坏和摧毁北越的海防设施及工业目标，加大对北越的"惩罚"。1964年8月2日，"东京湾事件"发生后，8月7日，美国国会参众两院分别以压倒多数通过了《东京湾决议案》，"赞成和支持总统作为总司令决心采取的一切必要措施，以击退对美国部队的任何武装进攻，阻止进一步侵略"。从此，美国开始放弃"有限伙伴"政策，程度越来越深地卷入了越南战争。1965年3月，美国在对北越实施轰炸的同时，美军海军陆战队在越南岘港登陆。美国地面部队进入越南，标志着越南战争进入了以美国为主体、以"南打北炸"为主要特征的"局部战争"阶段。

（三）第三阶段（1965—1973年）

保住南越政权的存在，阻止"多米诺骨牌"效应在东南亚地区出现，是美国越南政策的核心与目标。为了此目标的实现，美国在实施"南打北炸"政策的同时，还释放出愿意举行和谈的信息。1965年3月25日，约翰逊发表声明，表示愿意为解决越南问题在任何时候同任何人进行会晤。4月7日，约翰逊在霍普金斯大学发表演讲，强调了美国在越南目标的有限性，再次表示他愿意与河内开展"无条件的讨论"。4月13日，北越政府宣布了解决越南问题的四点立场：（1）美国从南越撤军和停止针对北越的战争行为；（2）搁置越南统一问题，两个地区不得加入涉及外国力量的军事同盟；（3）按照民族解放阵线的纲领解决南越内部问题；（4）越南的和平统一应由两个地区的越南人民自己解决，而非由任何外国干涉。② 北越方面解释说这是"政治解决"的基础，只要美国承认它们为谈判的"基础"，谈判即可开始。在这种情况下，1965年5月13日，北越和美国开始在巴黎秘密接触。③ 1965—1968年，北越与美国之间的试探和谈进行了多次，但双方并未开始真正意义上的和谈。

---

① ［美］罗伯特·麦克纳马拉：《回顾——越战的悲剧与教训》，陈丕西译，作家出版社1996年版，第98页。

② Nguyen Phu Duc, Edited by Arthur J. Dommen, *The Viet-nam Peace Negotiations: Saigon's Side of the Story*, Christiansburg: Dalley Book Service, 2005, pp.3-4.

③ 吕桂霞：《遏制与对抗：越南战争期间的中美关系（1961—1973）》，社科文献出版社2007年版，第225页。

1968年年初,北越发动"春节攻势"之后,越美双方对谈判的态度都发生了极大的转变。巨大的损失使北越认识到"毕其功于一役"、通过"总进攻和总起义在整个南越夺取政权"几乎是不可能的。同时,这次战役也使美国政府的对越政策遭受重创,使约翰逊政府认识到依靠战争手段解决越南问题的艰难。1968年3月31日,约翰逊宣布拒绝被指定为下一届总统选举的民主党候选人,不再寻求连任之后,停止了美国空军和海军针对北越除非军事区临近地区的一切活动,"希望此举能导致早期的和谈"。美国释放的和谈信号得到北越的积极回应。1968年4月3日,北越发布声明,宣布"准备派代表与美国代表会谈,(只要美国)无条件地停止针对越南民主共和国的轰炸和其他战争行为,以便开始谈判"。

1968年5月13日,以哈里曼为代表的美国代表团与以春水为首的北越代表团在巴黎开始举行会谈,会谈一直持续到10月底,共进行了近30次,会谈的主题主要集中在美国停止轰炸以及南越参加会谈等问题上。双方的会谈自然也受到了中国和南越方面的关注。为了避开可能的干扰,双方在公开会谈期间,还于9月8日、9月12日、9月15日、9月20日、10月11日、10月15日进行了六次秘密会谈。美国不承认"民解",也不想承认,因此它的设想是将会谈设定在双边框架内。"在我们这边,会是美国和越南共和国。在另一边,会是越南民主共和国和它想带来的人。"为了说服南越接受自己的方案,在美国和北越会谈之前以及会谈的过程中,美国同南越之间围绕着巴黎会谈也进行了一系列的磋商。在磋商中,南越方面提出不接受约翰逊于1968年3月31日宣布的无条件停止轰炸,坚持停止轰炸应是有条件的。首先,北越停止渗透与其他战争行为;其次,北越在监督和控制下从南越撤军。同时南越也坚决反对"民解"作为独立一方参加会谈。阮文绍设想的与北越谈判的路径应该是:(1)第一阶段,美国与北越之间的试探性会谈;(2)第二阶段,南越与北越之间的预备性会谈;(3)第三阶段,东南亚的国际会议。以此,阮文绍政府是想在与北越的谈判中扮演主导性角色。巴黎会谈开始之前,美国与南越并没有达成一致。美国承诺邀请阮文绍访美,在一定程度上缓解了南越对美(北)越会谈的抵制态度。1968年7月中旬,阮文绍访问美国,并与约翰逊举行了会谈。在双方发布的公告中,美国承诺"越南共和国应该在关于最终协定的实质部分的讨论中扮演一个主导性角色(a leading role)"。美国与南越之间的协议实际上增加了美国在美(北)越会谈中的负担,即它必须要保证南越进入会谈。因此,从8月开始,美国一直在会谈中向北越提出要南越加入会谈,作为让步条件,它甚至提出让其尚未承认的"民解"也加入进来。

北越在谈判中主要强调美国应立即无条件停止轰炸。对于美国提出的让南越和"民解"参加会谈,北越在大部分会谈中并不给予正面的回应。北越有它的方案,即如果南越参加会谈,那么"民解"也是一定要参与的。因此,在这个问题上,它并不主动。它唯一强调的就是要美国停止轰炸,至于谁来参加谈判,等美国停止轰炸之后再谈。1968年10月之后,北越表示可以接受南越和"民解"加入谈判,但不是美国提出的南越和"民解"分别加入美国和北越,而是以独立的身份和资格参加谈判,召开四方会谈。北越的目的是以此提升"民解"的国际影响力,迫使美国和南越承认"民解"的存在。但南越始终排斥"民解",不同意"民解"参加会谈。为了说服南越政府,美国和南越之间进行了多次政府工作会议。1968年11月1日,约翰逊宣布,除胡志明小道之外完全停止对北越的轰炸。随后,双方一直围绕着继续会谈的形式问题进行争论,但始终没有达成协议。关于是双方会谈还是四方会谈的问题,"最后,每一方都按照自己喜欢的方式称呼谈判。我们叫他们四方会谈,美国方面称他们为双方会谈"①。

1969年1月25日,巴黎会谈的模式由起初的美国和北越参加的双边会谈演变为四方参加的会谈。从1969年1月25日至1973年1月18日,"四方会谈"持续了近四年时间,除休会之外,一般每周一次,共举行了174次。虽然是四方参加会谈,但会谈实际上由美国和北越主导,而美国和北越之间的谈判多是在保密的状态下进行的。

在谈判中,美国提出的方案是:首先解决军事问题,而后解决政治问题。美国认为谈判应在两个轨道上进行:一个是美国和北越就军事问题进行谈判,另一个是南越和"民解"就政治问题进行谈判。但北越提出军事问题和政治问题要同时处理。

美国之所以提出双轨道谈判方案,是希望以从越南撤兵为条件换回被俘虏的美军士兵,这样一个解决方式可使美国体面地摆脱越南问题的困扰,这是其一;其二,美国也希望依此从北越获得将其武装力量撤出南方的承诺。即使北越不答应这个问题,只要被俘士兵能够得到遣返,北越也将失去一个谈判的筹码。美国人认为只要没有了俘虏问题,北越就会不得不与南越进行政治谈判,而南越依靠美国的援助也会在政治和军事方面强大起来。约翰逊认为只要这种

---

① Luu, Van Loi, and Nguyen, Anh Vu, *Le Duc Tho-Kissinger Negotiations in Paris*, Hanoi: The Gioi Publishers, p. 68.

前景出现,对于阮文绍政府来说,往坏了说,就是将失去对南越几个地区的控制;往好了说,能够维持对南方政治的控制,在美国的支持下,还可以继续进行局部的战争。

北越的提案则另有其谋,靠着军事上的杠杆,它们希望美国让步,包括压迫阮文绍政府辞职。北越将同时解决政治问题和军事问题看作成立联合政府的一个途径,而这样的一个联合政府会赋予"民解"合法的地位,使之在南方的政治进程中发挥出作用。如果这样,北越相信他们最终会赢得对南方的控制。

1968年"春节攻势"对越南政局产生的影响还表现在:在此之前,无论美国还是南越政府都将在南方地区赢得军事上的优势设定为自己的目标,因此说双方在目标上是一致的。但在"春节攻势"之后,美国和南越政府之间开始出现分歧。南越坚持其原来的军事目标,而美国则相信军事上的胜利需要比预期更长的时间,要取得这样的胜利在政治上也要付出更大的代价,因此美国的第一愿望就是使其从越战中脱身。在这种情况下,巴黎谈判开始由当初的双方博弈演化为三方博弈,即由美国+南越对北越+"民解"的双边对立格局演化为美国对南越对北越+"民解"的三方对立格局。所以在经历了"春节攻势"的打击之后,美国开始偏向通过谈判解决越南问题,这也会阻止北越(和苏联)对南越和东南亚其他地区的渗透。因此,美国提出双轨道的谈判方案,这种谈判的结果有可能在南越保留一个亲美的政权。如果行不通,继续目前的冲突,但这是次选方案。

对于南越政府而言,他们的首选方案是以军事手段解决目前的冲突状态,阮文绍政府不想赋予"民解"任何政治权利,退而求其次是赞同美国的双轨道谈判方案。对于北越和"民解"而言,他们同美国一样,也同意通过谈判结束战争。在"春节攻势"之前,北越曾经宣布他们不会同美国谈判直到美国无条件停止对北越的轰炸。"春节攻势"之后,南北越之间的力量对比方面发生了更有利于南方的变化之后,使得北越同意了谈判。

在巴黎谈判持续的前三年半期间,双方的冲突仍在继续,在谈判中双方也毫不妥协,谈判没有任何进展。谈判中美国在坚持其双轨道解决方案的同时还不断地表示宁愿使战争继续,也不愿接受军事政治问题同时解决的方案。北越一方面抵抗住美国的打谈两手策略,另一方面坚持单轨道解决方案。而南越则极力阻止南越问题的政治解决过程不被开启,坚持其对民族解放阵线的闭门政策。

1969年,尼克松上台后曾十分乐观,认为北越将会对双轨道的解决方案作出积极反应，认为这是对北越的一个重大让步。因为此前约翰逊政府曾经表示"在北越从南方撤出军事力量、停止渗透、降低冲突程度之后，美国在六个月之内撤出其军队"，而这次尼克松建议同时撤军。为了使北越接受这个提议，尼克松还决定以同苏联的战略武器谈判为筹码，说服苏联向北越施压。同时，尼克松政府为了减缓国会和国内舆论的批评，还向阮文绍政府提出了进行选举的计划。但是，阮文绍的选举计划被设计成足以让他继续控制南方政治过程的方案，他建议一个选举委员会监督计票工作，一个国际组织监督选举，但"这个委员会早已被阮文绍控制而没有任何权力，而选举也仍是在阮文绍政府的操纵下进行的"。这一闭门政策使得北越和"民解"一方面同意在巴黎进行谈判的同时，另一方面在2月份发动了一场规模更大的攻势。配合军事行动，"民解"也在5月份提出了一个呼吁建立联合政府的十点方案。

为了打破僵局，1970年2月21日，美国国务卿基辛格和越共政治局委员黎德寿进行了第一次秘密接触。会谈中，基辛格强调了美国结束战争并退出越南的诚意，愿意在会谈中讨论北越的十点建议和美国提出的八点计划。但黎德寿则强调和谈必须以北越的十点建议为基础。会谈无果而终。随后，基辛格与黎德寿又进行了三次秘密会谈。在1970年4月4日的第三次秘密会谈中，美国提出六个月内美国和北越同时撤出南越，黎德寿予以拒绝，要求美国军队在六个月内（1970年年底之前）完全撤出越南，并表示在政治问题未得到解决之前，北越拒绝进行任何军事和谈。

1970年年初的四次美（北）越秘密会谈没有取得任何成果。1970年9月7日，基辛格和黎德寿再次举行秘密会谈。美国依然不接受北越提出的要其单方面撤军的要求，也拒绝建立取代阮文绍政权的新政府，但美国表示它可接受部分地方的停火作为解决问题的前提条件。美国承认南越地方上的共产政权，而北越承认西贡政府在南方全部领土范围内的正式主权地位，这就是所谓的斑点（leopard-spots）解决方案。但北越对此予以拒绝。1970年9月17日，南越临时革命政府代表团团长阮氏萍（Nguyen thi Binh）提出一个"八点政治方案"，主要内容是美军在1971年6月30日前撤出越南、推翻阮文绍政府并建立临时联合政府。1970年9月27日，北越代表春水在与基辛格的秘密会谈中，再次强调了八点政治方案的主张。

1971年5月13日，基辛格与春水再次举行了秘密会谈。会谈中，基辛格提出一个"七点计划"作为尼克松政府解决越南问题的"最终提案"。主要内容包括：(1) 美国将确定撤军的最后期限；(2) 越南人民和印度支那人民自己讨论决定北越军队的撤退问题;(3)美国撤军开始后,印度支那必须实现停火;(4)不再有其他国家势力插手越南;(5)国际监督共同停火;(6)各方都应该遵守1954年和1962年日内瓦决议;(7)同时释放战俘。基辛格表示,如果河内同意美国的"七点计划",那么,美越之间有望在1972年年底前达成和解协议。否则,美国将继续强化其"越南化"政策,战争将有可能继续下去。

中美关系的改善在一定程度上影响了美国的越南政策。1972年2月21日,尼克松访问中国,在与中国领导人的会谈中,尼克松表示如果连任成功,美国将严格遵守对北越作出的一切承诺,如果北越在这个时候(注:美国总统选举)显示出一定的"灵活性和理解",在没有美国干预的两到三年内,北越将实现目前它对南越和美国政府所要求的局面。[①]1972年4月21日,基辛格访问莫斯科,在与苏联领导人勃列日涅夫和葛罗米柯举行会谈时,也强调美国在越南和谈问题上坚持的两个目标:一是体面地从越南撤出所有外国军队;二是在撤军和越南政治进程之间设置一个过渡期。

在这种背景下,一度停滞的巴黎会谈在1972年4月27日得以恢复,5月2日,美国和北越之间的秘密会谈也得以举行。1972年7月19日,在巴黎举行的美(北)越秘密会谈中,基辛格提出了美国的几点建议:在印度支那实现全面停火;停火后的四个月内,美国和盟国将撤走所有军队;撤军同时释放美国全部战俘;实现国际监督;制定和谈进程的基本原则。但北越予以拒绝。在8月1日的秘密会谈中,北越方面提出了新的十点建议,北越不再要求阮文绍立即辞职,同意在越美达成基本协议后,临时革命政府与西贡政府举行政治谈判。8月14日,基辛格与黎德寿再次举行秘密会谈,基辛格承认了临时革命政府,但双方在其他方面没有达成协议。

1972年10月8日,黎德寿与基辛格再次举行秘密会谈,北越方面同意越美签订一项军事协定,就撤军、释放战俘和停火问题达成一致。在南越政治问题上,北越方面同意在停火三个月后再建立民族联合政府。同时,北越方面放弃了美国停止对南越提供军事援助的要求,同意停止对南越的军事渗透。[②]10月9日至11日,黎德寿与基辛格继续进行会谈,双方就关键性政治问题达成了谅解。对北越而言,"实现了四大目标,即结束美国的军事干涉;在南越和北越实现停火并撤出美国军队;承认南越存在两个政府、两支军队和两个控制区;承

---

① Memorandum of Conversation (USSR), Washington, March 1, 1972. *Soviet-American Relations : The Détente Years, 1969-1972*, pp.597-598.

② Luu Van Loi, Nguyen Anh Vu, *Le Duc Tho-Kissinger Negotiation in Paris*, Hanoi, The Gioi Publishers, 1996, p.134.

认南越人民的自决权"①。

1973年1月8日，美（北）越谈判重新启动，且进展顺利。1月13日双方达成协议。1月27日，巴黎四方会谈及美（北）越会谈签字仪式在巴黎克莱贝尔会议中心举行，北越外交部部长阮维桢、临时革命政府外交部部长阮氏萍、美国国务卿罗杰斯、南越政府外交部部长陈文林正式签署了《关于在越南结束战争、恢复和平的协定》和三个附属议定书。当天下午，阮维桢和罗杰斯各自代表本国政府又在《关于在越南结束战争、恢复和平的协定》和附属于此协定的三个议定书的另一种文本以及只涉及北越和美国的《关于在越南结束战争、恢复和平的协定有关对越南民主共和国海域、港口及水道的水雷进行排除，使之永远失效和销毁的议定书》上签字。

《巴黎协定》共9章23条，其主要内容包括：（1）美国和其他国家尊重1954年关于越南问题的日内瓦会议所承认的越南的独立、主权、统一和领土完整；（2）自1973年1月27日24时起在越南南方全境实现停火。美国将不继续其对越南南方的军事卷入或不干涉越南南方的内政。在协定签署之后的60天内，撤出美国和其他外国的军队、军事顾问和军事人员；（3）交还被俘的军事人员、被俘外国平民以及被俘和被监禁的越南非军事人员；（4）尊重越南南方人民的自决权，越南南方人民通过在国际监督下进行真正自由和民主的普选，自己决定南方的政治前途；停火后，越南南方的双方本着民族和解与和睦、相互尊重和互不并吞的精神进行协商，以建立一个由三种同等成分组成的民族和解与和睦国家委员会；（5）越南的统一将在越南北方和南方之间进行讨论和达成协议的基础上，通过和平的方法逐步实现。统一的时间将由越南北方和南方商定；（6）组建由参加越南问题的巴黎会议的各方指派的代表组成的四方联合军事委员会和由越南南方双方指派的代表组成的两方联合军事委员会，以执行协定规定的停火、撤军等问题；（7）协定签署后，立即建立国际监察和监督委员会，以监督协议的执行情况。协定签署后30天内召开国际会议，以承认签署的各项协定。

（四）第四阶段（1973—1975年）

从内容而言，《巴黎协定》对北越是相当有利的。它规定了美国及其盟友从南越撤军的时间和期限，而没有规定北越武装从南越撤出的条款。因此，《巴黎

---

① Luu Van Loi, Nguyen Anh Vu, *Le Duc Tho-Kissinger Negotiation in Paris*, Hanoi, The Gioi Publishers, 1996, p.335.

协定》签署后,南越地区形成的是以一种"越南共和国"和南方临时革命政府分别控制不同区域,南越武装和北越武装同时犬牙交错并存的政治军事态势。阮文绍政府是在美国的压力下勉强签署《巴黎协定》的。《巴黎协定》签署后,南越政府提出了"不给'共党'土地,不中立,不同'共党'联合,不同'共党'对话"的所谓"四不方针"。在这个方针指导下,南越政府在1973年提出了如下计划:(1)把蚕食和绥靖计划作为中心措施;(2)建设强大的军队和政权作为支柱,五年内使"越南共和国"军队年轻化、有效化和现代化;(3)破坏关于越南问题的《巴黎协定》中不利于"越南共和国"的条款;(4)在经济上包围封锁对方的同时,在1973—1974年恢复经济(1973—1978年长期经济计划的一部分),特别是工业;(5)依靠美国在东南亚地区的海军和空军,保持威慑力量。为了加强控制,南越政府还发出具体指示:在控制区和各大城市,通过巡逻、加强警戒等活动,消灭越共基层组织,严密控制民众,巩固政权,使民众生活正常化,为恢复和发展经济创造条件;在巩固区(争夺区),要打退、阻止和消灭越共的政治、军事力量。重建和巩固政权;在肃清越共区(即越共解放区和根据地),集中破坏运输通道,实行经济包围,加强侦察、情报活动,视情况用空军和火炮破坏其仓库和运输线,争取民众,维持流亡政权,制造骚乱,保持军事活动并随时准备占领之。① 为此,南越政府发动了一系列的抢占地盘的"军事蚕食行动"。

在南越破坏停战协定的同时,北越也同样没有遵守协定的相关规定。《巴黎协定》签署之后,北越继续向南越地区进行军事渗透活动。据南越方面统计,1973年1—9月,北越向南越渗透了7万人、400辆坦克。② 但是停战初期,北越主要采取了"政治优先"的方针。1973年1月,越南劳动党政治局和南方分局下达了所谓"政治优先"的工作指示,目标是对南越人民进行政治宣传、策反,要求南方革命者的所有力量都要开展以下任务:(1)发动群众;(2)发动群众运动;(3)改善并扩大下层的政治基础;(4)使军事步骤适应新情况。③

但是,随着局势的变化,北越开始改变了"政治优先"的路线。1973年5月24日,北越召开政治局扩大会议,6月1日,会议作出决议,"会议认为,

---

① 邵笑:《美国—北越巴黎谈判与越南战争的终结(1969—1975)》,华东师范大学2010年博士学位论文,第162页。
② 邵笑:《美国—北越巴黎谈判与越南战争的终结(1969—1975)》,华东师范大学2010年博士学位论文,第167页。转引自 NO.01247, p.4, U.S. Policy In the Vietnam War, Part Ⅱ:1969-1975, DNSA.
③ Phillip B. Davidson, *Vietnam at War: The history: 1946-1975*, Novato CA: Presidio Press, 1988, pp. 738-739.

不管怎么样，越南南方的革命只有通过革命暴力才能取得胜利，而且不管环境怎样，我们都必须在为了推动革命而牢牢坚持进攻战略、采取灵活指示的同时抓住机会。从敌人手中赢得人口，控制更多领地和发展革命力量等问题都是此时此刻南越革命的紧迫和关键要求"。6月25日，北越中央军委作出《关于新阶段形势任务》的90号决议，指出"南方各武装力量应掌握进攻战略，粉碎敌人的一切绥靖蚕食行动，争取和保卫人民群众，保卫解放区和革命政权"①。

1973年7月，北越召开越南劳动党三届二十一中全会，会议作出了《关于抗美救国的伟大胜利及新阶段南方革命任务》的决议，决议提出了关于各武装力量的任务，"主力部队、地方部队和民军游击队都必须随时做好充分准备，时刻处于打击敌人的状态，主动粉碎敌人的蚕食行动，坚决进行反击和进攻，打一些漂亮的歼灭战，保卫解放区"。三届二十一中全会最主要的决定是"从主要强调政治斗争转变为靠战争取胜的军事进攻，……革命武装斗争的道路就是南方革命的道路"。此次会议标志着北越在指导方针上改变了"政治优先"的路线，转向了以军事手段解决统一问题的路线。

1974年3月，北越中央军事委员会召开会议，会议在此后几年对南越的战略政策问题上达成了共识，认为最优先的任务是摧毁南越的"绥靖"政策与蚕食行动，逐步提高城镇中的政治斗争水平，在战役中有区别地投入主力部队，同时在可预见的"歼灭战"中巩固力量，在恢复和发展北方经济的同时，巩固和扩大南方的控制区。会议同时认为合适的发动总攻的时间为1976年。1974年9月30日至10月8日，北越召开政治局会议，会议制定了1974年至1976年的两阶段战略计划：第一阶段，从1974年12月至1975年2月，在南方不同地区发动一系列军事进攻，在湄公河平原和南部东区发动中等规模的军事行动。1975年3—6月，西原南部等地发动大规模军事进攻。1975年8—10月，加强广治—承天地区的军事行动，为总攻做好准备；第二阶段，于1976年发动总攻，完全解放西贡。

1974年12月18日至1975年1月8日，越南劳动党中央政治局召开扩大会议，讨论1975年和1976年两年的战略计划。会议虽然没有明确提出将总进攻的时间提前至1975年，但几乎就在会议进行期间，南方力量在1974年12月14日至1975年1月6日发动的"14号公路—福隆"战役的胜利对北越的决策产生了重大的影响。受"14号公路—福隆"战役胜利的鼓舞，越南劳动党中

---

① 越南国防部军事历史院：《越南人民军50年（1944—1994）》，军事谊文出版社1996年版，第229页。

央政治局提出"如果时机于1975年年初或年底到来,那就立即在1975年内解放南方。"1975年3月4—24日,北越发动了"西原战役"。3月25日,越南劳动党中央政治局召开会议决定,以最快速度集中兵力、技术兵器和物资,在雨季前(1975年5月)解放西贡和整个南方。3月21—30日,北越军队发动了"顺化—岘港"战役,并取得了胜利。3月31日,越南劳动党中央政治局召开会议,会议作出决议:"南方的革命战争不但进入了一个飞跃发展的阶段,而且向敌人巢穴进行总攻击、总起义的战略时机业已成熟。从这一时刻起,我国军民最后的战略决战已经开始,以完成南方的人民民族民主革命。……时间最好在4月,不得迟缓。"4月8日,越南劳动党中央政治局决定"对西贡发起总进攻的时间,最迟要在1975年4月的最后一周进行"。

面对江河日下的危局,1975年4月21日,阮文绍宣布辞去"越南共和国"总统的职务,由71岁的副总统陈文香继任。陈文香试图与北越谈判,以缓解危局。但此时的南越已经失去了任何可使北越回到谈判桌的筹码。4月26日,北越发动了进攻西贡的"胡志明战役"。4月28日,南越议会打出最后一张牌,对南越总统进行了投票,将总统的全部权力移交给据说与北越高层有私交、因而有可能被北越接受的杨文明,希望利用杨文明的这层关系,能够使北越进行谈判,以保全南越。但情势至此已于事无补。同日,南方临时革命政府致信南越政府,要求:(1)越南政府必须是一个完整的新政府;(2)新政府的政策必须是和谐一致的;(3)所有的美国军事人员或军事人员所伪装的人员,都必须离开这个国家;(4)必须释放所有的"政治犯",恢复公民自由。1975年4月30日上午,美国驻南越使馆的最后一批人员乘直升机离开,11点30分南越总统府独立宫被占领,随后杨文明被迫通过广播宣布无条件投降。存续20年之久的"越南共和国"轰然垮塌。

三、统一的实现

1975年年初,越南南方共和国临时革命政府仅控制着南越1/3的领土和10%的人口。[①]攻下西贡,杨文明宣布无条件投降之后,"越南共和国"的地方政权也随之倒台,产生了大范围的权力真空地带。为控制局势,越南南方共和国临时革命政府成立了以陈文茶为首的由11人组成的西贡—嘉定军事管制委员

---

① HUYNH KIM KHANH, Restructuring the Economy of South Vietnam, *Southeast Asian Affairs*, 1976, p.467.

会,对新解放区实施军管。

在军事方面,军事管制委员会要求"越南共和国"军人在 1975 年 5 月 31 日之前进行登记,后来,登记的截止日期又进行了延长。登记后的"越南共和国"军人被送往政治培训中心进行政治再教育。经过政治教育之后,这部分人员大部分被释放。

尽管政治教化代替了先前曾经流传的极为恐怖的"血洗",但仍有相当一部分"越南共和国"的军政人员拒绝前去登记,而是选择了直接回家或逃往偏远的地区。根据越南南方共和国临时革命政府掌握的数据,这一部分人员的数量大体占到了"越南共和国"军政人员的 1/3。直到 1975 年 10 月,临时革命政府仍在试图说服这部分人员离开隐藏地,出来投降,接受再教育。

杨文明宣布投降后,"越南共和国"军队基本放弃了大规模的抵抗,但在个别地区仍存在小规模的武装抵抗,其中最严重的发生在高台教流行的朔庄省、由高台教首领梁重祥(Luong Trong Tuong)领导的"民族抵抗运动",人数有 500 名左右,其他只是一些由数十名残兵游勇组成的小股部队进行的零星抵抗。此外,在西贡及其周边地区还发生了大量的由"越南共和国"的残兵游勇制造的抢夺等不法事件。但这些都不足以影响南越局势的走向。军事管制委员会除使用正规部队对这些抵抗活动进行打击外,还发动民众进行自卫。因此在 5 月以后,除个别地方(如奉德)因为对南越败兵的追击而造成一定程度的流血伤亡之外,其他地方基本没有发生较大规模的流血事件。[1]

在政治方面,由于干部数量不足,"越南共和国"的相当一部分文职官员被暂时留任。在基层政权重建方面,家庭及其组合构成的群体网络被组织起来以充作初期基本的地方政府实体。它们受村、镇、省等各级人民革命委员会领导。而人民革命委员会又受省市的临时军事管制委员会领导。通过这种垂直性的组织指挥管理体系,南方共和国临时革命政府重建了"越南共和国"垮塌后的社会政治秩序。

对"反动军人"进行政治再教育的同时,南越地区普通的民众也通过夜校等形式进行了政治性学习。一个家庭至少要有一名成员参与这种学习。一些经过政治教化的前政府军官和官员还被任命为农村地区进行政治教育和劳动生活的组织者。

---

[1] John C. Donnell, South Vietnam in 1975: The Year of Communist Victory, *Asian Survey*, Vol.16, No.1, A Survey of Asia in 1975: Part 1 Jan., 1976, pp.5-7.

1975年6月6日，越南南方共和国临时革命政府在任命了由17名成员组成的内阁之后正式执政全南越地区[①]。1975年7月初，越南南方共和国在西贡实施了首次行政区选举。其办法是先由政府官员从10 000名居民中选取152名代表，然后这152名代表从推荐出的9人候选名单中选举出7人组成一个新的委员会以代替原先的人民革命委员会。[②] 随后，这一间接选举模式逐步被推广至全区域。7月底，由阮文孝领导的包括一些前临时革命政府领导人和阮文绍政府时期的一些反对派人士在内的59位成员组成的顾问委员会宣告成立。这一机构实际上是服务于人民革命委员会的，但当时的情况是许多地方的人民革命委员会尚未建立。因此，尽管越南南方共和国政府执掌了全南越，但政府主席黄晋发、民族解放阵线领导人阮友寿等人并未掌握实际的领导权，陈文茶领导的西贡—嘉定军事管制委员会仍在负责实际控制，而南越地区实际的控制权力则掌控在范雄手中。范雄出身南方，在越南劳动党中央政治局排位第四，自1967年以来，一直担任越南劳动党南方中央局书记和南方民族解放武装力量政委，陈文茶则绝对服从范雄的领导。

在经济方面，越南南方共和国成立后，着手进行了重建工作。由于"越南共和国"和越南南方共和国临时革命政府长期在农村地区进行武力争夺，致使大量农民背井离乡，逃亡至西贡等大城市。这些流入城市的农民基本上沦落为失业者。同时，"越南共和国"的投降也使得大批军政人员加入了失业大军。据越南南方共和国政府估计，革命胜利初期的失业人口达到了350万。革命胜利后，越南南方共和国并未立即采取极端的措施确立其对经济领域的全面控制。为了尽快恢复生产，1975年5月初，政府发布了经济重建计划。许多工厂在短期内恢复了生产，企业主逃跑的工厂，建立了工人委员会；企业主仍留守的工厂，工人则被赋予了管理的权利。为了恢复和重建经济生活，新政府宣布"民族资产阶级、商人、工厂主"仍保留其私人财产。同时，新政府还表示欢迎外国公司开发越南沿海地区的石油资源，只要其尊重越南的主权。

1975年9月22日，越南南方共和国政府进行了货币更换和发行新币的工作，阮文绍政府时期流通的越南盾被发行的新币所取代。在"越南共和国"末期，越南盾急速贬值，与美元的汇价由700越南盾一直跌到3 000越南盾。越南南方共和国在发行新币时，参照了北越货币的外汇比价，规定的外汇比价与

---

① John C. Donnell, South Vietnam in 1975: The Year of Communist Victory, *Asian Survey*, Vol.16, No.1, A Survey of Asia in 1975: Part 1 Jan., 1976, p.8.
② New York Times, July 8, 1975.

北越一样，为500新币兑换1美元。新政府曾一度决定提高消费品的价格，但由于担心物价上涨有可能引发一些意想不到的困难，所以很快进行了调整。随后，新政府加强了对买办以及被怀疑有囤积居奇、投机倒把者的打击力度，犯罪者被判处刑罚，投入监狱，其财产也被没收。

为了稳定社会秩序，消除失业是一项至关重要的工作。为了降低失业，新政府实施了大规模的基础设施建设，如修建公路、铁路以及桥梁。此外，一项重要的措施就是说服和鼓励城市难民重返家乡。为了鼓励城市失业者重返家乡，越南南方共和国中央政府为返乡的民众提供了免费的交通工具，而地方政府负责提供安身之所，提供土地和农具，并发放食品和资金资助。同时，越南南方共和国政府还在农业基础和条件较好的农村地区创建新经济区，以接纳无乡可返或不愿重返故乡的城市失业者。

经过采取上述措施，"越南共和国"坍塌后南越地区混乱的政治经济社会秩序很快就得到了稳定。尽管如此，对于统一问题，越南南方共和国政府仍然十分谨慎，只是试探性地表示由于南北两个地区的社会制度、民众态度和心理等方面差异巨大，统一至少应是五年之后再考虑的事情。并且南北越南也分别于1975年夏天向联合国提出了入会的申请。[1]

但是，1975年6月8日北越国会召集会议讨论统一问题，并将河内定为首都之后，在对统一问题的设想上发生了明显变化，统一的进程和趋势加快。1975年9月初，南越派出了一个庞大的代表团赴河内参加越南民主共和国成立30周年庆祝大会。代表团中几乎包括了南方所有的重要人物，南方分局的范雄、武志公、陈南忠，前临时革命政府的黄晋发等均包括在内。庆祝大会期间，对统一问题进行了广泛而细致的讨论。

1975年11月6日，越南南方共和国总理阮友寿宣布组建南越代表团与北越的代表进行协商以实现国家的统一。双方的代表团各由25名成员组成，北方代表团以长征为团长，南方代表团团长由范雄担任。北方代表团中包括1名佛教僧侣、1名天主教牧师、1名少数民族代表、4名代表各种组织的妇女代表、2名律师、河内医药大学的教务长、1名劳动英雄、1名战斗英雄、2名其他政党（越南民主党、越南社会主义党）的总书记、4名在劳动党和内阁担任职务的军方人士。南方代表团中包括3名律师、1名佛教僧侣、1名修女、2名天主教牧师、1名高台教代表、1名和好教代表、3名少数民族代表、4名妇女代表、

---

[1] John C. Donnell, South Vietnam in 1975: The Year of Communist Victory, *Asian Survey*, Vol.16, No.1, A Survey of Asia in 1975: Part 1 Jan., 1976, p.9.

1名贸易联盟代表、1名新闻记者、1名商业界代表、1名建筑师以及越南南方共和国临时革命政府主席黄晋发和国防部长陈南忠。[①]

1975年11月15—21日，双方代表团在西贡举行政治协商会议，就南北越南的统一问题进行了协商。会议制定了实现统一的程序：(1) 1976年上半年组织总选举以选举共同国会；(2) 决定南北越全范围内选举的时间，并在普遍投票的基础上实施选举。所有的公民，不管民族、性别、宗教、文化程度、职业和居住时间，只要年满18岁，都有权利参加投票。年满21岁，都有权利当选；(3) 国家的最高权力机关——国会的代表，由人民直接选举产生。没有直接任命的国会代表。投票采用匿名的方式。[②]

西贡政治协商会议还就国会代表的数量进行了研究。会议决定每10万人口产生1名国会代表，依照全体人口数量决定国会代表的人数。根据当时的统计，北越居民为2 400万。根据阮文绍政府的统计，南越居民为2 000万。但是，会议认为这个数字不太可靠，决定在南越实施紧急的人口普查。会议决定，北越地区选举的主持和组织机构为国会的常务委员会，南越地区的组织机构为临时革命政府的顾问委员会。而负责全体范围内选举事宜的则是国家选举委员会（national election council），其职责是监督选举、计票、向当选者颁发证书等事宜。在国家选举委员会之下，每个地区也成立选举委员会。

政治协商会议还决定了国会的召集时间、国会第一次会议的正式机构以及会议的召开地点，建议国会听取统一越南宪法的起草报告，选举宪法起草委员会。同时，还决定了国会讨论和投票通过新宪法的时间。国会将选举产生国家的领导机构，决定国家的名称、国旗、国歌和首都等。

西贡政治协商会议是越南统一进程中的一次重要会议，本次会议完成了国家统一程序的设计工作。1976年2月21—22日，国家选举委员会在西贡举行了第一次会议，长征被任命为选举委员会主席，范雄为副主席。

1976年4月25日，包括南北两部分在内的全越南进行了普选，98.77%的选民参加了投票，从605名候选人中选出代表492名，产生了第一届国会。其中北方代表249名，从324名候选人中选出，南方的代表243名，从281名候

[①] Harish Chandola, Towards Early Reunification, *Economic and Political Weekly*, Vol.10, No. 48 November 29, 1975, p.1834.

[②] Harish Chandola, Towards Early Reunification, *Economic and Political Weekly*, Vol.10, No. 48 November 29, 1975, p.1834.

选人中选出。① 南方的范雄、民族解放阵线的领导人阮友寿、黄晋发以及南方共和国临时革命政府外交部部长阮氏萍、西贡人民革命委员会的领导武文杰、西贡军事管制委员会主席陈文茶当选。从492名代表的构成来看，工人80名（占16.26%）、农民100名（占20.33%）、手工业者6名（占1.22%）、军人54名（占10.97%）、政工干部141名（占28.66%）、知识分子98名（占19.92%）、宗教界人士13名（占2.64%）。

1976年6月24日至7月3日，全越南国会第一次会议在河内举行，会议的议程包括决定统一国家的名称、国歌、国旗、国徽、首都所在地、西贡的新名称、国家结构以及起草新宪法的工作程序。会议接受36人主席团的建议，决定新国名为"越南社会主义共和国"，以取代越南民主共和国政府和越南南方共和国临时革命政府。新国家的国旗采用了原越南民主共和国国旗，国徽在原越南民主共和国国徽的基础上做了一定的修改。新国家的国歌采用了原越南民主共和国的国歌——"进军歌"。会议决定河内为新国家的首都。

会议一致同意并通过了如下决议：（1）根据1976年4月25日总选举而产生的国会为第六届国会；（2）直到新宪法产生之前，越南社会主义共和国将依据越南民主共和国1959年宪法进行组织和运作；（3）越南社会主义共和国在中央级的组织包括国会，国家主席1名、副主席2名，国会常务委员会，部长委员会，国防委员会，最高人民法院，最高人民检察院；（4）组建以长征为主席、由36名代表组成的宪法起草委员会，负责起草越南社会主义共和国宪法；（5）赋予部长委员会负责起草法律、法规的职责，对于原越南民主共和国和越南南方共和国仍然有效的法律、法规、命令、决议等，由该委员会进行梳理、甄别，以提出是否与实际情况符合的指导性意见；（6）会议通过决议，将西贡市的名称更改为胡志明市；（7）会议决定国会下设计划和预算委员会、法律起草委员会、文化教育委员会、民族委员会、社会事务与卫生委员会、对外关系委员会。②

会议选举原越南民主共和国主席孙德胜为国家主席，选举原越南民主共和国副主席阮良朋和原越南南方共和国总理阮友寿为国家副主席，曾经担任过越南劳动党总书记的长征当选为国会主席，原越南民主共和国总理范文同当选为政府总理。在政府系统中，7名政府副总理中的2名为南方人士，35名政府部

---

① Tai Sung An, The All-Vietnam National Assembly: Significant Developments, *Asian Survey*, Vol.17, No. 5 May, 1977, p.433.

② Tai Sung An, The All-Vietnam National Assembly: Significant Developments, *Asian Survey*, Vol.17, No. 5 May, 1977, p.436.

长中南方人士 4 名,分别担任了海洋生产部、文化部、教育部的部长和政府监督委员会的主席。① 至此,经过了 30 年的争取和斗争,越南最终实现了南北在法律和事实上的统一。

第四节 越南统一的启示

一、统一基础的奠定

越南的主体民族为京族,这是一个以起源于越南北部红河三角洲地带的骆越为主体并在漫长的历史时期吸收周围的不同民族,到 10 世纪之后也就是李朝时期形成的民族②,其主要分布在越南北部地区。19 世纪阮朝建立统一建制的封建国家政权之后,南北政治共同体意识才开始加强。19 世纪中叶,进入越南的法国殖民当局所采用的"去汉字"政策促进了越南国语的普及与推广③,从而在文化上加强了越南民众的共同体意识。但是,由于其特殊的自然状况和历史发展等原因,越南南部与北部民众之间在文化、生活习惯以及社会心理等方面存在很大的差异。因此,与其说民族认同奠定了越南统一的基础,还不如说政治认同成为推动越南人民追求统一的最主要动力。土地不均衡状况并不严重的北越地区通过实施土地改革所创造出的那样一个公平而又平等的社会,对土地问题更为严重的南方地区居民产生了巨大的冲击,直接导致了南方地区阶级矛盾的加剧和社会的分裂,南方民族解放阵线正是在此背景下诞生的。而阶级矛盾的激化又直接影响了南越政权的稳定,并最终导致了南越政权的瓦解和越南国家统一的完成。在遍布亚非拉的民族解放浪潮中,高举抗法、抗美等反侵略的大旗,在相当程度上赋予了北越政权及其政治追求的正统性与合法性,也大大降低了长期坚持的武力统一政策给并不深厚的民族认同所带来的负面影响。因此,在追求统一和巩固统一的过程中,民族认同固然重要,而政治认同也同样重要。

---

① Tai Sung An, The All-Vietnam National Assembly: Significant Developments, *Asian Survey*, Vol.17, No. 5 May, 1977, pp.435-438.
② 王文光:"越南京族、芒族的由来与发展之我见",载《广西民族研究》1994 年第 3 期。
③ 罗文青:"越南语言文字使用的历史回溯",载《广西民族大学学报(哲学社会科学版)》2009 年第 1 期。

二、经济与社会的统合

越南于1976年在法律上完成了国家的统一之后,即开始规划对南越地区进行社会主义改造。1976年越共召开四大,会议指出"要想方设法使南方的中央和地方国营经济迅速扩大,在生产、流通、分配中占优势,在五年内基本完成南方的社会主义改造"①。为了在经济制度上完成统一,越南社会主义共和国从1976年开始,按照北方的模式对南方地区进行了大规模的社会主义改造。对南方地区进行的社会主义工商业改造,涉及资本家、小商人、小企业主,1979—1980年,几乎所有的私人企业都变成了国企和公私合营企业,50%的农户和个体手工业者也实行了合作经营,到1980年,南方90%以上的私人企业被没收或合并。对农业的集体化改造正式开始于1978年,建立农业生产合作社和国营农场,到1979年中期,南方建立起13 246个高级合作社。② 依靠强制手段,到20世纪80年代初,南方地区的社会主义改造工作基本完成。

但是,越南统一后在南方推行得过急、过快的社会主义改造工程给其国民经济带来了严重的后果,造成了南部地区经济上的急剧衰退。根据越南学者的统计数据,在1974年,南越在稻米和糖的产量、发电量以及经济总量上都是超过北方的。③ 不顾南方地区的客观实际强行推进的公有制改造不但给南方地区经济带来了严重衰退,而且引发了南方地区农民的多次游行示威。

现在来看,越南统一之后对南北经济制度的统合显然过急、过快。南北毕竟经历了数十年的分断,彼此已经衍生出完全不同的社会政治经济制度以及在这种制度下所强化的本来就有所不同的社会心理和社会意识差异。在1975年推翻"越南共和国"之后至1976年完成统一之前,南北存在同出一脉、彼此认可的两个政治实体,即北方的越南民主共和国和南方的越南南方共和国,如果它们两者之间能够形成某种形式的或松散或紧密的制度关系,在政治上保持两者之间的紧密联系,在经济上保持各自的独立性,也许可以避免统一之后的经济衰退。越南南方共和国的领导人原来设想的统一时限是"至少5年"之后。以此推延,越南在法律上的统一时间应该是1980年,对南方地区

---

① 《越共四大文件》,河内外文出版社1977年中文版,第79页。
② 齐欢:《二战后越南现代化进程研究(1945—2010)》,云南大学2008年博士学位论文,第89页。
③ 杨勇:《在革新中寻求富强:统一后越南现代化的路径选择与实践研究》,南京理工大学2004年硕士学位论文,第4-5页。转引自[越]陈文寿:《1955—2000年的越南经济:新计算、新分析》,越南统计出版社2000年版,第136页。

进行社会主义改造的时间起点也应该在 20 世纪 80 年代初。如果越南的统一进程按照这样一个时间表来推进，今日的越南在经济和社会的发展状况上或许是另外一幅图景。事实上，因为对南方地区的改造过于急迫，大大超出了南方社会的承受能力，严重挫伤了南方民众的生产积极性，造成了严重的经济和社会问题，从而使得越南不得不在 20 世纪 80 年代初即又开始探索"新经济政策"。

但是，如上的设想只是一种假设，几乎没有实现的可能性。从 1976 年越南社会主义共和国的国家机构和政府的人员构成而言，北方人士几乎占据了压倒性优势。南方人士除阮友寿担任国家副主席之外，只有 4 名担任了政府部长。越南在政治上的统一实际上是以"吸收"方式进行的，越南南方共和国的一些领导人和头面人物虽然被吸收进新国家机构和政府中，但并没有占据核心决策位置，而且相对于北方出身人士的大举进局而言，更是人孤势单。政治的这种人事布局已经决定了经济统一的方式。而这一切都可以从越南共产党的一元化领导方式和体制中找到原因，实际上，从 20 世纪 60 年代初开始，南方的民族解放组织及其武装运动一直都是由北方领导的，因此南北越南的统一逻辑也不可能脱离北方的设计框架。同时，冷战体制下所面临的安全环境，也使得越南领导人不得不加快经济上的统合，以提高其对资源的动员能力，因为只有如此，才能进一步巩固其政治上的统一。

三、国际介入的应对

并不像也门和德国那样，借助冷战体制解体之机完成国家的统一，越南是在冷战期间完成国家统一的。在追求统一的过程中，越南前后排除了两个西方大国对越南问题的直接武力介入。这在也门和德国统一的历史上是没有过的。在处理和应对国际介入方面，越南的做法和经验主要表现为以下两点。

（一）审时度势抓住大国分歧从中谋利

从实力上看，越南与法国，尤其是与美国完全是不对称的。从 1945 年越南民主共和国成立至 1976 年越南社会主义共和国成立的 30 年期间，除 1954 年《日内瓦协定》签署之后维持了短短数年的和平局面之外，越南一直处于战争状态，先后经历了八年的越法战争、八年的越美战争以及多年的南北内战，究竟有什么资源能使这个并不富裕的国家面对世界上最强大的敌人支撑如此长久的一场巨大的消耗战争，善于抓住并利用因国际局势的变化而出现的时机可以说是一个重要原因。为了保证拥有足够的武器装备，北越巧妙地利用中国与苏联之间的分歧与矛盾，周旋于中苏之间，最大程度地从中苏两侧获得了大量的物资援助。基辛格这一号称"美国历史上最伟大的国务卿"在巴黎谈判中却被北越的谈判者黎德寿等人玩弄于股掌之间，越南人的底气不是来自他有多么高明的谈判技巧，而主要来自中苏在实力上的支持。它之所以自始至终没有放弃武力统一的政策，重要原因也在于此。客观而言，在东西两极对立的格局下，以武力达成统一也许是实现国家统一的唯一路径选择，但如何能够保证以弱胜强则是需要审时度势的。借助中苏抗衡美国，而又巧借中苏分歧，周旋于其间，不但获得了中苏两国的大量援助，还在两极对立的冷战格局下创造出一个能使自己主导完成统一的有利局面，可谓是一个创举。

（二）借助国际会议，打谈结合

这也是越南处理和应对国际介入问题的一个重要经验。在越南统一的过程中，曾召开过两次国际会议，即日内瓦会议与巴黎会议，两次会议在越南统一的过程中究竟起到了怎样的作用值得思考。虽然说这两次国际会议的召开，在一定程度上都是战争手段带来的结果，但是在更为强调武力的冷战时期，通过两次国际会议的召开至少在道义上和国际法的象征性意义上将法国和美国势力屏蔽了出去，使其失去了继续介入的依据。日内瓦会议为越南民主共和国赢得了数年非常宝贵的和平建设时间，使其完成了对北部地区的统合，大大提高了资源的动员能力，占据了对"越南共和国"的优势。巴黎会议则使美国彻底离开了越南，为最终以武力手段推翻南越政权，完成国家统一奠定了基础。两次国际会议在参加方的身份与资格、议题的设置、谈判的策略以及会议最终结果的形式等方面都有一些值得思考和借鉴的地方，尤其是巴黎会议。此外，《巴黎协定》签署后，1973年2月26日至3月2日，中国、美国、苏联、法国、匈牙利、印尼、波兰、英国、加拿大、越南民主共和国、越南南方共和临时革命政府、"越南共和国"以及联合国秘书长瓦尔德海姆等方面又在巴黎举行了关于越南问题的国际会议。会议签署了《关于越南问题的国际会议的决议书》。决议书确认、赞成、支持和尊重1973年1月越南民主共和国、越南南方共和临时革命政府、美国及"越南共和国"四方代表在巴黎签订的《关于在越南结束战争、恢复和平的协定》和有关的四项议定书，"郑重承认并彻底尊重越南人民的基本民族权利，即越南的独立、主权、统一和领土完整以及越南南方人民的自决权"。直接相关各方就某一问题签署协议或举行相关会议通过宣言或决议后，再举行由更多方参加的国际会议对直接方先前签署的协议、宣言或决议作出某种方式的表态，以形成一种保证其得到尊重和执行的国际监督保障机制，是一种非常巧妙的办法，在国际上运用得也比较普遍。通过这种机制，虽然不能完全保证直接相关各方之间的协议得到彻底的履行，但至少可以获得国际上的道义支持，在某种程度上可屏蔽外部势力的干扰和介入。

第四章　也门的统一

第一节　也门简史

也门位于阿拉伯半岛西南端，东邻阿曼，北接沙特阿拉伯，西临红海，南濒阿拉伯海、亚丁湾，隔曼德海峡与埃塞俄比亚和吉布提相望，扼红海通往印度洋的出口要道，其地理位置在战略上十分重要，也因此在西方势力的殖民过程中，成为欧洲国家争夺的对象。

也门有文字记载的历史已有3000多年，是阿拉伯文明的重要发祥地。自公元前1400年左右起，也门相继建立了"马因"、"萨巴"、"希木叶尔"等奴隶制国家。公元4世纪，希木叶尔王国开始向封建社会过渡，此后曾两度被阿比西尼亚人占领，随后又被波斯人统治。公元7世纪，伊斯兰教在阿拉伯半岛兴起，也门人皈依伊斯兰教，成为阿拉伯帝国的一部分。从公元9世纪中叶开始，也门掀起了脱离阿拉伯帝国的独立运动，并先后建立了几个王朝。[1]

从16世纪初开始，欧洲殖民势力开始向红海地区扩展。随后奥斯曼人也进入也门，在1547年攻占萨那后，将也门正式划编为奥斯曼帝国的一个行省。由于奥斯曼的入侵遭到了也门人民的极力反抗，1635年，奥斯曼军队全部撤出也门。但1849年，奥斯曼人再次进入也门，开始了对也门的第二次殖民统治，并于1872年全面控制了也门北部地区的政治、军事和财政权力。

从19世纪初开始，英国殖民势力也开始进入也门。1802年9月，英国东印度公司代表与管理亚丁港的拉赫季苏丹签订了《贸易、友好条约》，该条约规定亚丁港对英国商人全面开放，并允许英国人租借亚丁的部分土地。[2]1839年，英国殖民者以"亚丁湾事件"[3]为借口，攻占亚丁，并从此开始了其对也门

---

[1]　郭宝华：《中东国家通史：也门卷》，商务印书馆2004年版，第2—3页。
[2]　郭宝华：《中东国家通史：也门卷》，商务印书馆2004年版，第135页。
[3]　所谓"亚丁湾事件"指的是1839年年初英国商人的一艘船只在亚丁湾沉没，英国人认为是亚丁人劫持了这艘船只，以此要求控制亚丁及其周边地区，并要求拉赫季苏丹赔偿损失，但遭到了拒绝。

南部地区的殖民统治。1869年苏伊士运河开通，红海成为重要的国际运输通道，也门的战略地位也随之上升，更成为西方殖民势力争夺的对象。从1839年至1914年的70年间，英国利用也门南部"诸酋长国、苏丹国弱小分散、贫穷落后的特点，采取武力威胁与金钱收买相结合的手段，先后诱骗这些小国的统治者同它签订了一系列条约，逐渐将它的势力扩展到整个也门南部地区"。

在也门的社会、政治和经济结构中，部落占有重要的地位，成为影响也门政治局势和社会变迁的一大重要因素，在也门北部尤其如此。据不完全统计，也门共有160多个较大的部落。每个部落都有自己的组织结构，拥有自己的传统领地和武装力量。

也门人的主要宗教信仰为伊斯兰教，99%的也门居民为穆斯林，这也是对也门的政治、经济、文化以及社会生活产生重要影响的一个因素。

第二节 也门的分裂

控制也门南部地区的英国与控制也门北部地区的奥斯曼帝国于1914年签署了一项条约，在也门南部地区与北部地区之间划了一条分界线。这条边界线自丕林岛起至班纳河止，班纳河以东的边界未划分，形成了长期以来的未定界。

第一次世界大战结束后，奥斯曼帝国土崩瓦解，1918年伊玛目叶海亚入主萨那，宣布也门独立，成为阿拉伯地区第一个脱离殖民统治、宣告独立的国家。也门独立后与北部的沙特阿拉伯和南部的英国殖民势力之间因边界问题发生了战争和一系列的冲突。1934年2月，英国利用也门同沙特因边界纠纷而发生战争的机会，迫使也门签订了为期40年的《英也友好互助条约》，即《萨那条约》。在此条约中，英国承认也门独立，但也使也门同意"暂缓解决"边界问题，"维持本条约签字之日边界所存在的情况"，结束了英国和也门因南方问题而发生的长期冲突，也门也被正式分割为南北两部分。①

一、阿拉伯也门共和国

（一）历史发展

1918年11月，伊玛目叶海亚入主萨那，宣布独立之后，尽管叶海亚留用了上百名奥斯曼帝国统治时期的政府官员，但他没有承袭奥斯曼人推行的政治

---

① 郭宝华：《中东国家通史：也门卷》，商务印书馆2004年版，第141页。

制度①，而是将其在北部山区实施的传统部落式的统治模式扩展至全国，建立了一个政教合一的伊斯兰教国家。叶海亚既是宗教领袖，又是政治上的最高领导——国王，同时还担任着国家最高军事统帅。国家没有议会和宪法，在行政体系方面，中央政府设立职能部门，各部大臣及首相均由伊玛目任命。而在司法领域，伊斯兰教法成为北也门司法的唯一来源，只允许伊斯兰法庭存在，其他法庭一概废止，伊玛目则是北也门的最高法官。

由此可见，叶海亚的统治政策十分保守，较奥斯曼帝国第二次统治时期的政策有较大的倒退。起源于部落统治的国家管理模式使得他没有也不可能对传统的生产关系进行改造，而是保持了以部落酋长为代表的传统统治阶层对北也门最主要的生产资料——土地的拥有和控制。

从20世纪30年代中期开始，北也门社会上开始出现反对伊玛目专制统治的呼声和要求。1935年，一些进步人士成立了秘密的改革组织——"斗争协会"。1942年，包括部分商人、开明地主、知识分子等在内的一些进步人士开展了"自由人运动"。②1948年2月，自由派人士刺杀了伊玛目叶海亚，发起了史称"1948年革命"的运动，并成立了联合政府，但随后即被王储艾哈迈德组织的军事力量镇压。

艾哈迈德统治时期，承袭了其父亲叶海亚的保守政策，继续实行封建神权专制统治，从而使得北也门的社会经济发展停滞，国内矛盾不仅没有得到任何缓解，反而更加激化。1952年7月，埃及以纳赛尔为首的"自由军官组织"发动革命，推翻了埃及的王朝统治，掌握了国家政权。受埃及革命的影响，1955年3月，北也门部分军官和具有进步倾向的王室成员发动了史称"55年运动"的政变。虽然政变最终仍以失败告终，但却暴露出北也门社会及统治上层中存在着的尖锐矛盾。1961年3月5日，艾哈迈德遭三名青年军官刺杀，身受重伤。随后，1961年12月，具有自由主义倾向的年轻军官正式成立了"自由军官组织"。这是一个具有严密的组织体系、严格的组织纪律和明确的革命目标的政治组织，它提出了六项革命目标：（1）把祖国和人民从独裁、殖民主义及其残余下解放出来，建立一个公正的共和政权，消除阶级差别和阶级特权；（2）建立一支强大的保卫祖国、捍卫革命及其成果的爱国军队；（3）提高人民的经济、政治、文化水平；（4）建立一个民主的、合作的社会，其制度取自正统的伊斯兰教教义；

---

① 在第二次统治北也门期间，奥斯曼人推行了比较开明的政策，进行了司法、行政方面的改革，如在一些地区设置了具有代议性质的"行政会议"；设置了教育行政管理机构，颁布了教育法；还创办了医院，成立了邮电局，发展了电报、电话系统，开展了铁路建设项目等。

② 蒋超喆：《也门统一问题的历史考察》，上海社会科学院2012年硕士学位论文，第17—18页。

（5）在阿拉伯全面统一的范围内，努力实现国家的统一；（6）尊重联合国宪章和各国际组织的章程，坚持积极中立和不结盟原则，努力实现和平，支持各民族间的和平共处原则。①该组织成立后在北也门社会迅速得到扩大。1962年9月18日，艾哈迈德去世，王储巴德尔继承伊玛目和国王职位。"自由军官组织"利用王位传承的过渡之机，于9月26日发动革命，推翻了伊玛目王朝，建立了阿拉伯也门共和国。

"9·26革命"发生后，国王巴德尔逃往沙特，并在美、英和沙特的支持下，组织了大批部落武装，而共和派则得到了苏联、叙利亚，尤其是埃及的支持。1962年11月11日，北也门和埃及签订了为期五年的《共同防御协定》，结为军事同盟关系，并成立了以埃及人为主导的最高委员会和军事委员会，埃及直接派出军队进驻也门。从1962年开始，北也门的君主派与共和派进行了长达八年的内战。

在内战的过程中，共和派内部围绕着埃及介入也门内战以及也门内战的解决方式等问题产生了严重的政治分歧和分裂，甚至是军事冲突，影响了它同君主派的军事斗争，使得它在与君主派的军事斗争中，未能占据压倒性的优势。而君主派在长期的内战过程中也发生了一定的变化，在国外接受教育的王室家族年轻成员也意识到了对伊玛目制度进行改革的必要。而在1967年6月第三次中东战争之后，埃及和沙特由于各自的国内外状况，也调整了各自的对也门政策，停止了对共和派和君主派的援助。在这种背景下，1970年3月，阿拉伯也门共和国与沙特阿拉伯在科威特和利比亚的斡旋下达成《吉达协议》，从而为结束长达八年的北也门内战开启了一条出路。

《吉达协议》是双方妥协的产物。该协议规定双方停止内战，实现严格停火，沙特阿拉伯停止对君主派的援助；除被废黜的哈米德丁家族成员外，共和派同意接纳一部分原王室军政人员参政，原君主派控制地区的行政管理维持现状，仍由原班人马负责；在上述诸项实施后，沙特阿拉伯承认共和政权，并提供财经援助。

《吉达协议》签署后，在沙特阿拉伯政府的说服下，君主派承认了该协议的基本原则，与共和派达成谅解。双方经过协商，包括10位酋长在内的14位君主派人士进入中央政府，共和派与君主派合作成立联合政府。北也门也从此进入了长期内战后的恢复建设时期。

---

① ［也］艾哈迈德·拉荷米中校等：《也门革命秘录》，商务印书馆1981年版，第34页。

（二）政治变迁与政治统合（integration）

北也门 28 年的历史大体可分为三个阶段：（1）萨拉勒（Abdullah al-Sallal）时代（1962—1967 年）；（2）10 年的过渡时期（1967—1977 年）；（3）萨利赫时代（1978—1990 年）。由于北也门传统的社会政治结构具有强烈的孤立和脆片化的特征[①]，这使得奥甘斯基（A.F.K.Organski）所说的政治发展的第一阶段——"初级统一的政治"（the politics of primitive unification）成为北也门独立后其政治发展的主要特征，国家构建（state-building）成为北也门领导人面临的主要政治任务。

"9·26 革命"成功后，担任总统的萨拉勒执行了全面依靠埃及的政策，在没有任何现代性的管理国家与社会的制度与机制的基础上，埃及的顾问们几乎在一夜之间为独立后的北也门创建了国家的管理机构。这些国家机构基本由埃及人控制，而在实际运行上也基本处于停滞状态。1967 年 10 月，埃及人撤出北也门后，以艾理亚尼（Abd al-Rahman al-Iryani）为首的共和派中主张与君主派和解的势力发动了不流血的政变，解除了萨拉勒的总统职务，成立了以艾理亚尼为主席的共和委员会。

内战结束后，北也门进入和平建设与发展时期。1970 年 12 月，国民议会制定了永久宪法，然后宣布解散。1971 年年初，又选举产生了新的准立法机构——协商议会，哈希德部落大酋长艾赫马尔被推选为议长。但是，由于北也门中央政府本身就是在内战未定输赢的情况下各派政治势力妥协的产物，受强大的部落等地方势力以及南北也门关系的影响，北也门国内政局一直难以稳定，政治危机频频爆发。北也门是一个部落势力强大的国家，尽管共和革命成功，但部落制度基本没有受到触动，部族势力盘踞故地，各自为政，中央政府的权力难以延伸至部落地区，国家的政策法律更是难以贯彻执行。特别是在内战期间，许多部落的武装力量不但没有得到削弱反而得到了壮大，成为可以影响甚至左右北也门政局的举足轻重的政治力量。

艾理亚尼执政后，试图采取措施扩大国家权力，但却受到了控制着部族武装以及在中央政府尤其是在协商议会拥有极大影响力的酋长们的掣肘。[②]而且共和派与君主派的和解是在驱逐了共和派中激进势力的情况下进行的，对共和派

---

① Robert D. Burrowes, Prelude to Unification: The Yemen Arab Republic, 1962-1990, *International Journal of Middle East Studies*, Vol.23, No. 4 Nov., 1991, p.487.

② Robert D. Burrowes, Prelude to Unification: The Yemen Arab Republic, 1962-1990, *International Journal of Middle East Studies*, Vol.23, No. 4 Nov., 1991, p.486.

中激进势力的清除削弱了艾理亚尼强化国家力量的支持基础,降低了南部省份对艾理亚尼政府的忠诚,更点燃了南部边境地区的武装反抗,使得艾理亚尼政府危机丛生。在1970年至1972年短短的两年期间,共和委员会主席艾理亚尼在部族势力的压制下,不得不四次更迭内阁总理,改组内阁。[1] 由于中央政府机构缺乏相对的稳定性,使得其行政体系难以正常、有序运行。1974年6月,北也门武装部队副总司令哈姆迪(Ibrahim al-Hamdi)成立了由10名军官组成的指挥委员会,并担任指挥委员会主席兼武装部队总司令,全面接管了国家政权。哈姆迪曾担任过传统的宗教法官卡迪(Qadi),并接受过现代的军事训练,这使得他具有强化国家权力的雄心和魄力。[2] 哈姆迪接管政权后,采取了一系列措施,取消了共和委员会,冻结了协商议会,终止了宪法,强化了中央权威,限制了部落酋长的权势,严禁部落酋长干政,并清除了部落主义倾向严重的军人,使得北也门的中央权威得以初步建立。然而,1977年10月,哈姆迪在萨那被刺杀。哈姆迪遇刺后,北也门武装部队副总司令兼参谋长加什米(Ahmad al-Ghashmi)担任指挥委员会主席。加什米执掌政权后,于1978年2月成立了人民议会,撤销了指挥委员会,4月人民议会选举加什米为北也门总统兼武装部队总司令,然而仅在两个月之后,加什米在其办公室接见南也门政府特使时,又遭暗杀。加什米遇刺当天,北也门成立了总统委员会,负责行使国家最高权力。1978年7月,担任北也门武装部队参谋长和塔兹军区司令、年仅36岁的萨利赫被人民议会选举为总统兼武装部队总司令。

萨利赫担任总统后,实行铁腕统治,通过武力和谈判并举的刚柔相济之策逐步解决了全国各地的反政府武装,也门最有势力的哈希德部落的出身也使他得到了部落酋长的认同和接受。1979年,萨利赫成立了一个由15人组成的咨询委员会,并将99人的人民议会扩增到150人,为一些有影响的部落酋长提供了进入政界的通路。萨利赫的统治措施仍然是在承认也门传统的社会势力——部落势力的前提下推行的,因而没有也不可能实现完全的政治统合,但萨利赫的部族出生背景以及他长期的军旅生涯带给了他可实施铁腕治理的资本,从而也使得在其统治时期,北也门的政局逐渐走向稳定,经济和社会发展计划也逐渐得以实施。

---

[1] 郭宝华:《中东国家通史:也门卷》,商务印书馆2004年版,第207页。
[2] Robert D. Burrowes, Prelude to Unification: The Yemen Arab Republic, 1962–1990, *International Journal of Middle East Studies*, Vol. 23, No. 4 Nov., 1991, p.487.

（三）政权建设与国家形成

阿拉伯也门共和国成立后，在埃及政府的帮助下，开始了国家政权建设。1962年年底，北也门成立了第一家国有银行——开发建设银行，1963年成立了也门货币委员会，开始发行里亚尔纸币，同年还建立了贸易和海关机构。1966年，成立了中央统计局和国家建设委员会。艾理亚尼执政后，1968年成立了国家最高计划委员会，1971年成立了中央银行。哈姆迪执政时期，进一步创建或改革了中央政府机构，对军队进行了重组，在大众层次上培育了发展的观念以及对国家的忠诚思想。[①]萨利赫上台后，1979年年末成立了民族宪章起草委员会，1980年5月又成立了民族对话委员会和全国人民大会筹备委员会。[②]1982年8月，全国人民大会在萨那举行第一次会议，宣告全国人民大会成立，大会通过了《民族宪章》，选举萨利赫担任全国人民大会的总书记、常务委员会主任。作为北也门政治行动纲领，《民族宪章》规定了伊斯兰教是也门人民的思想、精神支柱，加强民族团结，实现南北也门的统一，实行政治民主和经济民主，实现社会公正等内容。如上这些机构的成立以及相关措施的实施，使得阿拉伯也门共和国逐渐具备了作为一个国家所应具备的组织机构体系。

在对外关系和国家主权方面，阿拉伯也门共和国成立后积极开展外交活动，争取国际社会的政治承认，仅三四个月，就有三十多个国家在外交上正式承认了阿拉伯也门共和国。"9·26革命"爆发次日，苏联就给予了正式的外交承认。两日后埃及宣布承认阿拉伯也门共和国，并于1962年11月同其签订了《共同防御协定》。1962年12月20日，美国在也门共和派保证尊重也门现有的国际义务，特别是1934年同英国签订的条约所规定的义务，保证也门与南阿拉伯联邦的边境现状，以及埃及必须从也门撤军等两项前提条件下，也承认了也门共和政府。1962年12月21日，联合国大会通过决议，接纳阿拉伯也门共和国为其会员国。[③]1963年3月，阿拉伯国家联盟接受阿拉伯也门共和国为其正式成员国。1970年3月，《吉达协议》签署后，7月沙特阿拉伯政府

---

① Robert D. Burrowes, State-Building and Political Construction in the Yemen Arab Republic, 1962-1977, in Peter J. Chelkowski and Robert J. Pranger, eds., *Ideology and Power in the Middle East: Studies in Honor of George Lenczowski* Durham, N.C.: Duke University Press, 1988, pp.210-238.

② 郭宝华：《中东国家通史：也门卷》，商务印书馆2004年版，第216页。

③ 1947年9月30日，联合国第九十二次全体会议通过108号决议，决定允许也门加入联合国为会员国。联合国108号决议中使用的是"也门"（Yemen）。阿拉伯也门共和国是否继承1947年已经加入联合国的"也门"的权利，还是另起炉灶，笔者没有在联合国大会决议的数据库中找到1962年阿拉伯也门共和国加入联合国的相关决议文本。

正式承认阿拉伯也门共和国，法国和英国也分别与 7 月 23 日和 29 日正式承认了阿拉伯也门共和国。

二、也门人民民主共和国

（一）历史发展

第二次世界大战后，西亚北非地区掀起了风起云涌的民族解放运动，南也门人民也展开了反对英国殖民统治的斗争。为了稳定南也门的政治局势，继续维持其在南也门地区的存在，英国调整了其殖民政策。1954 年，英国殖民当局提出了组建南阿拉伯联邦的方案。该方案规定英国高级官员为联邦主席，享有总督所享有的一切权力，负责联邦的外交与安全事务，并有权在紧急状况时采取任何必要的措施；设立一个由入帮各国首脑组成的最高委员会，处理联邦的政治问题和审批法令；成立以英国总顾问为首的行政委员会，负责联邦的日常行政工作；成立立法会议，由入帮各国代表和行政机构代表组成，负责审定行政委员会提交的法律法规。① 但该方案遭到了南也门民族主义者和许多酋长国、苏丹国的反对。1959 年 2 月，英国政府迫使几个酋长国和苏丹国的首领在其拟定的"南阿拉伯酋长国联邦"宪法上签字，南阿拉伯酋长国联邦宣告成立，同年 10 月联邦改名为"南阿拉伯联邦"。

英国殖民当局新的殖民统治措施不但没有缓解殖民当局与南也门民族独立运动势力之间的矛盾，反而进一步激化了南也门地区的民族独立运动。自 1953 年之后，南也门地区陆续出现了一些青年进步团体和民族主义政党，从事民族主义运动，其中代表性的组织是"阿拉伯民族主义者运动"，该组织提倡反对英国在南也门的殖民统治，号召为实现阿拉伯统一和也门统一而斗争，并在国际上得到了埃及的大力支持。1962 年，北也门"9·26 革命"的成功极大地鼓舞了南也门的民族主义运动者，北方共和政府成立之后也为南也门的民族主义运动提供了必要的支持。1963 年 8 月，阿拉伯民族主义者运动的代表、南也门其他反英地下民族主义组织及一些知识分子、下级军官和一些部落著名人士在北也门首都萨那成立"被占南也门民族解放阵线"（以下简称"民阵"），并确立了以武装斗争方式争取民族独立的路线。

1963 年 10 月，"民阵"领导南也门人民点燃了武装反抗英国统治的烈火，在埃及和北也门共和政府的支持下，南也门人民的武装力量迅速壮大。经过武

---

① 郭宝华：《中东国家通史：也门卷》，商务印书馆 2004 年版，第 234—244 页。

装斗争，最终迫使英国于 1967 年 11 月与"民阵"在日内瓦举行了谈判，缔结了协定。1967 年 11 月 30 日，南也门人民共和国宣告成立。同年 12 月 14 日，联合国大会第 1630 次会议通过决议①，南也门人民共和国加入了联合国。

（二）政治演进

南也门独立后，"民阵"成为执政党，"民阵"领袖卡坦·穆罕默德·沙比担任国家总统。沙比执政后主要依靠殖民势力创建的国家机构进行管理，也未对旧有的社会制度和生产关系进行根本的改造。1968 年 3 月，沙比政府颁布了《农业改革法》，该法案规定：常年灌溉的土地可占有 25 费丹（注：1 费丹约 6.3 亩），雨季灌溉的土地可占有 50 费丹。这样的土地改革政策实际上仍是允许大量的土地掌控在少数富裕阶层手中。沙比政府维持原有生产关系的社会政策最终导致了"民阵"内部发生了分歧。1968 年 3 月，"民阵"召开第四次代表大会，会上"民阵"发生分化，以阿卜杜勒·法塔赫·伊斯梅尔和萨利姆·鲁巴伊·阿里为首的改革派和以沙比为首的保守派发生分歧和对立，改革派主张在农村进行土地改革，推行"耕者有其田"的政策，在城市进行国有化，走社会主义道路，在外交上同苏联等社会主义国家结盟等。保守派则主张进行社会主义改造的步伐不宜过快，强调南也门应寻求西方的援助以解决财政困难，并坚持实施既不是资本主义也不是共产主义的社会主义。结果在本次大会上，改革派占据上风，大会决定南也门选择社会主义道路。

然而，会议结束之后，作为总统的沙比拒不执行大会决议，并对以伊斯梅尔和鲁巴伊为首的"民阵"左翼采取了一系列的打击措施，清除政府内的左翼分子，逮捕"民阵"左翼人士，并调集军队围攻左派掌握的人民卫队，使得部分左翼人士或避逃北也门或撤至山区。1969 年 6 月，鲁巴伊、伊斯梅尔等改革派联合内务部长海塞姆发动"纠偏运动"，推翻了沙比政权。随后，改革派对政权进行了改组，成立了国家最高政权机构——总统委员会，由鲁巴伊任主席，伊斯梅尔任"民阵"总书记，并对高级军官集团进行了清洗。

新的领导集团执政后，于 1969 年 11 月颁布了国有化法令，将金融、石油、海运、贸易等 36 家企业收归国有。1970 年，颁布了土地改革修正法案，将常年灌溉的土地个人拥有量的最高限额改为 20 费丹，雨季灌溉的土地个人拥有最高限额改为 40 费丹，并对收归国有的土地进行了再分配。此外，还颁布了几项

---

① 联合国大会决议数据库：http://daccess-dds-ny.un.org/doc/RESOLUTION/GEN/NR0/235/31/IMG/NR023531.pdf?OpenElement，2013 年 10 月 26 日访问。

社会改革法令,宣布男女平等,取消部落酋长等按照传统习惯所享有的一切特权。

1970年11月,南也门政权颁布了第一部宪法,同时将国名改为"也门人民民主共和国"。1971年3月,"民阵"召开第五次全国代表大会,通过了南也门民族民主革命阶段的纲领和"民阵"新章程,提出了走非资本主义道路,向社会主义过渡的任务。

1975年10月,"民阵"联合南也门政治舞台上的两个重要的进步组织——人民先锋党（南也门复兴党）和人民民主联盟（南也门共产党）召开三党统一大会,宣布成立"统一政治组织民族阵线",伊斯梅尔当选为总书记,鲁巴伊任副总书记。但随后,执政党内部围绕着国家的内政和外交路线等问题发生了严重分歧,鲁巴伊等温和派主张进行社会主义改造应循序渐进,对外则与海湾地区邻国特别是沙特阿拉伯、阿曼等国家改善关系,以创造一个良好的周边环境。而以伊斯梅尔为首的激进强硬派则主张遵循马克思列宁主义,快速推进南也门的社会经济变革,在对外方面则主张全面靠向苏联,反对与保守的阿拉伯国家对话。1977年12月,"民阵"六届八中全会决定成立一个新型的"先锋党",伊斯梅尔则利用这一时机开始打击和排挤鲁巴伊的势力。1978年6月24日,北也门总统加什米被刺杀,南也门领导层内部的分歧公开化,伊斯梅尔在苏联的支持下联合总理阿里·纳赛尔于26日发动政变,清除了以鲁巴伊为首的温和派。

清除掉鲁巴伊之后,阿里·纳赛尔担任总统委员会主席兼总理,而伊斯梅尔负责新党筹建工作。1978年10月11日,以原来的执政党——"民阵"为主体、包括南也门所有进步政治组织的也门社会党宣布成立,伊斯梅尔当选为总书记。大会通过的党纲宣布:"也门社会党是联合农民、其他劳动阶层人民和革命知识分子的也门工人阶级的先锋队","党的目标是实现对社会进行革命的改造,完成民族民主革命的各项任务,向社会主义建设过渡。为实现这一崇高的目标,党以科学社会主义理论为指导,并考虑南也门民族民主革命发展的本国特点"。[1]1978年10月底,新的国家最高权力机构和立法机构——最高人民委员会成立,并对宪法进行了修改。新宪法规定,也社党是国家的领导政党。同年12月,最高人民委员会选举主席团,伊斯梅尔当选为主席,成为国家元首,同时撤销了总统委员会,南也门的权力中心发生位移。

伊斯梅尔执政后推行对苏依赖一边倒和与保守的阿拉伯国家相对抗的激进政策,导致南也门与周边国家的关系十分紧张。1980年,纳赛尔总理联合也社

---

[1] 郭宝华:《中东国家通史:也门卷》,商务印书馆2004年版,第259页。

党政治局委员、国防部长安塔尔"逼宫",迫使伊斯梅尔下台。伊斯梅尔以"健康"原因辞职,远走苏联"疗养"之后,纳赛尔同时兼任也社党总书记、最高人民委员会主席和政府总理三职。他执政后,推行了比较温和而务实的政策,在内政方面,提出经济发展需要外国的投资,也包括西方的投资,赞成放弃集体化,尤其是农业部门放弃集体化的措施。外交方面,主张在继续与苏联保持战略联盟的同时,对周边阿拉伯国家和西方国家采取比较灵活的外交政策,改善与海湾国家之间的关系。纳赛尔的政策引起了党内强硬派的不满,加之其独掌权柄,党内矛盾又逐渐突出。1984年1月,纳赛尔和安塔尔之间再次发生争权夺利的斗争。在1985年10月召开的也社党"三大"上,也社党内部温和派与激进派之间的斗争达到了白热化程度,最后双方在人事布局上达成妥协,扩大了政治局的成员名额,由13人扩大到15人,从而暂时在表面上维持了也社党的团结,但是这并没有能够消解两派之间的矛盾。"三大"之后,双方的矛盾继续积累,最终导致两派在亚丁地区发生了大规模流血冲突。这场冲突从1986年1月13日开始,历时12天,致使1.2万人死亡,2万人受伤,数万人流离失所、无家可归。虽然激进派的领导人物安塔尔、伊斯梅尔等人丧身于这场内战,但激进派最终还是赢得了这场武装冲突的胜利,纳赛尔及其追随者数千人被迫逃亡北也门。

南也门内战结束后,领导层重新洗牌,前总理阿塔斯出任最高人民委员会主席,亚辛·努曼担任总理,阿里·萨利姆·比德担任也社党总书记一职。新政府为了稳定局势、巩固政权,采取了一系列的内政与外交措施,使南也门的政局逐渐趋向稳定。

三、南北也门比较

南北也门在政治、经济、社会的发展状态方面既具有一定的相异之处,也具有相当的共同点,这在相当程度上决定了南北也门实现国家统一的方式和道路。

(一)政治领域

北也门在内战结束后由共和派和君主派建立了联合政府,维持了多种政治势力与集团之间的平衡。对于保守的部族势力,中央政府的影响和控制能力十分微弱,中央政府的权力和政策也难以渗透、贯彻至地方。并且,中央政府的人事布局和运转以及政权的交替和变动,在很大程度上受到了部族势力的左右和控制,最后直到政治权力逐渐集中到军队、行政官僚以及部族势力均支持的萨利赫手中，通过萨利赫的铁腕统治，北也门才实现了政治上的稳定。

北也门通过的《民族宪章》虽然标榜实行立法、行政、司法三权分立的民主政治，但北也门政府不允许任何政党组织的存在，全国人民大会是其唯一的合法政治实体，而且北也门也不存在真正的立法机构。这些因素都影响了南北也门的统一进程。

南也门独立后，通过"民阵"（也社党）和国家机构的建设集中了国家的政治权力，依靠具有上下一致性的组织官僚体系，对社会势力进行了有效的控制。对旧有生产关系的社会主义改造也在一定程度上削弱了地方部族的势力，但是，南也门领导层内部的派系权力斗争一直存在，激进派和保守派、温和派与强硬派等派系间的分裂和流血冲突始终伴随着南也门的政治发展，并最终使得南也门政权逐渐丧失了民众的信任和支持。

南北也门在财政上都缺乏自立能力，没有外来援助，国政便难以运营，所有政策也难以贯彻和实施，因而南北也门的内外政策都在很大程度上受到了外部势力的影响；南北也门的所有政治权力都集中在少数的政客手中，在一个由众多的传统部族构成的碎片化的社会政治结构中出现的南北也门政权，其执政的合法性自然不足，因而均主要依靠个人关系网络和部族的忠诚维持着政权的运转和延续；无论是北也门还是南也门，其政治权力的交替过程均缺乏合法而稳定的程序或机制，因而并不是通过选举或其他制度性的机制有序地进行，而往往是通过暗杀或政变等手段而实现，这使得南北也门的相互政策缺乏继承性和一致性，受各自内部政治演进的影响，表现出相当程度的起伏、跳跃或反复的特征。

（二）经济领域

虽然北也门标榜资本主义的市场经济理念，但是在内战结束后，北也门政府面对着脆弱的民族经济，也借鉴了社会主义国家和一些阿拉伯国家有计划发展国民经济的经验和做法，制定了三年（1970—1973年）发展纲要。在此之后又连续实施了两个五年计划（1976/1977—1980/1981年）、（1980/1981—1985/1986年），有计划地发展了交通运输、农业、水电业和工矿业等基础产业。在农业领域，北也门政府还主导组建了农业合作社、农业公司以及示范农场等，其中的农业公司还带有多元投资的性质。因此，可以看到，尽管北也门宣布其崇尚和秉持资本主义市场经济理念，但在实际上，它的经济体制具有国有经济、集体经济与民营经济并存的混合经济体制的特点。

在生产关系方面，北也门政府并未触动部族势力支持的土地制度，60%—

70%的土地集中在以部落酋长为代表的大地主手中，农民拥有的土地仅占20%左右，封建性生产关系依旧存在于农村地区。

整体来看，北也门的经济基础十分薄弱，农业是其主要的产业支柱，占其国民收入的70%，90%以上的人口从事农业生产。北也门的财政收入主要来源于海湾地区阿拉伯产油国的外援和侨汇，这使其财政收支难以维持平衡，常常入不敷出，债台高筑，也使得北也门并不具有足够的财力来支撑其对国家统一的完全主导。

从整体上而言，南也门的经济基础也同样薄弱。20世纪80年代中期以前，南也门几乎没有工业生产，也没有矿业开采。在中部地区发现丰富的石油储藏之后，情况稍有改善。整个国家的财政收入主要来源于农业，包括水果、谷物、渔牧业等。发现石油后，原油出口也成为国家财政的部分来源。在南也门，唯一的规模工业是英国石油公司在亚丁的炼油厂。国家人均收入不足150美元，外国援助、借款以及在海湾国家工作的劳工的汇款（年均5亿美元）支撑着国家的经济发展。

南也门的最大城市是亚丁，人口达到了35万，除此之外，人口超过2万的只有穆卡拉、塞云、塔里姆等三个城镇，穆卡拉人口5万、塞云人口2.2万、塔里姆2.1万。南也门的农业人口达到2/3，多数集中在西部，但整个国家只有0.2%的土地可以得到灌溉，自然条件由此可见一斑。

南也门追求建立社会主义经济体制的理想，实行计划经济、推行土地改革和国有化。1969年11月，南也门政府颁布了国有化法令，将原属于英国、法国、美国和印度的36家金融、保险、石油、海运、贸易等企业收归国有。1970年，又颁布了土地改革修正法案，对长年灌溉土地和雨季灌溉土地的个人拥有量的最高限额做了规定，从酋长们手中没收的土地或被划拨给33个国家农场，或分配给农民。经过土地改革，虽然仍存在着一些私有农场，但农业用地和作物产量的大部分来自于土地改革时开始组建的合作社，这样的合作社在20世纪80年代中期达到了60个，成员为4万名。1971年，南也门又将一批民族资本和一般外商拥有的货船、旅馆、商店、电影院以及私人房产收归国有。1975年，收回了英资企业亚丁炼油厂。通过上述措施，南也门确立了国家在经济生活中的主宰地位。

从1971年起，南也门政府开始实施国家发展计划，经过三年发展（1971/1972—1973/1974年）的过渡，连续实施了两个五年计划（1974/1975—1978/1979年）、（1981/1982—1985/1986年）。经过两个五年计划的实施，南也门的经济有了一定的发展，人均收入在 1985 年达到了 500 美元。[①]但是，由于资源匮乏，南也门的经济，特别是在建设初期遇到了严峻的挑战，使其不得不寻求外援，当时的苏联、东欧和中国等社会主义国家成为南也门的主要外援来源国。由于客观条件的限制，南也门政府在推进国有化的过程中，没有也不可能做到100%的国有化，某些产业只进行了一半程度的国有化，其余则依靠民营经济运营。在贸易等领域，南也门政府甚至还允许成立私人与国家合资的混合贸易公司。

同北也门一样，南也门的财政状况同样难以为继，债台高筑。1976 年，南也门的国民生产总值只有 1.5 亿美元，而国家的对内债务则高达 5 240 万美元。1990 年对外债务更是高达 20.25 亿美元。

尽管南北也门所追求的经济理念不同，但由于政治环境、经济资源基础等条件的限制，尤其是投资资本的缺乏，南北也门的经济体制在实际上并没有太大的差异。[②]追求私有制和市场经济的北也门，面对脆弱的经济状况也不得不借助国家的主导力量推进民族经济的发展，而秉承社会主义理念的南也门因社会生产力低下，在推进国有化的进程中也不得不考虑客观社会条件的制约，在一定程度上允许民营经济的存在。南北也门在经济体制上的这种相似性，决定着在统一过程中双方将不会发生经济体制上的激烈碰撞。同时，如表 4-1 所示，尽管与南也门相比，北也门在经济总量上占据了明显的优势，但其经济总量仍只有数十亿美元。北也门借助区区数十亿美元的经济总量即能主导国家的统一，这也从另外一个角度反证了双方颇为相似的经济体制，对统一过程中极有可能发生的社会动荡的缓冲作用。

表4-1　南北也门GDP发展状况

（单位：亿美元）

	1970年	1971年	1972年	1973年	1974年	1975年	1976年	1977年	1978年	1979年	1980年
北也门	4	4.7	6.9	8.8	11.7	15.2	20	25.6	31.8	36.5	39.6
南也门	1.5	1.4	1.6	2.3	2.8	2.6	3.1	3.9	4.6	5.4	6.7
	1981年	1982年	1983年	1984年	1985年	1986年	1987年	1988年	1989年	1990年	
北也门	41.7	49.5	53.4	47.7	42	38.9	41.6	50.1	57.7	67.7	
南也门	7.6	9.3	10.2	10.8	10.7	9	10.2	10.7	10.2	9.6	

资料来源：http://unstats.un.org/unsd/snaama/dnlList.asp，2013 年 11 月 26 日访问。

[①] Jim Lewis, People's Democratic Republic of Yemen :straggle for survival, *Geography*, Vol.72, No. 4 October 1987, p.360.

[②] Sheila Carapico, The Economic Dimension of Yemeni Unity, *Middle East Report*, No. 184, New Orders : The Middle East in a Realigned World, Sep.–Oct., 199, pp.9-14.

（三）社会领域

根据 1990 年的统计，北也门的人口总数为 716 万，其中 90% 的居民为阿拉伯人，非裔阿拉伯占 10%。全体居民均信仰伊斯兰教，逊尼派和什叶派各占 50%。1970 年宪法的第 2 条和第 3 条明文将伊斯兰教规定为国教，将伊斯兰教义规定为一切法律的源泉。[①]

在北也门，尽管"9·26 革命"带有自由主义倾向，但共和派始终未能对也门的保守势力——君主派完成摧毁性的打击，长达八年之久的内战的结果是两派的妥协和联合政府的建立。这种政治结构使得北也门政府不可能对也门社会进行革命性的根本改造，其原有的思想和价值体系基本没有受到冲击而得以延续，而且内部部族之间的对立因为被政治化，而成为影响北也门政治社会统合（integration）的一大障碍因素。

1990 年，南也门人口总数为 258.4 万，其中阿拉伯人占 75%、印度人占 11%、索马里人占 8%。在宗教信仰上，信仰逊尼教的穆斯林占 91%、基督教民 4%、信仰印度教的占 3.5%。相对而言，社会人口和文化结构上，南也门比北也门更加多元。

在南也门走上社会主义道路之后，虽然对传统的社会秩序进行了改造，推翻了传统的支配阶级和阶层，执政党也声称以科学社会主义理论为指导，但 258 万居民中有 90% 的居民信仰伊斯兰教。由于南也门社会民众保守的价值取向，南也门政府和执政党也不得不表示南也门革命的原则、宗旨和精神与伊斯兰教是完全一致的。1970 年，南也门宪法第 47 条明文将伊斯兰教定为国教[②]，随后于 1974 年在临时宪法中又进一步将伊斯兰教法规定为一切法律的源泉。

尽管南北也门在社会政治经济制度的主观选择上各异，尽管南也门对传统的社会结构和秩序进行了一定程度的颠覆、解构和重建，但实际上由于各种原因，它对社会的改造程度十分有限，马克思列宁主义这一南也门政府所推崇的国家意识形态并未成为南也门居民的主流价值思想，除在男女平等、提倡妇女解放这一方面之外，南北也门居民的生活方式在实际上并不存在太大的差异。这种社会状况，使得也门在统一过程中大大降低了社会民众因宗教信仰的分化和意识形态的不同而发生激烈的社会冲突的可能性。

---

① CONSTITUTION OF THE YEMEN ARAB REPUBLIC.1970.
② CONSTITUTION OF THE PEOPLE'S DEMOCRATIC REPUBLIC OF YEMEN.(1971 as amended October 31，1978)

第三节　也门的统一过程

一、统一政策

也门曾经是一个统一的国家,生活在南北也门的人民具有共同的历史、共同的文化、共同的语言、共同的宗教和共同的风俗习惯,这使得他们具有共同的民族情感和共同的民族认同。只是因为外部势力的入侵,才导致了分裂局面的最终形成。阿拉伯也门共和国建立之后的数年内处于内战状态,而同时期的南也门仍处于英国的殖民统治之下,因此推进民族走向统一的进程难以启动。南也门独立、也门人民民主共和国建立后,阿拉伯也门共和国也结束了内战,国家和民族的统一问题开始提上各自的日程。南北也门双方都将实现民族统一的目标记入了各自的宪法。南也门宪法在序言中写道:"所有这一切证明,尽管也门的土地和人民处于这种人为的暂时分裂状态,但两个也门内的斗争是辩证地联系在一个统一的整体中,不但反对帝国主义和背叛祖国的反动派,而且也是为了摆脱分裂、重建自然状态下的民主统一之也门。"[①] 北也门宪法的序言中也写道:"我们应当以任何可能的方法重获也门的统一性,以抗拒目的在于阻碍或分裂这种统一性的外国的影响。"而宪法的第5条则明确规定:"也门是一个不可分割的整体,应该努力实现也门的统一,这是每一个公民神圣的义务。"[②]

南北也门建立后,分别加入了联合国和一些国际组织,并同一些国家建立了正式的外交关系,成为国际社会的成员,成为拥有主权的独立国家。在主权问题上南北也门并不是相互排斥的关系,双方的政治精英也都给予了正视和认可。也正是这一点,使得南北也门能够在独立后不久即在一个平等的基础上,将民族统一问题提上双方的议事日程,并在双方最高领导人的亲自参与和主导下推进统一进程。

然而,由于南北也门均不具有以武力实现国家统一所必需的军事力量,而且任何一方也均不具备完全主导实现国家统一的经济力量,因此通过平等协商实现统一成为南北也门的现实选择。因为南北也门在社会经济体制、经济结构上的相似性,更由于南北也门居民生活方式以及社会文化和社会心理上的同质

---

① CONSTITUTION OF THE PEOPLE'S DEMOCRATIC REPUBLIC OF YEMEN.(1971 as amended October 31, 1978)

② CONSTITUTION OF THE YEMEN ARAB REPUBLIC. (1970)

性在相当程度上得到了保持,所以南北也门具有依据政治领导者的决断即可较为容易地推进民族统一进程的条件。在统一的协商过程中,双方最高领导人以亲自参与的方式自上而下地推动民族统一的进程,是也门统一过程的一个重要特征。但是,由于南北也门在和平共存期间没有能够排除相互间的不信任,同时,由于北也门部族势力的干扰和南也门领导阶层的分歧以及外部势力的介入等因素的影响,南北也门为实现民族统一而进行的协商,长期处于走走停停的状态,统一进程也经历了一个跌宕起伏的艰难过程。

二、协商过程

(一)第一阶段的协商(1972—1978年)

1970年7月,北也门共和派与君主派实现了和解,北也门政局趋于稳定,南北也门开始接触探讨民族统一问题。1970年11月25—26日,南也门总统委员会主席鲁巴伊与北也门共和委员会主席埃里尼亚在北也门的塔兹举行会晤,双方达成了第一份关于也门统一问题的协议。《塔兹协议》确认南北也门将组成一个各自享有主权的邦联国家。双方发表公报表示将组建联合委员会以研究包括共同的货币、关税以及工业和银行领域的合作在内的经济和其他问题。[1]但由于双方各自不同的发展道路,北也门推行自由经济政策,维持了农村地区的封建生产关系,并同美、英等西方大国建立了外交关系;而南也门则实行了国有化的改造,加强了同苏联、民主德国及中国等社会主义国家的关系,断绝或冻结了与美、英等国的外交关系。这些因素使得《塔兹协议》没有能够得到落实,进而也使得两国的统一谈判进程中断。此后,双方开始支持对方的反对派进行颠覆活动。而同时,双方还发生了领土纠纷,边境地区冲突事件不断,直至1972年2月双方在国境地区爆发了第一次大规模的武力冲突。然而,双方中任何一方都不具备能够以武力手段实现民族统一的军事力量,因而尽管发生战事,也没有哪一方能够趁机以武力方式完成国家的统一。

为了制止南北也门之间的流血冲突,1972年9月13日,阿拉伯国家联盟理事会组成了一个由阿尔及利亚、埃及、利比亚等五国组成的调解委员会。经过阿盟调解委员会的调解,南北也门政府代表团于1972年10月13日在开罗

---

[1] Border Clashes between North and South Yemen. - Earlier Unrest. Agreement on Unification of the Two Yemeni States, *Keesing's Record of World Events*, Volume 19, January, 1973. http://www.stanford.edu/group/tomzgroup/pmwiki/uploads/1104-1973-01-KS-a-IEM.pdf, 2013年11月16日访问。

进行了谈判。10月19日,双方总理通过电话联系达成停火和停止宣传战的协议之后,又于10月26日举行了会谈。会谈中,双方认为解决现存问题的根本办法是将也门大地上的南北两个政治实体融为一体,实现民族的统一。在这种共识的基础上,经过协商,双方于1972年10月28日签订了《开罗协议》。

相对于《塔兹协议》,《开罗协议》对统一方案的设计十分具体而清晰,对统一的形式、实现统一的途径和步骤都做了明确的规定。《开罗协议》共计15条,主要内容包括以下几个方面:[①]

(1)统一体(unity)将在两个国家之间即阿拉伯也门共和国和也门人民民主共和国建立。在此过程中两国的国际人格将合并为一个国际人格和一个统一的也门国家的存在。

(2)新的国家将有一个国旗和国徽、一个首都、一个领导和单一的立法、行政、司法机构。

(3)新国家的政府将是共和的、民族的和民主的。

(4)作为走向统一的第一阶段,将采取必要的措施举行两个国家总统间的首脑会议,以考虑为完成统一而在目前的必要措施。首脑会议的举行日期由两国政府总理协商而定。

(5)两个国家的首脑会议将建立由两国数额相等的代表组成的专家委员会,以负责存在于两国内的组织(结构)和立法的统一事宜。规定赋予专家委员会的工作最长在一年内完成,起始日为本协议签署之日。两国的总统将各自选择一位个人代表。两位代表负责监督专家委员会的工作。

(6)联合专家委员会将由两个国家的高级代表和专家组成。委员会有权组建下属委员会协助其工作。这些委员会将包括:①宪法事务委员会,负责宪法草案的起草;②对外事务委员会,负责两国外交政策的统一,规划新国家的对外政策;③财经事务委员会,负责经济事务、关税、经济发展以及统一的货币机构和国家的预算;④立法和司法事务委员会,负责立法的统一和规划统一后的审判机构;⑤教育文化和信息事务委员会;⑥卫生事务委员会;⑦军事事务委员会,负责国防、军队及其统一事务;⑧行政与公共事务委员会。

(7)宪法事务委员会完成宪法草案的起草之后,将宪法草案提交至两国的立法机构按照各自的宪法予以批准。两国的总统将委托各自的立法机构在宪法草案批准后六个月之内对宪法草案实施全民公决,统一的宪法经全民公决后,

---

① The Cairo Agreement, http://www.al-bab.com/yemen/unity/unif1.htm,2013年11月6日访问。

两国的议会机构立即解散，并根据新宪法的规定为新国家选举统一的立法机构，建立新的国家。

作为落实《开罗协议》的措施，受利比亚革命委员会主席卡扎菲的邀请，1972年11月26—28日，南北也门元首鲁巴伊和埃里亚尼在利比亚首都的黎波里举行了会晤，双方签署了《的黎波里宣言》。该宣言的主要内容包括以下几个方面：[①]

（1）也门的阿拉伯人民将建立一个名称为也门共和国的单一国家；

（2）也门的国旗将具有红、白、黑三种颜色；

（3）首都设在萨那；

（4）伊斯兰教为国教，伊斯兰教义为立法的主要来源；

（5）国家将致力于阿拉伯伊斯兰风格的社会主义和社会公正的实现。公共财产属于人民，以作为社会发展的基础；

（6）也门共和国政府的组织是民族和民主的；

（7）建立一个包括所有劳动人民阶层的统一政治组织。

另外，本次元首会晤还完成了八个联合专家委员会的组建工作。宪法事务委员会成员16名，对外事务委员会成员6名，财经事务委员会成员20名，立法和司法事务委员会成员14名，教育文化和信息事务委员会成员20名，卫生事务委员会成员6名，军事事务委员会成员14名，行政与公共事务委员会成员16名。同时，两国还邀请卡扎菲指派一名代表参与南北也门元首的两名个人代表的工作，请求阿盟也派代表参加各联合委员会的工作，并指派一名个人代表常驻也门协助三位领导人代表的工作。

《开罗协议》和《的黎波里宣言》的签署和发表，对推进两国关系的良好发展和民族统一的进程具有重要的意义，是指导两国统一的纲领性文件。1973年9月，南北也门首脑发表联合公报，宣布停止对对方反政府组织的支持，关闭设在各地的反政府武装训练基地，限制它们反对对方政府的活动，这些措施进一步促进了双方关系的改善。然而，保守的北也门部族势力害怕统一后的新国家将推行民主改革措施触及他们的利益。沙特阿拉伯也感到一个统一的也门会使它在海湾地区及阿拉伯世界的影响力下降。在沙特的支持下，北也门的部族势力不断向当政的艾理亚尼施加压力，干扰南北也门的和解和统一进程，并使

---

① JOINT COMMUNIQUE OF THE YEMENI SUMMIT MEETING HELD IN TRIPOLI DURING THE PERIOD 21-23 SHAWWAL A.H.1392（26-28 NOVEMBER A.D.1972）Treaties and international agreements registered of filed and recorded with the Secretariat of the United Nations, Volume 2388, 2006, pp.237-242.

得南北也门的关系又趋于紧张,联合专家委员会的工作随之中断,由《开罗协议》和《的黎波里宣言》推动的统一进程受挫。①

1974年6月,哈姆迪执掌北也门政权后,在处理南北关系问题上采取了积极的措施,单方面停止了针对南方的宣传战,并呼吁为了南北也门实现真正的统一进行和平对话。同时,南也门领导人鲁巴伊也主张推进民族统一进程。南北也门的关系出现好转。1974年10月,第七次阿盟首脑会议在摩洛哥举行,会议期间,南北也门首脑鲁巴伊和哈姆迪相互承诺,彼此终止对对方反对派的支持,并希望在也门的土地上正式举行首脑会晤,商讨民族统一问题。

1977年2月26日,南北也门首脑鲁巴伊和哈姆迪在北也门边境城市卡塔巴会晤,双方一致同意从加强两国的经济、贸易、工农业合作和发展方面入手,促进双边关系。双方同意成立以两国元首为首的最高委员会,成员包括两国的国防、外交、经济、计划部门负责人。该委员会的宗旨是:

(1) 协调双方的外交政策,在制定关于红海安全的阿拉伯战略时采取统一立场;

(2) 恢复和促进各联合委员会的工作;

(3) 监督、指导南北双方在经贸和工农业发展方面的协调工作。

同时,双方还在外交和教育方面达成两项合作协议:一是,在只存在南北一方使馆的国家中,双方外交机构可互相代表;二是,出版一部统一的"也门历史"教科书,供双方学校使用。②

卡塔巴会晤后,两国合作关系进一步加强。但是,1977年10月11日,北也门领导人哈姆迪在准备动身前往南也门亚丁出席纪念"10·14"革命胜利10周年的活动,并讨论统一方案前夕,遭到暗杀。继任的加什米迫于国内部族势力和沙特的压力,采取了保守的政策,逐渐放弃了统一计划,并加强了与沙特的合作,导致南北关系恶化。

1978年6月24日,北也门领导人加什米在接见南也门特使时,特使提包发生爆炸,加什米被炸身亡。两天后,南也门发生军事政变,以"民阵"总书记伊斯梅尔为首的亲苏强硬派在苏联的支持下战胜了以鲁巴伊为首的温和派而上台。强硬派上台后,大力推行与阿拉伯半岛国家相对抗的激进路线和绝对依靠苏联的一边倒政策。由于双方加大了对对方反政府组织的支持力度,导致双方矛盾尖锐,关系进一步紧张,最终导致南北也门之间的第二次大规模边境战争于1979年2月20日爆发。

---

① 郭宝华:《中东国家通史:也门卷》,商务印书馆2004年版,第279页。
② 郭宝华:《中东国家通史:也门卷》,商务印书馆2004年版,第280页。

（二）第二阶段的协商（1979—1985 年）

南北也门第二次边境战争的爆发再度引起阿拉伯国家的关注，1979 年 2 月 28 日，叙利亚、伊拉克、约旦等三国派出了代表团进行调解和斡旋。随后，阿盟也于 3 月 4—6 日在科威特举行紧急外长会议，讨论制止南北也门的流血冲突问题。会议作出决议要求南北也门立即停火，在 10 日内将各自的军队撤回各自边界之内，呼吁举行双方首脑会晤，讨论恢复双边关系正常化以及实施《开罗协议》、《的黎波里宣言》和实现民族统一的问题。①

在阿盟的介入下，1979 年 3 月 28 日，北也门总统萨利赫和南也门最高人民委员会主席伊斯梅尔在科威特会晤，经过三天的讨论，双方签署了《科威特协议》。协议规定：

（1）宪法事务委员会在四个月之内拟订出统一国家宪法草案，然后两国首脑举行会晤，同意宪法草案后，提交各方议会批准；

（2）成立一个部长级委员会，负责对宪法草案进行公民投票以及选举新国家的统一立法机构，公民投票时间为该委员会成立后六个月内；

（3）两国元首确认将全面遵守《开罗协议》和《的黎波里宣言》，以及阿盟理事会的决议。②

《科威特协议》的重要意义在于不但确认了对也门统一进程中两个重要文件——《开罗协议》和《的黎波里宣言》的承认和尊重，使得南北也门的统一进程没有因为边境战争的爆发而彻底中断，而且还为统一宪法草案的拟订和公投定下了时间表。《科威特协定》签署后，南北也门的关系得到了一定程度的改善，各联合技术委员会的工作也逐步得以恢复。但由于两国政府仍旧与对方的反对派保持着密切的联系，并继续给予一定的物质支持，在一定程度上影响了统一进程的发展。

进入 20 世纪 80 年代以后，南北也门相互之间的政策和彼此的统一政策都进行了一定程度的调整，双方进一步采取措施加快推进了双边关系的发展。1980 年 4 月，在南也门，以阿里·纳赛尔为首的温和派上台，取代了伊斯梅尔等强硬派。温和派上台执政后，在继续与苏联保持战略联盟关系的同时，也注意改善与周边阿拉伯国家的关系，采取了较为灵活的外交政策，并减少了对北也门反政府组织——民族民主阵线的支持。

1980 年 5 月 6 日，纳赛尔邀请北也门总理艾尼访问亚丁，商讨民族的和平

---

① 郭宝华：《中东国家通史：也门卷》，商务印书馆 2004 年版，第 282 页。
② 郭宝华：《中东国家通史：也门卷》，商务印书馆 2004 年版，第 283 页。

统一问题。双方签订了包括组建海运、陆运、旅游联合专业公司等内容的经济、文化合作协议。① 随后，6月13日纳赛尔访问萨那，同萨利赫总统举行首脑会晤，探讨了在国际和安全方面的合作，并达成了协议。协议规定：

（1）双方合作加强南北也门的安全与稳定；

（2）不支持反对"9·26革命"和"10·14革命"及损害国家主权、民主、进步的任何政治、军事、宣传活动，撤走双方在边境地区的作战部队，由普通的警察部队或双方同意的象征性军队取而代之；

（3）制订保卫也门领土、维护国家主权的计划，南也门国防部长与北也门武装部队总参谋长协商确定军队的驻扎地点；

（4）双方同意首脑会晤机制化，规定每4个月举行一次首脑会晤，以研究各种统一协议和决定的执行情况。②

1981年12月，南北也门组成了以双方元首纳赛尔和萨利赫为首的最高委员会和联合内阁委员会，以加强对南北合作和统一问题的指导工作。12月30日，完成了几近十年的统一国家宪法的起草工作。该宪法草案共136条，基本遵循了1972年南北也门《开罗协议》的制宪思路。1982年1月9日，南北双方领导人同意了该宪法草案。但是，由于南北双方均不具备建制完善的议会机构，按规定通过宪法草案的工作迟迟难以启动。从此以后，伴随着北也门反政府武装问题的解决和萨利赫政权的巩固，南北也门的关系渐趋稳定。1982—1985年，南北也门部长级高层人士互访频繁，最高委员会和联合委员会定期举行会议，各专门委员会也保持着良好的运行状态，双方在外交、内务、公民相互往来、经济、文化等领域达成了一系列加强合作的协议。1983年5月和8月，双方先后达成了建立联合内务部及联合外交部的协议，还签署了简化两国公民相互往来手续的协议。根据相关协议，两国公民只需携带个人身份证，填写两张表格，便可出入南北边境。在工矿领域，双方达成关于勘探自然资源和在南北之间建设高压送电工程等联合项目的协议；在农业领域，双方决定统一农业科研计划，建立农产品联合营销机构和联合捕捞组；在商业领域，为活跃双边贸易，双方决定在对方首都开设外贸分公司，为他方在本国推销商品提供方便，并取消贸易关税；在教育文化方面，1984年1月，联合教育委员会制定了统一的小学一至六年级教学大纲，修订了统一的小学五六年级的历史课本，供双方学校使用；加强了在广播电视领域的合作，联合录制广播电视节目；建立联合卫生院，消

---

① 郭宝华：《中东国家通史：也门卷》，商务印书馆2004年版，第284页。
② 郭宝华：《中东国家通史：也门卷》，商务印书馆2004年版，第284页。

灭传染病；为发展南北联合企业，双方还计划筹建也门基金会，资助联合项目，扶植联营企业等。

这一时期，北也门总统萨利赫通过军事和政治手段，解决了反政府武装组织的问题，使得其政权日益巩固，北也门政治趋于稳定，并实现了经济上的增长。但南也门的阿里·纳赛尔政权却没有能够恢复趋于停滞的经济。1985年年底，南也门领导层内部权力斗争日趋激烈。1986年1月13日，以阿里·纳赛尔为首的温和派被以伊斯梅尔为首的强硬派战败，纳赛尔及其支持者败走北也门，南也门党和军队内部的强硬派上台。纳赛尔逃亡北也门后，仍以南也门领导人的名义对外活动，并得到了北也门和沙特的支持，这又使得南北也门的关系急剧恶化，统一进程也随之中断。

（三）第三阶段的协商（1986—1990年）

随着南也门新政权的巩固，萨利赫及时调整了政策，在不放弃对纳赛尔有限支持的情况下，主张通过对话解决南北存在的问题，并拒绝了美国和沙特提出的支持纳赛尔以北也门为基地与南也门武装对抗的方案。南也门政府出于摆脱经济困难和政局不稳局面的考虑，也希望改善与北也门的关系。在这种背景下，双方于1986年6月下旬又启动了正式的接触。1986年6月24—27日，南也门副总理兼内政部长西利率团访问北也门，双方开始就南方北逃人员的遣返问题进行谈判。尽管谈判没有取得实质性结果，但对话与和谈的大门再次被打开。

1987年9月和10月，南也门社会党总书记比德和国家主席阿塔斯先后访问了北也门，同萨利赫总统举行了高级会谈。1988年5月3—4日，南北也门最高领导人在萨那会晤，双方总理签署了《边境协议》，最高元首签署了《萨那协议》。

《边境协议》规定：

（1）拆除双方在边境地区现存的所有界桩，代之以联合界桩；

（2）两国的公民持身份证可自由通过边境；

（3）双方的内务部负责起草具体步骤，以使上述措施尽早实施（注：北也门的版本另加了"不超过两个月"时间限定）；

（4）双方政府应寻求国际和国内的财政支持，以开通连接双方的四条道路。①

《边境协议》签署之后不到两个月的时间，从1988年7月1日起，双方的公民就享有了持身份证自由过境，在对方境内寻找工作的自由。这一措施实际上已经使南北也门实现了在社会民众层次上的统一，极大地促进了整体统一进

---

① Border agreement, http://www.al-bab.com/yemen/unity/unif4.htm, 2014年1月6日访问。

程的加快。

《萨那协议》共有六条，而其中的第 5 条对双方在经济领域的统合作出了重要的规定：[①]

（1）继续推进统一措施和先前也门的两个部分在各领域达成的协议，重启也门最高委员会、联合部长委员会以及两个也门的联合委员会；

（2）使最高委员会秘书快速完成上次塔兹会议赋予他的任务，为统一国家的宪法草案准备时间表，并将其提交至双方的人民议会以便使之进行与双方的统一协议相一致的民众公决；

（3）如果委员会在尽可能短的时间内完成其工作，本着真实的履行目的和作为联合主义者的过渡性措施，重启《的黎波里宣言》第 9 条规定的统一的政治机构，直到双方就统一的政治行动达成一个与双方的协议相一致的共同概念（joint concept）；

（4）也门两个部分的领导进一步努力，控制和处理令人遗憾的 1986 年 "1·13 事件"，通过所有可能的方法，共同合作，加强也门两个部分的安全与稳定；

（5）鉴于祖国两个部分之间经济统合（integration）的重要性，为了发展和繁荣统一后祖国的经济活动，在完成自然资源合作投资事业的相关措施之后，达成如下协议：

①在位于边境的马里卜和夏卜瓦地区之间的 2 200 平方公里区域内建立一个合作投资公司；

②一个联合测绘委员会将负责合作投资公司所在区域的划定工作；

③双方的驻军从该区域撤出。双方将遵守和履行双方的参谋长于 1985 年 1 月 19 日达成的备忘事项；

④双方的石油部将采取一切必要的措施（包括投资、技术、财政、行政管理以及其他措施）以推进这项计划的实施。

《边境协议》和《萨那协议》签署后，南也门主管内政和石油矿产资源的两位副总理于 1988 年 6 月相继访问北也门，就实施两国元首会晤时达成的协议进行磋商，并制定了具体的协议和实施细则。

1989 年，南北也门统一进程进一步加快。1989 年 3 月 21—23 日，联合内阁委员会举行第四次会议，成立了负责制定统一国家政治体制的统一政治组织委员会，并要求各联合委员会在两个月内完成各自任务。1989 年 10 月，双方开始磋商两国的统一形式。北也门倾向在联邦的构架内与南方统一，而南也门

---

① The Sana'a agreement, http://www.al-bab.com/yemen/unity/unif3.htm, 2014 年 1 月 6 日访问。

则主张统一的第一阶段在邦联的框架内进行，起初基本保持两个独立的政府、两个独立的政治组织，然后逐步向最后的统一过渡。最后经过协商，邦联的方式被采纳。①1989 年 11 月 30 日，北也门总统萨利赫访问亚丁，与也社党总书记比德就统一问题进行了协商，双方签署了《亚丁首脑协议》。该协议规定：②

（1）双方同意和批准了 1981 年 12 月制定的统一宪法草案，双方同意将该草案提交至祖国两个部分的协商议会和人民议会，依照各自的宪法体系在六个月内通过；

（2）双方的领导人从各自的立法机构获得授权以组织宪法草案的公民表决以及根据新宪法而成立的新国家统一立法机构的选举；

（3）为了上述各项措施的实施，双方的总统将组建联合内阁委员会，其成员包括两个内务部长以监督这一过程。从宪法草案被立法机构批准之日起六个月之内，该委员会将拥有一切必要的权力以履行其任务；

（4）双方的总统将邀请阿盟委派两名代表参与委员会的工作；

（5）为完成履行 1988 年 5 月协议的各项措施，包括启动也门最高委员会、联合内阁委员会和统一委员会，履行 1989 年 3 月 12—23 日在萨那举行的联合内阁委员会第一次会议的决定，由联合统一委员会在两个月内完成各项工作；

（6）保证统一政治组织委员会在两个月之内快速完成其自第一次会议启动的工作，为准备单一国家根据单一宪法草案而启动的包括加强政治运行的民主路径在内的将来的政治运行。

《亚丁首脑协议》的最大特点是为各项工作的完成规定了时间表。在此之后，南北也门首脑又进行了多次接触，解决了一些具体的细节问题，统一进程不断向前推进。1990 年 4 月 19—22 日，南北也门党、政、军、议会等主要负责人在萨那举行会议，达成了《宣布建立也门共和国及过渡时期组织机构的协议》，即《萨那协定》。

该协定规定：③

（1）在阿拉伯也门共和国和也门人民民主共和国之间将诞生一个完全的统一体，两个国民认同（national identity）将融合为一个单一的、称之为也门共和国（the Republic of Yemen）的国民认同。也门共和国将拥有单一的立法、

---

① 郭宝华：《中东国家通史：也门卷》，商务印书馆 2004 年版，第 290-291 页。
② The Aden summit agreement, http://www.al-bab.com/yemen/unity/unif5.htm, 2014 年 1 月 6 日访问。
③ The Sana'a Accord, http://www.al-bab.com/yemen/unity/unif6.htm, 2014 年 1 月 8 日访问。

行政、司法机构。

（2）本协议得到履行后，也门共和国将在过渡期内组建一个总统委员会，总统委员会由五人组成，经双方议会联席会议选举产生，并在第一次会议上选举产生主席和副主席。

（3）过渡期限定为自本协定履行之日起的两年六个月。在此期间，议院将由南北议会的全体成员和总统委员会任命的31名成员组成。议院将实施宪法赋予其的所有权力，不仅仅是选举总统委员会和修改宪法。不论出于任何原因，议院的职位出现空缺，总统委员会将以任命方式补缺。

（4）总统委员会第一次会议将发布法令，组建45人的咨询委员会，并确定该委员会的职能。

（5）总统委员会将组建也门共和国政府，共和国政府将获得宪法赋予的一切权力。

（6）总统委员会在其第一次会议上将指定一个技术小组就也门共和国政府的职位安排提出复审意见以保证国家统一的加强和消除分离的效果。

（7）总统委员会被赋予就共和国的国徽、国旗和国歌发布具有法律效力的法令的权力。总统委员会将被委托在其第一次会议作出决定召集议会会议，以使其解决如下问题：

①批准总统委员会颁布的法令；

②根据政府的陈述授予政府以议会的信任；

③使总统委员会担负起在1990年11月20日之前将宪法提交全民公决的职责；

④颁布总统委员会提交的基础性法律。

（8）本协定将在其被批准和双方议会批准也门共和国宪法草案之后生效。

（9）本协定将适用于整个过渡期，也门共和国宪法的规定在过渡期一旦批准立即生效。

（10）本协定及也门共和国宪法被双方议会的批准，即意味着先前两国国家宪法的废除。

《萨那协定》签署一个月之后的1990年5月21日，南北也门议会批准了统一宪法草案和《萨那协定》。5月22日，南北也门双方议会在亚丁举行联席会议，选举国家最高权力机构。大会选举北也门总统萨利赫和南也门社会党总书记比德等五人组成总统委员会。随后，该委员会举行首次会议，选举萨利赫为总统委员会主席，比德为副主席，任命南也门国家主席阿塔斯为过渡政府总理,将萨那确定为统一国家的政治首都,亚丁为统一国家的经济首都。同日,萨利赫在亚丁宣布也门共和国诞生。南北也门在法律上初步实现了国家和民族的统一。

第四节　统一方式及其问题

一、政治领域

(一)"1+1"式机构统合方式

按照《萨那协定》等相关协议组成的过渡政权,实际上是由原北也门执政党——全国人大和原南也门执政党——也门社会党组成的两党联合政权。过渡政权的权力分配基本遵循了南北平衡的原则,由五人组成的总统委员会中,北方人士三人、南方人士两人。总统、副总统、过渡议会副议长为北方人,副总统、总理、过渡议会议长为南方人。政府各部正副部长也按此模式均衡分配。

因此,南北也门政治领域的统一是按"1+1"这种统合的方式进行的。这种政治统合方式暂时维持了南北双方政治精英阶层的既得利益,回避了统一过程中最为敏感的权力得失问题,避免或减少了统一过程中因个人政治社会地位的变迁有可能引发的对国家统一的反对和阻挠,降低了社会的震荡程度。但是,由于南北也门政府组织的机械性合并,不但使得统一后政府组织机构庞大重叠,而且还因为南北政府各自原有的组织体系得以保留,原有组织体系中的权力秩序、层级结构以及运作机制均未受到太大的触动,从而使得统一后也门的政府组织机构运行缺乏一致性,甚至相互冲抵,历经磨合,始终难以融为一体。

(二)"政治膨胀"与权力斗争

也门统一后,执政两党制定了以推进民主化改革作为巩固和维护国家统一,促进国家复兴的战略,发起了政治民主化改革运动。1991年5月,全民公决通过了统一国家的宪法,自由组党结社和公开表达的言论自由得到了宪法的保障。在这种背景下,也门的各种政治势力为了谋求合法的政治地位和政治利益,纷纷组织政党,一时间形形色色的政党组织如雨后春笋,很快即多达数十个。在这政党林立、"政治膨胀"的政治格局中,全国人大、也社党以及改革集团是最为主要的政党组织。全国人大和也社党分别是统一前北方和南方的执政党,统一后联合执政。而改革集团则是以北方为基地、具有原教旨主义倾向的传统伊斯兰政党，其成员主要来自穆斯林兄弟会、北方的大部落以及持保守倾向的穆斯林工商业者。统一后改革集团的迅速崛起，对全国人大和也社党两党联合执政的政治格局带来巨大的影响和挑战。

两党联合政府只是一个过渡政权，是临时性的。为了赢得过渡期结束后的议会大选，全国人大和也社党明争暗斗，争相扩大自己的势力范围。全国人大以北方为基地，迅速向南方扩展，在南部各省建立分部，扩大影响。但是，与全国人大在南方的迅速扩张相比，也社党在也门北部地区的发展并不顺利，遭到了部族势力和伊斯兰保守组织的抵制。由于也社党的社会支持基础主要在南方，而南方居民人口只为北方的 1/4，也社党担心在未来的全国议会选举中失利，于是也社党在 1992 年年初向全国人大提出了推迟选举时间，延长过渡期和在议会中也社党议员比例与全国人大持平的要求，但遭到全国人大的拒绝。围绕着未来的议会选举而进行的党派间的明争暗斗不仅愈演愈烈，而且 1992 年年初以后在萨那及其他地区接二连三地发生了针对也门社会党领导人、高级军官以及议员候选人的政治谋杀事件。也社党与全国人大之间的矛盾进一步激化，1992 年 8 月，出于安全和其他问题的考虑，也社党领导层不辞而别，返回南方的亚丁，执政两党的第一次合作危机爆发。

执政两党合作危机发生后，政府各部门工作难以正常开展，最高选举委员会的工作也被迫停滞，给也门的政治、经济和社会生活造成了相当大的影响。1992 年 9 月中旬，也门各界爱国人士联合二十多个政党组织、四十多个行业联合会与社会名流联合发起并召开了一次民族大会，大会通过了《政治行为誓约》，要求全国人大和也社党以民族利益为重，举行和谈。在这种背景下，1992 年 10 月中旬，萨利赫和比德会晤，达成了和解协议。1992 年 11 月初，比德返回萨那工作，两党联合执政的第一次危机结束。

尽管统一政府曾经约定经过两年半的过渡期后于 1992 年 11 月之前实施选举，组织新政府，但由于政治危机的影响，总统委员会决定将议会选举时间推迟到 1993 年 4 月末进行。1992 年年底前后，最高选举委员会完成了 301 个选区的划定工作，并为选民和候选人登记确立了工作程序。1993 年年初，270 万成人（包括 77% 的合格男性和 15% 的合格女性）进行了选民登记，进行登记的候选人共有 4 800 人，其中大部分为独立候选人。[1]1993 年 4 月 27—29 日，统一后的也门举行了第一次议会选举，全国人大获 123 席、也社党获 57 席、

---

[1] Sheila Carapico, Elections and Mass Politics in Yemen, *Middle East Report*, No.185, Despots and Democrats Political Change in Arabia, Nov.–Dec., 1993, p.3.

改革集团获62席、独立候选人获得47席,其他三个小党获得11席,另有一个选区的选举被延期。也社党声称,有13名也社党人以独立候选人的身份当选。①全国人大所获席位虽然最多,但仍然没有达到全部301个议席中的一半,因此不能单独执政。最后,萨利赫提议由主要三党组成联合政府。三党联合执政打破了两党联合执政的既有格局,削弱了也社党在统一后国家政权中的地位。新选举的议会对总统委员会表示信任,要求其继续履行职责,组织新政府,从而在法律意义上完成了国家权力的和平移交。议会选举及国家权力的和平移交结束了由原来南北两个执政党分享国家权力的过渡阶段,标志着南北也门的统一在法律上的最终正式完成。然而,也门在事实上的统一仍是一项尚未完成的艰难事业,法律上的统一中央政府至少仍然面临着如何实现仍在运行着的南北独立政治体系的一体化问题。

(三)政治冲突与内战

在新议会的第一次会议上,改革集团的总书记、部族长老出身的艾赫马尔以223票当选为议长,取代了原先担任此职的也社党人亚辛,而三个副议长分别由来自于全国人大、也社党和改革集团的议员担任,也社党被进一步边缘化。②议会选举后组织的新政府的阁僚根据政党进行分配,并决定实施行政改革和地方自治。但大选后围绕着权力结构和政府的政策方向问题,南北也门出身的政治领导者之间的分歧逐渐加大。新议会选出后,一份综合宪法修正案提交至议会,建议将五人总统委员会制改为由议会选出的美国式的两任期总统和副总统制,组建每个省代表人数相同的上院(upper house,又称协商议会),实施地方议会和地区行政首长的选举。③

该宪法修正案的目的在于进一步加强全国人大的控制地位和萨利赫的权威,自然遭到了以比德为首的也社党人的反对。1993年6月,全国人大和改革集团企图压迫也社党同意修改宪法,8月比德借出国访问之机直接返回亚丁,并拒绝前往萨那就任副总统,随后包括总理阿塔斯在内的也社党的内阁成员也于11月之后陆续返回亚丁,出现了两个分裂的政府各司其职的局面,统一后也门的政治危机再度爆发。

---

① Sheila Carapico, Elections and Mass Politics in Yemen, *Middle East Report*, No. 185, Despots and Democrats Political Change in Arabia, Nov.- Dec., 1993, p.3.

② Sheila Carapico, Elections and Mass Politics in Yemen, *Middle East Report*, No. 185, Despots and Democrats Political Change in Arabia, Nov.- Dec., 1993, p.6.

③ Sheila Carapico, Elections and Mass Politics in Yemen, *Middle East Report*, No. 185, Despots and Democrats Political Change in Arabia, Nov.- Dec., 1993, p.6.

面对南北方有可能重新走向对立的严峻局面，三大执政党和反对党以及社会知名人士组成了和平对话委员会，开始寻求结束这种危机局面的途径。约旦、阿曼等阿拉伯国家也不断介入进行斡旋。1994年1月，各方达成了《政治力量对话各方建设新也门的誓约和共识文件》的和解协定，对双方有分歧的一些重大问题提出了解决方案。1994年2月，萨利赫、比德及也门其他各派政治势力领导人正式签署了和平协定。但此举并没有消除双方的深刻矛盾，比德等人也没有返回萨那。随后，双方部队在边境地区发生冲突，并最终于1994年5月4日爆发了全面内战。5月21日，南方领导人比德发表声明，宣布南方脱离也门共和国，成立"也门民主共和国"，但它面对北方的军事进攻，无法组织有效的军事抵抗。7月7日，也门内战以北方军占领亚丁而结束。1994年9月28日，由全国人大控制的议会通过了宪法修正案，10月1日，萨利赫当选为总统。

　　也门内战所造成的直接经济损失高达100亿美元以上，对南北方的机场、电站、工厂、公路、桥梁等基础设施造成了严重的破坏，五万人死于内战，数十万人流离失所，给也门人民带来了极大的心理创伤。这是已经完成法律上的统一之后又爆发的内战，从维护民族根本利益的角度考虑，这场内战是否可以避免？在以"1+1"方式完成了国家统一之后，全国人大和也社党开始在一个新的框架内与平台上展开了较量。伴随着这个框架的建立与运行，也门社会各种政治力量也会逐渐分化并进行重组，可以预测，基础深厚、实力强大的全国人大在这个过程中是可以占据主导优势的。但是，这需要时间，需要有一个过渡。在这样一个过渡期内，强势者需要的是耐心和对既成协议的尊重，需要以时间来逐渐地换取空间。实际上，在统一的最初阶段，北也门作出了让步，尽管北也门的人口是南也门的四倍，但在议员名额的分配上则是按对等的比例进行的。然而，占据优势的萨利赫随后即开始进攻，明显地想在短时间内强者统吃，而忽视了南方利益集团的利益。由于这个过程才刚刚开始，南方利益集团还未来得及分化，萨利赫的紧逼反而强化了南方利益集团的集体危机意识，而"1+1"的政府机构统合方式又保留了它的力量根基，保留了不服和对抗北方利益集团的底气，在一定程度上降低了通过妥协达成协议的可能性，最终导致了内战的爆发。尽管萨利赫最终赢得了胜利，但为这个胜利的取得所付出的代价对于也门人民来说显然是太过昂贵，萨利赫完全可以以另外的方式和途径取得同样的胜利。

二、经济领域

（一）货币和经济体制的统合

也门统一后，统一政府决定在过渡期内南北也门的货币同时使用。在经济生活中具有重要作用的货币制度上，南北方为了减少震荡而没有进行统合，客观和主观上使得南北方原有的经济运行体制得以保留，从而也保留了南北方各自的财政基础。由于统一后的也门于过渡期内，在货币和财政制度的统一上也是按照"1+1"的方式进行的，从而使得南北也门尽管在法律上完成了国家的统一，但在经济领域实际上仍然处于自成一体的分裂状态。之所以形成如此的局面，大体有以下原因：（1）统合南北也门的经济体制是一项十分复杂的系统工程，需要详细地规划和设计，需要以雄厚的资金储备作为支撑。进入20世纪80年代后期之后，南北也门推进统一的步伐加快，双方的关注点和注意力主要集中在政治权力的分配问题上，没有时间和精力对经济体制的一体化做细致的研究和规划；（2）在主观上，南北也门的领导人也存在着以此维持支撑自己政治权力之经济基础的打算；（3）南北也门之间经济联系薄弱。在德国统一的过程中，东西德经济联系的紧密性为推进两德关系的发展和两德的统一提供了促动力。而南北也门之间薄弱的经济联系状态，对促进双方采取妥协的政策以巩固统一的局面，基本没有起到积极的作用。

在所有制方面，统一后南也门地区也实施了私有化政策，但范围有限，只在一定范围内对小规模的工厂和土地实施了私有化，过去没收的外国人拥有的土地和部族势力的土地仍坚持了国有化制度。重要的石油资源也依旧控制在原南方领导人手中。在此过程中，部族酋长等原来的土地所有者要求恢复曾经的土地所有权，但统一政府既没有落实，也没有采取财政上的补偿措施，经济政策的不一致使得一些本已处于近乎熄灭状态的社会矛盾重新凸现和激化。

（二）经济危机

南北也门边境地区石油资源的发现是促进南北也门统一进程加快的一个重要因素。统一后的也门政府曾设想以增加石油收入来实现经济增长，但海湾战争的爆发使这一计划受挫。伊拉克因为战败中断了对也门的援助，依靠从伊拉克输入廉价原油加工出口以赚取外汇的渠道被切断。沙特、科威特、美国等国也以也门在海湾战争中偏袒伊拉克，反对联合国家进驻海湾地区为由，终止了对也门的一切财政经济援助。不仅如此，沙特等国还将100余万在海湾国家工作的也门劳工强制遣返,沙特阿拉伯遣返 100 万人①,从科威特和伊拉克返回 4.5 万人,从卡塔尔、巴林和阿联酋等国返回 0.2 万人②,这使得统一后的也门面临严重的经济危机。据统计,1980 年侨汇收入分别占据了南北也门国民生产总值(DNP)的 44% 和 40%。③ 大批劳务人员的返回不但使也门的外汇来源产生了严重的问题,而且还加重了也门国内在就业、教育、住房和物资供应上的压力。以外援和侨汇为其主要经济支柱的也门在统一后经济状况不断恶化。1991 年的通货膨胀率达到了 100%,1992 年的失业率达到了 35%,1990 年和 1991 年的国内生产总值分别下降了 3% 和 4.8%。④ 经济状况的恶化进而导致了社会的失稳和动荡,从而对政治统一局面的维护产生了不利的影响。

三、社会领域

南也门政权成立以后,依照马克思列宁主义原则曾陆续颁布了一些社会法令,对传统的社会关系和风俗习惯进行了调整和改造,如宣布男女平等、全体公民不分男女均应在民兵中服役、取消部落酋长等按照传统习惯享有的一切特权等。南也门宪法规定:"所有公民,不论其性别、出身、宗教、语言、教育水平和社会地位,其权利和义务都是平等的。在法律面前人人平等。"至南北也门统一时,这些法令的颁布已有二十年余年的历史,南也门人民也已经在某种程度上适应了对传统社会的改造而形成的这些新风俗。但也门统一后,南北也门在法律制度上实行的是"1-1"的统一方式,即在南也门曾经实行的"社会主义的法律制度"被北也门的法律和风俗习惯所取代。以伊斯兰律法作为进行社会和文化统合的基础,给南也门许多已经习惯了"社会主义法律制度"的居民带来了某种程度上的不适应,特别是女性的权利问题成为统一后一个社会问题。

---

① 在北也门首都萨那曾有这样的笑谈:对于富产石油的邻国,北也门的政策既不是开门(open door),也不是关门(closed door),而是无门(no door)。由于北也门没有更多的财力配置足够的边防力量,边境只有零星的驻守,因此北也门的劳务人员出入边境进入沙特非常容易。同时,沙特在 1990 年 8 月之前还给予北也门的劳务人员一项特殊的待遇,允许他们在无签证的情况下在沙特工作和生活。据统计,生活在沙特的北也门劳务人员在 20 世纪 80 年代达到了 123 万,1982 年左右每年汇至北也门的外汇高达 14 亿美元。参见:Sheila Carapico and Cynthia Myntti, Change in North Yemen 1977-1989: A Tale of Two Families, *Middle East Report*, No. 170, Power, Poverty and Petrodollars, May-Jun., 1991, pp.24-25.

② Thomas B. Stevenson, Yemeni Workers Come Home: Reabsorbing One Million Migrants, *Middle East Report* 23, No.181, March\April 1993, p. 15.

③ Gwenn Okruhlik and Patrick Conge, National Autonomy, Labor Migration and Political Crisis: Yemen and Saudi Arabia, *Middle East Journal*, Vol. 51, No. 4, Autumn 1997, p.556.

④ Gwenn Okruhlik and Patrick Conge, National Autonomy, Labor Migration and Political Crisis: Yemen and Saudi Arabia, *Middle East Journal*, Vol. 51, No. 4, Autumn 1997, p. 560.

在 1993 年 4 月举行的议会选举中，在近 5 000 名的候选人中，女性候选人只有 40 人。在当选的 301 名议员中，女议员仅占 2 名，且均来自南方选区，这引起了妇女组织的不满。统一后的宪法规定，伊斯兰法为立法的主要源泉，这种规定照顾了南也门的社会实际状况，但却遭到了北方保守分子的反对。代表北方保守势力利益的改革集团主张伊斯兰律法为所有法的唯一根源，此议一出立刻引发了南也门地区的集体示威。① 内战结束后，1994 年 9 月，也门议会通过的宪法修正案中，萨利赫采取了"伊斯兰法为立法的源泉"这样一种较为中性的表述。

四、军事领域

南北也门在统一的过程中，对于敏感的军事问题也采取了暂时回避的政策。在统一过程中，如同处理货币和财政体系、政府行政体系等问题一样，对双方的军队也是采用了"1+1"的处理方式。这使得双方没有在这一十分敏感的问题上进行过多的纠缠和扯皮，保证了统一谈判的顺利进行。但是，这一暂时的回避却留下了相当大的后遗症。在法律上的统一实现后，南北也门的军队继续原地驻屯，原来的指挥体系继续维持和运行，南北军队的指挥体系继续独立存在，没有能够实现一体化。这使得南北也门的领导集团增加了彼此对抗的底气，降低了他们对妥协的喜好程度和选择倾向。在过渡期，随着双方权力斗争的愈演愈烈，南北双方也陷入了近乎疯狂的军备竞赛，双方的军事预算超过了双方在 1990 年之前投入的总和，1991 年达到了 10.6 亿美元。② 同时，一些部族势力还拥有自己的武装力量。错综复杂的政治态势使得政治性的暴力活动和双方在边境地区的冲突不断发生，这也是也门在统一后再次爆发代价惨重之内战的重要原因之一。

第五节　也门统一的启示

从 20 世纪 70 年代初统一问题进入南北也门领导人的日程后，到 1990 年国家统一的初步实现，也门的统一进程经历了 20 年和平协商与战争的交替与反

---

① Maxine Molyneux, Women's Rights and Political Contingency: The Case of Yemen, 1990–1994, *Middle East Journal*, Vol. 49, No. 3, Summer 1995, p.428.
② Sharif Ismail, UNIFICATION IN YEMEN: Dynamics of Political Integration, 1978–2000, Thesis submitted in partial fulfillment of the degree of MPhil in Modern Middle Eastern Studies, Faculty of Oriental Studies, University of Oxford, p.39.

复。也门的统一是一个以双方的精英为中心和主导而推进的过程。① 在统一的过程中，南北也门的政治领导者往往将统一政策作为进行内部权力斗争的手段来利用，因而使得也门的统一进程常常受到南北各自权力格局变化的影响和干扰。而经济上财政能力的不足，也使得南北也门政府在推进统一政策时缺乏足够的进行社会动员的能力。从国际层面来说，也门的统一过程也是一个多国参与博弈的过程，超级大国以及阿拉伯国家特别是沙特等国的介入，增加了也门统一的复杂性。也门的统一过程跌宕起伏、一波三折，在已经于法律上实现统一的情况下，仍然引发了内战的爆发，并为之付出了惨重的代价。也门的统一过程在许多方面值得进一步地深入思考，其经验和教训值得吸取。

一、民族认同的培育

南北也门在统一之前已经经历了一个相当长的分裂时期，双方独立建国后又走上了彼此不同的发展道路，实行了不同的社会制度，但是双方的领导精英以及人民大众却始终保持着共同的民族身份的认同。共同的文化、宗教信仰和民族习惯是这一共同认同的基础，而在推进统一的过程中，如下几项措施的实施，对于维护和强化这种共同的身份认同起到了重要的作用。一是，1977 年 2 月，南北也门领导人在外交和教育方面达成了协议，在只存在南北一方使馆的国家中，双方外交机构可互相代表。双方出版一部统一的《也门历史》教科书以供双方学校使用；二是，双方于 1983 年签署的简化两国公民相互往来手续的协议。两国公民只需携带个人身份证，填写两张表格便可出入南北边境；三是，1984 年 1 月，联合教育委员会制定了统一的小学一至六年级教学大纲，修订了统一的小学五六年级的历史课本，并加强了在广播电视领域的合作，联合录制广播电视节目；四是，1988 年 5 月，双方签署《边境协定》，拆除双方在边境地区现存的所有界桩，代之以联合界桩。两国的公民持身份证可自由通过边境，并在对方境内寻找工作。如上这些措施的实施，大大强化了民族认同意识，推进了政治统一之前的社会统一进程，为最终推进政治统一的实现奠定了基础、培育了动力。

二、统一协商的平台

在统一之前，南北也门均得到了国际社会的承认，加入了联合国，双方也

---

① Sharif Ismail, UNIFICATION IN YEMEN: Dynamics of Political Integration, 1978-2000, Thesis submitted in partial fulfillment of the degree of MPhil in Modern Middle Eastern Studies, Faculty of Oriental Studies, University of Oxford, pp.19-29.

都承认彼此体制和主权的存在。这种关系格局使得南北也门之间为统一而进行的协商，从一开始就建立在一个彼此平等的官方平台之上，使双方避免了在主权问题上的羁绊与纠缠，为双方最高首脑的会晤并缔结相关协议提供了宽松的法律空间环境，为最高首脑主导统一进程的推进奠定了基础。从南北统一协商的过程来看，尽管双方之间曾爆发过两次边境战争，但双方领导人之间的会晤与协商又能够很快得到启动，这与双方之间主权平等的架构格局有着重要的关系。实际上，南北也门之间的统一协商和谈判一开始就是从最高层首脑开始的，对统一的实现具有重要意义的几个协议也都是在双方首脑会晤时达成的。相关的署名也都是彼此的官称。双方首脑通过会晤达成协议，然后由双方最高领导人自上而下予以推动，有力地促进了南北也门统一协商的进程。

三、统一过程中的制度统合

1988年5月，南北也门首脑会晤达成了两国公民可持身份证自由过境，双方国民有权在任何一方寻找工作的协议。该协议首先使双方在国民户籍管理和就业制度上实现了统合，此举成为南北也门走向统一的里程碑。

1983年，双方在工矿、农业等领域的合作，特别是双方取消贸易关税的决定，使两国的贸易由过去的外贸变成内贸，刺激了双方在经贸领域的合作，提高了双方经济上的依赖度。20世纪80年代中后期，南北也门国境地区石油储藏的发现，强化了双方的合作欲望。据当时推测，北也门境内的石油埋藏量10亿桶，南也门境内35亿桶，而边境地区则高达50亿桶。以石油储藏的发现为契机，南北也门的政治精英对统一价值的认识发生了变化，使得两国的最高领导重新启动了最高委员会和联合内阁委员会的工作，以共同开发边境地区的石油。

国民管理和就业制度上的统合，为了经济发展需要相互合作的认知奠定了南北也门快速走向统一的基础。但是，在法律上初步实现统一后，南北也门在行政、军事、安全、货币、财政等涉及权力核心问题方面没有能够进行很好的统合。实际上，这些问题也很难在一个较短的时间内解决。北也门的经济和财政实力虽优于南也门，但其仍然十分薄弱的经济和财政基础并不足以支撑它在如上方面放手运作。由于南北在行政、军事等领域两套并行体系的存在，它们之间的碰撞是必然的。也门最终也是通过战争手段以消灭一个体系的方式解决了体系间的不兼容问题，但为此付出了高昂的代价。南北也门在统一过程中有没有能够有效地缓冲高政治领域权力的冲突，避免为了解决这种冲突而必须付出高昂代价的可行之路呢？

1970年11月，南北也门首脑达成的第一份关于也门统一的协议，曾经确认南北也门将组成一个各自享有主权的邦联国家，但随后双方在1972年缔结的《开罗协议》中又决定将南北也门合并为只有一个首都，一个总统，一个立法、行政和司法机构的单一国家。如果双方组成一个邦联国家或松散的联邦国家，在这种框架下，逐步开展行政、经济、军事和社会管理制度上的统合，在保留既有社会势力之利益的同时，通过上述各方面制度上的统合，淡化社会势力的利益之争，渐进性地促进各种社会势力分化，最终引导各种政治势力通过彼此的制衡，尊重作出的承诺和宪法，按规则出牌，并增加其违背规则的成本，是否可以走出一条其他的路子呢？

四、国际介入的处理

在也门统一之前，一直有国际势力在介入南北也门之间的关系。因此，同"二战"之后所有处于分裂状态的国家一样，在统一的过程中，也门也面临着如何处理和应对国际势力的介入这一重大问题。从世界体系的层面来看，美国是北也门的重要支持者，苏联一直是南也门的支持者。以实施援助为手段，苏联曾获得了进出战略港口亚丁的权利，而且还在索卡特拉岛（Socotra Island）获得了一个基地。但同时，为了与美国竞争对北也门的影响力，苏联也与北也门保持着千丝万缕的联系。苏联早在1923年就同萨那建立了外交关系，整个20世纪50年代一直向伊玛目提供军事援助。在内战期间，北也门的共和派或直接或通过埃及得到了苏联的武器援助，双方还于1964年签订了一个为期20年的友好条约。虽然20世纪70年代双方的关系有所弱化，但双方并没有发生过公开的冲突。北也门的武装力量在武器装备体系方面对苏联依赖性很强。1979年，美国向北也门提供了3.8亿美元的武器装备，苏联随后就向北也门提供了价值6亿美元的装备。[①]1981年10月，萨利赫访问莫斯科，并宣布了他对苏联的对美国政策、对红海地区政策以及军备竞赛政策的支持。1984年10月，萨利赫再次访问莫斯科，与苏联签订了友好合作条约。从地区层面而言，埃及和沙特阿拉伯是介入南北也门问题的主要地区力量。沙特一直为北也门提供着财政上的支持。在沙特看来，一旦北也门采取其不认同的外交政策，随即便会停止对北也门的财政支持。沙特的目的在于确保一个对其持友好态度的政府掌握政权，

---

① Fred Halliday, North Yemen Today, *MERIP Reports*, No.130, The Contest for Arabia, Feb., 1985, pp.8-9.

并防止一个过于亲近苏联和南也门政权的出现。同时，对沙特而言，还存在一个与埃及、伊拉克、利比亚等海湾国家争夺对北也门影响力的问题。①

由于自身财政力量的衰微，无论是北也门还是南也门，在统一过程中都无法对全球大国和地区力量的介入问题进行主动的应对，是20世纪80年代末的国际大环境给了也门实现民族统一的机会。20世纪80年代末期，苏联实施政治和经济上的改革，不但大大削减了对南也门的财政支持，而且还督促南也门进行政治和经济上的改革。1989年年底，南也门开始实施多元政治政策，允许建立政党，在经济方面也开始改革传统的计划经济模式，发展私营经济。社会力量的发展对也社党中的"左倾"势力起到了制约作用，减少了对以比德为首的统一派的干扰。同时，从20世纪80年代中后期开始，沙特在介入南北也门统一协商过程的问题上也逐步转向了超然和克制的态度。这些都减少了外部势力对也门南北协商谈判的干扰，为推进也门的统一进程提供了一个宽松的外部环境。在难以主动处理和应对国际势力对统一问题介入的情况下，抓住国际体系转型所带来的时机推进统一进程是也门的统一留下的重要启示之一。

另外，在统一的协商过程中，借助阿盟的力量推进统一进程也是也门统一的重要特点，具有重要的启示意义。在推进统一的过程中，每当南北也门之间关系紧张时，阿盟以及一些阿拉伯国家就会主动介入，参与斡旋和调停，帮助启动双方领导人之间的会晤。更有意义的是，南北也门签署的诸如《的黎波里宣言》以及《亚丁首脑协议》等一些重要文件中都设计了邀请阿盟代表或具有重要影响的阿拉伯国家领导人的个人代表参与监督文件执行的条款，其目的是以阿盟的介入保证相关协定得到贯彻和履行。从实际情况来看，阿盟的介入也的确在一定程度上保证了双方所签署之协定的执行，减少了南北双方的违约行为，有利于统一进程的顺利推进。

---

① Fred Halliday, North Yemen Today, *MERIP Reports*, No.130, The Contest for Arabia, Feb., 1985, p.8.

第五章 德国的统一

第一节 德国简史

德意志民族与古代日耳曼人具有历史渊源。从公元三世纪左右开始，日耳曼人部落开始结成部落联盟。公元476年西罗马帝国灭亡后，日耳曼人在西罗马帝国的废墟上建立了一些王国，公元486年克洛维建立了法兰克王国。公元840年法兰克王国开始崩溃，查理大帝的三个孙子将法兰克王国一分为三，罗退耳建立"中部王国"，后来发展成为意大利。查理在"中部王国"以西的帝国领土上建立了"西法兰克王国"，后来发展成为法兰西国家。而路易在"中部王国"以东的帝国领土上建立了"东法兰克王国"，后来成为德意志国家的核心构成部分。

公元919年，东法兰克王国的萨克森公国公爵亨利一世取得了东法兰克王国的统治权，正式建立了德意志王国。亨利一世建立了一支强大的军队，对内加强王权，对外扩充疆域，巩固了其对整个德意志王国的统治。公元936年，亨利一世的次子奥托登基后，继承了亨利一世的扩张政策，同时在内部利用基督教会势力对抗世俗贵族，从而进一步巩固了政权。962年，奥托一世在罗马加冕称帝，开始了德国历史上的第一帝国时期——神圣罗马帝国时期。但在13世纪末，帝国领地上出现了许多的邦国，"原先强大无比的神圣罗马帝国成了众多独立邦国的松散结合体"[1]。开始于1618年、结束于1648年的30年战争使罗马帝国遭受严重打击。《威斯特伐利亚和约》规定：德国的诸侯完全独立，享有内政、外交上的完全主权，从而使神圣罗马帝国在政治上分崩离析。30年战争之后，位于帝国东北边陲的小邦——勃兰登堡—普鲁士迅速崛起。1864—1871年，经过三次王朝战争，在铁血宰相俾斯麦主导下，德国完成了统一。

---

[1] 吴友法、邢来顺：《德国：从统一到分裂再到统一》，三秦出版社2005年版，第6页。

1887年1月18日，具有联邦性质的德意志帝国正式成立，4月14日帝国议会通过了宪法。宪法规定，德意志帝国"为一个永久的联邦"，由25个邦和帝国直属领阿尔萨斯—洛林组成。同时，帝国还传承了普鲁士的模式，在政治体制上带有浓厚的专制主义色彩。

第一次世界大战临近结束的1918年11月3日，德国的一些重要城市，如汉堡、莱比锡、慕尼黑等相聚爆发起义。1918年11月9日，德皇威廉二世宣布退位，并逃亡荷兰，德意志帝国灭亡。1919年1月19日留守的艾伯特政府举行了国民议会选举，7月31日国民议会通过了新的宪法，即魏玛宪法。宪法规定德国为共和国，一切权利来自人民。在中央政府与联邦的关系上，仍实行联邦制。

1932年7月31日，德国举行国会选举，希特勒的纳粹党在国会中占据了230个席位，成为国会的第一大党。1933年1月30日，德国总统兴登堡任命希特勒为总理，德意志共和政治体制崩溃。1934年8月2日兴登堡病逝，德国内阁宣布将总统职务与总理合并为一，从而使希特勒攫取了总统兼总理的国家元首桂冠，为其实施一元化的法西斯统治奠定了基础。然而，正是由于纳粹势力的登台再次造成了德国长达四十余年的分裂。

如上的追述是根据学界的主流观点对德国史的一个简述，虽然史学界以及德国人将其历史的开端追溯至公元3世纪前后，但德意志人"直到19世纪初民族主义运动肇兴时才依靠民族主义理论逐渐催生和强化了民族意识"[①]。16世纪，马丁·路德的宗教改革以及俾斯麦所主导的统一运动对德意志民族和民族国家的形成具有决定性的意义。"某种程度上，历史上德国人说的、写的实际上不是同一种德语，而是很多种德语。直到宗教改革后，马丁·路德翻译的《圣经》才赋予德国人一种通行各地的共同书面语。在相当长的时间里，这种'普通话'成了维系德国人唯一的纽带"，"促进了民族语言的形成"。而俾斯麦建立的第二帝国使"德国人终于第一次有了一个统一的民族国家，经济、政治、文化、社会的发展都有了一个全民性的保护性框架"[②]。"二战"后，分裂的德国追求重新统一的正当性与合法性即来自于此。

---

① 李伯杰："'一个麻烦的祖国'——德意志民族的德国认同危机"，载《清华大学学报（哲学社会科学版）》2010年第2期。

② 李伯杰："'一个麻烦的祖国'——德意志民族的德国认同危机"，载《清华大学学报（哲学社会科学版）》2010年第2期；徐良利："论马丁·路德在德意志民族国家形成中的作用"，载《湘潭师范学院学报》1994年第1期。

第二节 德国的分裂

一、战后处理与分割占领

　　盟国对战后如何处理德国问题的讨论开始于1943年。该年10月美、苏、英三国外长在莫斯科举行会议,就战后如何处理德国问题达成了原则性协议。同年11月28日至12月1日的德黑兰会议上,美、英、苏三国元首一致达成了如下原则:德国无条件投降,对德国实行军事占领,解除德国武装,惩办战犯等。

　　1944年9月,美、英、苏三国在伦敦签署《关于德国占领区和大柏林管制的议定书》。1945年2月,三国召开雅尔塔会议,对德国的战后处理政策逐渐定型和明朗。会议批准了欧洲咨询委员会起草的关于德国无条件投降的条款和处置德国的总原则,"消灭德国的军国主义和纳粹主义,……决心把德国的全部武装力量解除并予以解散"①。会议决定在德国无条件投降后由同盟国分区占领和管制德国,"三国的部队将各自占领德国的一个区域。计划规定,成立一个中央管制委员会执行相互协调的行政管理和监督工作。这个委员会由三国的总司令组成,地点在柏林"。会议还商定"法国如愿意承担一个占领区,并作为第四个成员参加委员会,三大国当予邀请"②。会上苏联同意法国参加对德国的占领,但同时苏联也强调,法占区必须从划给美国和英国的占领区内划出。另外雅尔塔会议还讨论了德国的赔偿和德波边界问题。美英同意将寇松线以东的波兰领土划归苏联,把波兰领土西移至奥德河和东尼斯河。

　　1945年6月5日,美、苏、英、法四国发表了《关于击败德国并在德国承担最高权力的宣言》,宣布接管德国的一切权力,同时还公布了欧洲咨询委员会早些时候起草的《关于德国管制机构的声明》《关于德国占领区的声明》等三个文件,将德国及柏林为分四个占领区,并由四国的驻德占领军总司令组成"管制委员会",行使德国的最高权力。尽管占领区声明中规定将德国划分为四个占领区,但没有具体划分各占领区之间的界限。西占区和东占区之间的界限基本上由1944年9月签署的占领区议定书确定,但西方三个占领区之间的界限直

---

① 萨纳柯耶夫等编:《德黑兰、雅尔塔、波茨坦会议文件集》,三联书店1978年版,第244-245页。
② 萨纳柯耶夫等编:《德黑兰、雅尔塔、波茨坦会议文件集》,三联书店1978年版,第244页。

至 1945 年 7 月 26 日才最后划定。

美占区位于德国的西南部，包括巴伐利亚、黑森、巴登—符腾贝格三州及英占区内供美军用作港口的不莱梅，人口近 1 700 万；英占区位于德国的西北部，包括北莱茵—威斯特伐利亚、下萨克森、什列斯维希—霍尔施坦和汉堡，人口近 2 200 万；法占区位于德国西部，由美英占区划出，包括莱茵兰—普法尔茨、巴登南部、符滕贝格南部和萨尔，人口 600 万；苏战区包括萨克森、图林根、梅克伦堡—福尔波梅恩、萨克森—安哈尔特和勃兰登堡，人口 1 731.3 万。在面积上，苏占区 10.83 万平方公里，美英法占据的西占区 24.86 万平方公里。

1945 年 7 月 17 日至 8 月 2 日，美英苏三国首脑在德国柏林附近的波茨坦举行会议，会议讨论了欧洲新秩序的建立问题，其中确定处置被占领后德国的政治经济原则是一项主要的议题。

会议所确立的相关政治原则有以下几项。

"（一）依照对德管制机构的协定，德国境内的最高权力由苏维埃社会主义共和国联盟、美利坚合众国、联合王国及法兰西共和国占领军总司令遵照本国政府的指令，分别在其各自占领区内实行，他们以管制委员会成员的身份，共同处理有关全德事宜。

（二）对德国全德居民之待遇，应尽可能一致。

（三）管制委员会应遵循的占领德国之宗旨是：

（1）解除德国全部武装，使之完全非军事化，铲除或控制可用作军事生产的一切德国工业。

（2）使德国人民确信，他们军事上已完全失败，并且他们不能逃避对自己所作所为应承担的责任。由于德国的残暴作战与纳粹的疯狂抵抗，使德国经济崩溃，因而混乱困苦，在所难免。

……

（4）为使德国政治生活在民主基础上能重新建立并使德国将来参加国际生活中可能的和平合作做好准备。

……"

"（九）德国行政事务的管理应以分散行政机构及增强地方责任感为原则。为达到这个目的：

（1）德国全国各地应按照民主原则，特别须经过选举委员会，在符合维护军事安全和军事占领目的的情况下，尽快恢复地方自治。

（2）整个德国的一切民主政党，应准予存在并得到鼓励，给予它们集会及公开讨论的权利。

（3）代表与选举的原则，在证明适用于地方自治时，应尽速在区、省和州政府中推行。

（4）目前暂不设立任何德国中央政府。但某些急需的德国中央行政部门，特别是财政、运输、交通、外贸和工业等方面，应予设立，以国务秘书为其首脑。这些部门将在管制委员会的领导下进行工作。"①

波茨坦会议所确立的处理德国问题的相关经济原则有：

"（十一）为消灭德国作战能力，武器、装备、战争工具以及各种类型的飞机和海船均须禁止和防止其生产。金属、化学产品、机器制造以及其他为作战直接需要的其他产品，其生产将受到严格管制，以被核准的德国战后和平时期的需要为限，借以实现第十五条款列举之各项目的。为被准许之工业部门所不需要的生产能力，将按照盟国赔偿委员会拟定的，并经有关政府批准的赔偿计划，予以拆迁，如不拆迁，则予摧毁。

……

（十四）在占领期间，应视德国为一个统一的经济整体。为达到这个目的，在以下方面应确定共同政策：

（甲）采矿及加工工业的生产和分配；

（乙）农业、林业及渔业；

（丙）工资、价格及配给；

（丁）全德国的进出口计划；

（戊）货币和银行制度，中央赋税和关税；

（己）赔偿和消除工业作战能力；

（庚）交通运输。

实施这些政策时，应适当考虑各地区的不同情况。

（十五）盟国必须对德国经济实行管制，但以达到下列各项需要的程度为限。

（甲）实施工业上解除武装与非军事化、赔偿与经核准的进出口计划；

（乙）保证所需的商品生产，保证服务供应，以满足境内占领军和迁入人口的需要，以及在德国保持一个不超过欧洲国家的平均的生活水平（欧洲国家是指除联合王国和苏联以外的所有欧洲国家）；

（丙）根据管制委员会的规定，确保各占领区间主要物品的平均分配，俾使

---

① 萨纳柯耶夫等编：《德黑兰、雅尔塔、波茨坦会议文件集》，三联书店1978年版，第508—510页。

在全德建立一平衡的经济并减少进口的需要；

（丁）管制德国工业及一切经济和金融的国际转移，包括进出口在内，以防止德国发展战争潜力及达到上述其他各项目的。"[①]

从如上诸条来看，波茨坦会议所确定的战后处理德国问题的政治经济原则都是将德国作为一个整体来对待的。政治方面的第3条第4款，经济方面的第14条体现得尤为明显。这也为日后东西德处理统一问题、出台相关的统一政策提供了法理上的依据。

二、走向分裂

（一）东占区的初期管理

1945年6月9日，苏联正式宣布在苏占区成立军事管制委员会，次日苏联军管会在发布命令宣布废除一切法西斯法律的同时，还发布通告允许成立民主政党和自由工会。随后，以瓦尔特·乌布利希和威廉·皮克为首的德国共产党和以奥托·格罗提渥为首的德国社会民主党进行了重建。而代表右翼社会势力的反法西斯政党——基督教民主联盟和自由民主党也相继建立。

1945年7月14日，共产党、社会民主党、基督教民主联盟和自由民主党结成"反法西斯联盟"。1946年2月末，德国共产党和社会民主党的中央委员会达成协议，决定两党合并。4月21—22日两党举行合并大会。皮克和格罗提渥当选为新成立的统一社会党的主席。

"反法西斯联盟"除在1947年吸收了"自由德国工会联合会"、"自由德国青年联盟"等一些社会组织外，1948年年初又吸收了新成立的德国国家民主党和德国民主农民党。在各政党和社会组织广泛参与的"反法西斯联盟"中，统一社会党处于领导者的地位。

在恢复苏占区政党组织的同时，苏联军管会也逐步建立了苏占区的行政管理机构和各级地方自治机构。首先1945年7月4日军管会将苏占区的版图划分为梅克伦堡、萨克森、图林根三个州和勃兰登堡、萨克森—安哈尔特两个省，下令各州、地方成立自治机构，但其成员由军管会任命。1945年7月27日，军管会设立了凌驾于各州行政机构之上的，包括经济、商业、教育和司法等部门的行政机构。1945年9月13日，苏联军管会决定在苏占区设置交通运输、电讯、燃料和电力、商业、农业、财政、劳工和社会福利、卫生等行政机构。

[①] 萨纳柯耶夫等编：《德黑兰、雅尔塔、波茨坦会议文件集》，三联书店1978年，第510-512页。

1945年10月22日,又颁布命令授权州、地方自治机构在不违犯盟国管制委员会和苏联军管会命令的情况下,具有颁布立法、司法和行政方面具有正式效力的法律和命令的权力。1946年6月14日,"德国经济委员会"建立,该机构有权向州级行政机构发出指示,具有中央政府的性质。

从1946年9月开始,苏占区各区、乡、州陆续进行了选举,各级议会和行政机构得以建立。1946年11月27日,苏联军管会宣布将地方权力移交给新选举产生的议会和政府。在这一过程中,德国统一社会党因为获得的选票最多,因而在地方各级行政管理机构中占据了主要的领导地位。1947年,中央机关增加到15个,行政职权的重心逐步向中央集中。

在政治上对苏占区进行非纳粹化和民主化改造的同时,苏占区经济上的改革也在深刻地进行着。1945年7月23日,苏占区的银行和储蓄所等金融机构被没收。从1945年11月开始陆续宣布解散卡特尔、托拉斯、康采恩垄断组织,并没收其财产,对大银行、保险公司和主要的工业部门实行公有化。中央行政机构建立后,从1945年9月3日开始实施了土地改革,无偿没收所有超过1平方公里以上的私有土地,并将其分配给农民。1945年10月30日宣布将纳粹罪魁和战争罪犯的企业财产予以没收,其管理权、支配权和使用权归属管委会。

(二)西占区的初期管理

美、英、法三国占领西占区后,首先分别对各自的占领区进行了行政区域的划分。占领区内州的界线,有的是按照原有的界线划分州界,有的是重新划分州界,有的则是根据需要组成了新的州。其中,英占区包括不伦端克州、奥尔登堡州、绍姆堡—利珀州、汉诺威省(1946年11月1日上述四个地区组成一个新的州——下萨克森州)、汉堡市、利珀州、威斯特伐利亚省和莱恩省北部(北莱恩省和威斯特伐利亚省在1946年7月18日合并成北莱恩—威斯特伐利亚州)、普鲁士的石勒苏利格—荷尔斯泰因省。美占区包括巴伐利亚州、符滕贝格—巴登州、黑森州和不莱梅州。法占区包括符滕贝格—霍亨索伦州、巴登州、莱茵兰—普法尔茨州。

根据波茨坦公告所确立的"整个德国的一切民主政党,应准予存在并得到鼓励"的政治原则,在西占区,英、美、法三国军管当局分别于1945年8月、9月、12月发布命令宣布允许成立工会和民主政党。此后,西占区的政党纷纷建立。

在西占区,具有影响的政党主要有:社会民主党、基督教民主联盟、基督教社会联盟、自由民主党、德意志党、共产党等。社会民主党以库特·舒马赫为中心。社会民主党提倡"社会主义",但并不主张废除生产资料私有制,认为应争取中产阶级,保护商业和农业中产阶级,分散大土地所有制,把大工业、大财团、能源经济和交通事业国有化等。①

基督教民主联盟是一个年轻的政党,是由各个教派和社会集团联合起来的新政党。其前身政党有中央党、德意志民族人民党、德意志人民党和德意志民主党。其政治倾向偏右。康拉德·阿登纳参与了基督教民主联盟的创建,并于1950年10月当选为该党主席。基督教民主联盟在经济方面主张以新自由主义为基础,对经济进行间接调节。该党在大资产阶级、中产阶级以及工人阶层中均有支持者。

基督教社会联盟萌起于巴伐利亚,后扩展至全国,同基督教民主联盟一样,该党的政治倾向偏右。在经济方面,既反对经济自由主义,又拒绝集体主义的计划经济。该党在大资产阶级、中产阶级、知识分子、职员和军人中均有相当的支持者和追随者。

自由民主党主张新自由主义,反对一切集权主义。它寻求在垄断性经济集权和工会集权压力下的现代工业社会中保证发挥个人力量的道路,拒绝任何社会化和经济民主的思想。

德意志党倾向偏右,其支持者主要是下萨克森州的富农,具有民族主义和复仇主义倾向。对外主张倾向西方,对内主张联邦制。该党在20世纪50年代末和60年代初走向了没落。

西占区共产党曾参加苏占区统一社会党的执委会,后退出。1956年联邦德国宪法法院以其"散布违反法律的言论"而予以禁止。②

在对占领区的管理政策方面,美、英、法三国出于各自国家政策的考虑而各有不同。相对而言,法国是最保守的,它在占领区内成立政党和工会的问题上十分谨慎,直到1946年年初才允许成立州一级政党。1946年9月,才允许举行县、乡级的选举。在法占区,没有任何超越州界的行政联合,直到1948年4月,法占区各州总理才获准举行首次联席会议。

英国对占领区的政策则要积极得多。它鼓励政党的活动,1945年8月英国军管当局允许在占领区内成立工会和政党,1946年2月允许超越州界的全区性

---

① 丁建弘、陆世澄、刘祺宝:《战后德国的分裂与统一(1945—1990)》,人民出版社1996年版,第37页。

② [法]乔治·埃斯蒂厄弗纳尔:《德意志联邦共和国政党》,上海人民出版社1976年版,第6页。

联合。继 1945 年任命了乡、县代表会议的代表和省议会的代表之后，1946 年 10—11 月又任命了州议会的代表。1946 年 9—10 月英占区举行了第一批地方选举，1947 年 4 月举行了第一届州议会选举。与法国的"分拆式"管理方式不同，英国一开始就将占领区视作一个统一的整体进行管理。英国军管当局成立了一个行使占领区中央政府功能的中央经济委员会，以作为军管当局各业务部门的辅助和执行机构。1946 年 2 月，英占区还成立了由德国人组成了"占领区咨询会"，附设于占领区的英国中央机关。该机构中囊括了阿登纳、舒马赫等许多具有重要政治影响的人物。

美国则比英法更早地实施了占领区的地方选举和州选举。美国军政府于 1945 年 5—10 月就任命了各州的政府首脑。1945 年年底又任命了由各政党代表组成的州咨询委员会。1946 年 6 月举行了州立宪会议的选举，11—12 月成立了第一批由议会批准的州政府。与此同时，美军政府还授予了各州政府在军政府监督下的立法权和行政权。

在经济方面，与苏占区对经济资产实施公有化的政策不同，在西占区，没有对原有的体制进行颠覆性的重大改革。虽然个别州曾通过了对矿山、银行企业实施社会化改革和土地改革的法令，但并没有得到严格的实施，从而使得西占区原有的经济体制基本得到了的保持。

（三）德国的分裂

冷战的开始给美苏各自的德国政策产生了重大影响。波茨坦会议决定，为制定共同的对德政策和商讨战后世界秩序，举行同盟国外长会议。从 1945 年 9 月开始至 1947 年 12 月为止的两年间共进行了五次外长会议。这五次外长会议几乎没有达成任何协议，留下的只有争吵和指责。在 1946 年 4 月苏占区的德国共产党和社会民主党合并之后，美国等国家将其视为成立共同的全德政府的一个严重障碍，随后开始调整其占领政策。1946 年 5 月 3 日，美占区副军事长官克莱将军在盟国的对德管制委员会上宣布："除了先前已预支作为赔偿的工厂外，将不再从美占区提供一切赔偿。"[①]7 月 20 日，美占区军事长官麦克纳尼将军在盟国管制委员会上正式提出合并占领区的建议。对此，英国表示同意，但法国却持强烈的反对态度。

1946 年 11 月 13 日，美英代表开始在华盛顿就美英占领区的合并问题举行

---

① 丁建弘、陆世澄、刘祺宝：《战后德国的分裂与统一（1945—1990）》，人民出版社 1996 年版，第 61 页。

会谈。12月2日,两国在华盛顿达成了关于建立"双占区"的协议。1947年1月1日,美英正式合并了两国占领区,并签署了《德国美占区和英占区经济合并协定》,协定规定:"两个占领区对于一切经济目的来说,应视为一个单一的地区","这一地区的本地资源和一切输入,包括食品在内,应加以汇总,以维持共同的生活水平……两国政府的目标是,在1949年年底以前达到本地区的经济自立"。

同时,根据协定,还建立了若干负责执行双占区共同经济政策的管理机构——执行委员会。为了避免给人留下这是一个"双占区首府"的印象,执行委员会的不同部门分设在不同的城市里。负责经济事务的执行委员会设在明登,负责粮食和农业的设在斯图加特,负责邮电、金融和民政的设在法兰克福。每一执行委员会由双占区的八个州每州推出一人组成,主席由选举产生。在美、英军政府一级建立美英双占区委员会,下设若干管制小组,分设在由德国人组成的执委会的城市里,以进行监督和政策上的指导。[1]

对于美英的行动,苏联立即作出了反应。1947年2月25日,苏占区长官索科洛夫斯基元帅向盟国管制委员会发表声明,表示美英占区的合并"不只是经济性质的,也是政治性质的","双占区的协定可能对德国的未来政治产生严重的后果"[2]。

1947年3月10日至4月24日,在莫斯科举行的第四次外长会议全面讨论德国问题,中心议题是德国的统一和政治制度。会上苏联外长莫洛托夫作了《德国与赔偿问题》的声明。苏方认为"德国应成为一个统一的爱好和平的国家——设有两院组成德国国会和全德政府的民主共和国",建议立即在柏林成立德国临时中央政府,以实现德国的政治统一。但美英则认为德国的经济统一是成立德国政府的基础,并坚持德国政治的结构应以地方分权为原则,反对建立中央集权政府,主张实行联邦制,把德国分成10—18个州,组成联邦。参会各方虽然认为德国应成为一个新的统一的国家,但所主张的政治、经济制度却完全不同,会议无果而终。

1947年5月29日,美英继续推进双占区的统合,签署了《改组双战区经济机构的协定》,成立了经济委员会、执行委员会和行政管理部门。经济委员会由各州选举产生的54名代表组成,拥有某些立法权,具有议会的作用。经委会

---

[1] 丁建弘、陆世澄、刘祺宝:《战后德国的分裂与统一(1945—1990)》,人民出版社1996年版,第64页。

[2] 丁建弘、陆世澄、刘祺宝:《战后德国的分裂与统一(1945—1990)》,人民出版社1996年版,第64-65页。

下设一个总的执行机构——执行委员会,由每州推举一人组成。双占区合并的政治性日渐凸显。1947年8月,美英占领区修改了拆除计划,停止向苏联提供拆迁的工厂设备和继续拆除。

"杜鲁门主义"和"马歇尔计划"出笼后,经济状况不佳、急需美援的法国也逐渐改变了其占领区政策。1947年10月16日,法国外长皮杜尔在记者招待会上表示:"如果下届外长会议上四国还不能达成协议,法占区可能同美、英占领区合并。"[①]1947年11月25日至12月15日,在伦敦举行的第五次外长会议也因双方的对立没有取得任何成果之后,美英加大了对法国的说服工作,并支持将萨尔并入法国,最终使法国接受了三区合并的建议。

1948年2月23日,在伦敦召开的美、英、法三国副外长会议上,法国同意将其占领区并入"双占区",共同成立"三占区"。从2月26日开始三国副外长会议又邀请荷兰、比利时和卢森堡等三个国家的代表参加,以协调欧洲各国在德国问题上的立场,会议于1948年6月1日结束。从1948年6月7日发表的《伦敦议定书》的内容看,该会议实际上是筹备成立西德的会议。《伦敦议定书》的内容主要包括三项:(1)定于9月1日召开西占区德国的制宪会议,由各州总理指派代表参加,起草基本法;(2)鲁尔的煤和钢由美、英、法、荷、比、卢以及筹划成立的西德共管;(3)在对西德的全面军事占领结束后,西方盟国继续占领鲁尔和莱茵河。

针对美、英、法在西占区的动作,苏联也采取了一系列措施进行反制。1948年2月13日,苏联军管会发布第32号令,宣布改组苏占区经济委员会。改组后的经济委员会领导苏占区的一切重要经济部门,设常务主席1名,由德国统一社会党重要成员担任,在苏占区的机关体系中,该机构具有最高的立法、行政和执行机关的功能。1948年3月17—18日,苏占区召开了德国人民代表大会,选出了由400人组成了"德国人民委员会",作为临时的常设机构。

1948年年初,东西占区各自在政治独立上的道路上迈出了一步,而年中西占区的"币值改革"则成为东西占区经济分裂的重要环节。《伦敦议定书》于6月9日和16日相继得到美英和法国政府的批准后,6月18日,三国占领当局宣布从6月21日起在西占区实行单独的货币改革,以"B记"马克代替当时流通的帝国马克。

对于美、英、法的这一措施,苏联则针锋相对,一方面以对西方国家通往

---

① 丁建弘、陆世澄、刘祺宝:《战后德国的分裂与统一(1945—1990)》,人民出版社1996年版,第67页。

柏林的通路实行交通管制对美、英、法施加压力，另一方面在6月22日召开的美、苏、英、法四国财政专家讨论柏林货币问题的会议上，苏方代表宣布将在苏占区和大柏林发行带有特别印记的"D记"马克，并以柏林位于苏占区、在经济上构成东占区的一部分为由，要求把"D记"马克作为全柏林的流通货币。虽然柏林市政当局宣布东柏林适用苏联军事长官的命令，西柏林适用西方三国的命令，但西柏林的双货币制度一直到1949年3月始才结束。

1948年6月24日，苏联宣布彻底封锁柏林，全面切断西柏林与西德之间的水陆交通，停止了苏占区对西柏林煤电和副食品的供应，第一次柏林危机爆发。7月1日，苏方通知美、英、法三国，宣布废除四国管制柏林机构。面对柏林危机，美、英、法在构筑"空中走廊"供应西柏林的同时，并没有放慢推进成立西德政府的步伐。7月1日，美、英、法三国军事长官在法兰克福举行会议，西占区11个州的总理也应邀参加。会议散发了《关于宪法决定的声明》、《关于改组州议会的声明》、《宪法生效后军事长官权限的声明》等三个文件。西占区各州总理经过讨论，7月26日与美、英、法三国军事长官达成一致：将成立的西德国家应是临时性质的，改宪法为基本法，不召开国民会议，同意成立一个议会委员会，代表由各州议会选举产生，通过的决议不交全民表决，但须提交州议会批准。这样设计的目的即在于尽量不使即将成立的实体给人留下具有国家性质的印象，以为日后的统一留下法律上的空间。

1948年9月1日，西德议会委员会在波恩开幕，议会委员会由各州选举产生的65名代表组成，基督教民主联盟党团主席阿登纳当选为主席。阿登纳在致辞中表示："我们议会委员会的坚定目标是，要写出这样一部宪法：使全德国统一的可能性永久地存在下去，使德国的东部地区在任何时候能在这个新国家里占有自己的位置。"①

在西德议会委员会起草基本法的同时，美、英、法三国也成立了三方委员会，负责起草占领法规。1949年4月8日，三国发表《华盛顿声明》，宣布在《占领法规》上达成了协议。《占领法规》主要包括五个方面的内容：（1）西德国家成立后，军政府将宣告结束。文职的高级专员将代替美、英、法的军事长官成为盟国驻德国的最高官员。三个盟国的高级专员组成最高专员委员会主管德国的对外事务和安全事务，并将对西德议会的一切行动拥有否决权；（2）德国人将拥有"民主的自主政府"，在盟国允许的范围内可以就国内问题或任何其他问

---

① ［联邦德国］康拉德·阿登纳：《阿登纳回忆录（1945—1953）》（第一卷），上海人民出版社1976年版，第163页。

题制定法律；(3)不论西德政府何时成立，只要三占区合并细节拟订完毕，西方三占区应立即合并；(4)新成立的西德国家将成为"欧洲复兴计划"的正式成员，但盟国（主要是美国）将继续监督德国的外贸；(5)盟国将着手贯彻建立鲁尔国际管制机构的协议，不再拆迁先前指定拆迁的大部分德国工厂。[①]1949年4月10日，《占领法规》被德国议会委员会通过。5月8日，议会委员会也以53票对12票的比例表决通过了《基本法》，随后11个州的10个州议会通过了《基本法》。5月12日，三国军事长官在法兰克福批准了《基本法》。至此，西德建国的法律准备工作全部完成。

1949年8月14日，德国西占区举行第一届联邦议院选举，共选出403名联邦议院议员。9月7日联邦议院和联邦参议院正式成立。9月12日特奥多尔·豪斯当选为总统，基督教民主联盟、基督教社会联盟以及自由民主党组成第一届内阁，9月15日阿登纳当选为内阁总理，9月20日德意志联邦共和国正式成立。

在西方积极推进成立联邦德国的同时，东占区的国家化过程也在积极推进。继1948年3月德国人民委员会成立之后，1948年10月22日德国人民委员会通过了由统一社会党提出了"德意志民主共和国"宪法草案。1949年3月18—19日，德国人民委员会举行会议，最终核准了该宪法草案，并提交德国人民代表大会批准。1949年5月12日，《基本法》在西占区被通过之后，5月15日，德国人民代表大会举行代表选举，95.2%的东占区选民参加了投票，5月17日选举出人民代表1 600名，其中616名当选代表来自西德。5月29—30日，第三届德国人民代表大会召开，大会批准了3月19日人民委员会通过的宪法，并选举出400名委员组成新的人民委员会。

1949年10月7日，德国人民委员会举行会议并通过宣言，宣告以临时人民议院的名义行使最高立法机关的职责。临时人民议院决议当天成立德意志民主共和国，并宣告第三届人民代表大会通过的宪法生效。统一社会党领导人格罗提渥受命组织政府。10月11日，皮克当选为德意志民主共和国总统。

"两个德国的成立并不是德国人民的意愿，它首先是占领国的意志"，在冷战帷幕已经拉开的时候，西方和苏联"不能把整个德国并入他们的势力范围，起码也要确保他们已占领的那部分，以加强各自的国防力量、经济制度和潜在的实力，来削弱对方"[②]。在东西方之间所形成的这种战略格局下，德国便难以避

---

① 吴友法：《德国现当代史》，武汉大学出版社2007年版，第304-305页。
② 吴友法：《德国现当代史》，武汉大学出版社2007年版，第311页，转引迪特尔·拉夫：《德意志史》，慕尼黑1985年版，第345页。

免走向分裂的历史命运了。

三、两个德国的体制

德意志联邦共和国是实行间接民主的议会民主制的联邦制国家，经济上实行以私有制为基础，并由中央政府进行宏观调控的社会市场经济。在行政管理体制上，实行三级管理，即联邦、州以及受联邦委托由州进行管理三级。市、县、乡的基层管理基本上实行自治，设立地方自治机关。从1949年9月成立至1955年，德意志联邦共和国并不具有主权，因而并不是一个完整意义上的国家。美、英、法三国制订的《占领法规》对联邦德国的国家主权做了诸多的限制。如"包括缔结国际间协议在内的联邦德国的外交事务由占领国负责"，"修改基本法必须得到占领国的同意"以及"占领国在认为必要时可以重新收回联邦德国政府的权力"等。直至1951年3月，联邦德国才被允许设立外交部。

联邦德国极力强调它的临时性和过渡性，具有宪法性质的《基本法》之所以回避"宪法"的称谓，其要旨也正是要强调这一点。《基本法》第146条规定："基本法的有效期至（全体）德国人民通过自决制定的宪法生效时为止。"另外，之所以强调临时性还与统一问题密切相关，《基本法》第23条明确规定："基本法首先在联邦德国各州生效。待其他地区加入后，基本法对那些地区也同样具有法律效力。"所谓的"其他地区"指的就是东德地区。

根据1949年3月德国人民委员会核准的德意志民主共和国宪法，德意志民主共和国的政治体制是以德国统一社会党为领导的多党议会民主制。国家最高的权力机关是人民议院，总统为国家元首，由人民议院中占席位最多的议会党团提名、经人民议院选举产生后组织政府。1960年9月7日，总统皮克逝世后，人民议院决定取消总统制，建立国务委员会。国务委员会主席由人民议院选举产生，对外作为国家元首代表民主德国，国家最高权力执行机构是部长会议，由主席、副主席和各部委负责人组成。部长会议主席是政府首脑，是民主德国行政机构的最高领导人，由国务委员会主席提名、经人民议院选举产生。

1952年7月，民主德国把五个相互独立的州划为直属中央领导的14个专区，加上柏林，全国共计15个区，县由120个扩增至194个（后改为191个），行使县职权的市由20个增至22个（后扩至26个），从而形成了中央、专区、县、乡的四级行政体制。民主德国宪法的第1条即规定"德国是一个不可分割的民主共和国，由德国各州组成"，"只有一个德国国籍"。

尽管两个德国的成立标志着德国的分裂，但从两个德国的宪法或具有宪法性质的《基本法》的规定来看，两个德国都在强调德国的不可分割性。分裂之初，两个德国的确也都在追求着各自的统一理想。但德国问题实际上是战后欧洲和美苏冷战格局中的核心问题，因此其决定性的影响因素在于美苏。同时，两个德国在实力对比方面也存在一定的差距。这些因素都在影响着两个德国的统一政策，因而随着国际局势的发展和东西德实力对比的变化，两个德国的统一政策也各自沿着不同的轨迹发生了各自的变迁。

第三节 统一政策的演变

一、1949—1963年

从1949年当选为联邦德国总理至1963年，原英占区政党领袖阿登纳四度出任联邦德国总理。在阿登纳担任政府总理时期，联邦德国制定并执行了强硬的统一政策，其政策特征主要表现为以下几点：(1)秉持以自由民主体制实现统一的信念，将德国统一设定为西德对外政策的最高目标；(2)不承认德意志民主德国是国际法意义上的国家，强调西德政府是代表德国的唯一合法政府的单独代表权，坚持不与承认东德的国家建立外交关系的"哈尔斯坦主义"，最终追求将东德合并到西德的吸收统一政策；(3)坚持"实力政策"，凭借美国的支持获得对苏联谈判的有利地位，以发展经济和国力、占据优势来推进统一政策。

为了最终实现国家统一和重振德国的目标，阿登纳政府制定了先加入西方，获取国家主权，推进经济和国力的发展，而后再谈统一的战略。因此，在这一阶段，西德政府在统一问题的态度上可以说是消极和保守的，实际上是搁置了统一问题。

与联邦德国相反，民主德国在统一问题上的态度则是积极的，甚至是进攻性的。在这一阶段的前期，即在1955年之前，民主德国的统一政策特征主要表现为这样几点：(1)将国家统一置于政策的优先地位；(2)主张以谈判为手段和途径实现国家的统一，对西方提议的通过选举实现国家统一的方案持反对或消极态度。1955年之后，民主德国曾提出了通过邦联形式实现统一的方案，而在实际上放弃了试图通过谈判直接实现统一的政策，将主要精力转向了国家建设和政权巩固上。

1949年3月，民主德国统一社会党主席格罗提渥在谈到党的任务时指出："西德的巨额财富不允许落入外国帝国主义、垄断资产阶级及其德国同伙手中"，"在欧洲正在形成中的新国家集团中，缺少铁、钢等经济基础的东德在经济上将只是东南欧国家集团的负担。然而，作为一个整体的德国则会加强集团的力量，因为它代表武装力量的经济基础和欧洲的和平秩序。"① 1949年10月7日，民主德国新成立的全国阵线在宣言中指出："依照宪法而成立的德国临时政府，将以争取德国和平、统一和主权的斗争为它的主要任务。"② 全国阵线的首要目标就是统一德国，要"取消分立的西德国家，废除鲁尔法规，取消萨尔的自治及成立德意志民主共和国的全德政府，由此恢复德国的政治与经济的统一"③。

民主德国的统一政策依据的是《波茨坦协定》。该协定规定：在德国主权恢复的问题上，"准备使德国政治生活在民主基础上获得重新建立，并使德国将来在国际生活上参与和平合作"。在德国政治统一问题上，"目前德国中央政府将暂不设立。然某种必要之德国中央行政部门，尤其财政、运输、交通、对外贸易与工业等，应予设立，以部长为首长"。在经济统一问题上，"在占领期间，德国应被视为一个经济单位。为达到此目的计，关于下列各项将确定共同政策"。在缔结对德和约问题，"会议将负责准备对德和约，俾于合乎此项目的之德国政府成立时，由德国政府予以接受"④。

民主德国认为《波茨坦协定》是具有约束力的国际公法，并将其作为要求恢复德国统一的法律依据和巩固政权、争取实现统一的政治斗争工具。⑤

为了实现统一，民主德国提出了两德举行谈判的建议。1949年10月4日，统一社会党中央执行委员会建议联邦德国的议会和政府与民主德国的人民议院和政府就相应的步骤举行谈判。⑥ 1949年10月23日，民主德国的皮克总统又向联邦德国提议举行谈判以完成德国的重新统一。

对于民主德国的提议，阿登纳政府一方面不给予正面答复，另一方面则于1950年3月22日提出了全德选举产生全德立宪议会的建议。⑦ 联邦德国之所以不正面回复民主德国的建议是因为不想造成在事实上承认民主德国的印象，之

---

① 邓红英：《民主德国德国政策的演变（1949—1990）》，湖北人民出版社2009年版，第35页。
② 人民出版社编：《德国问题文件汇编》，人民出版社1953年版，第221页。
③ 人民出版社编：《德国问题文件汇编》，人民出版社1953年版，第218页。
④ 王绳祖、何春超、吴世民编选：《国际关系史资料选编》，法律出版社1988年版，第880-882页、第878页。
⑤ 邓红英：《民主德国德国政策的演变（1949—1990）》，湖北人民出版社2009年版，第40页。
⑥ 中央马列主义研究所编写组编：《德国统一社会党简史》，人民出版社1990年版，第250页。
⑦ 邓红英：《民主德国德国政策的演变（1949—1990）》，湖北人民出版社2009年版，第41页。

所以主张举行全德选举，一方面是基于自己的政府是通过选举产生，希望借此宣扬自己的合法性，另一方面则是因为相对于东德而言，西德在人口数量上占据优势，选举更有利于西德。

1950年11月30日，民主德国第一次大选产生的新政府部长会议主席格罗提渥致信阿登纳，建议两个政府各派六名代表，讨论由东西德对等代表筹备组成一个全德立宪议会，以筹备成立全德临时政府和与四国协商起草和约的问题。①1950年12月30日，民主德国人民议院主席还致信联邦议院议长赫尔曼·埃勒斯，再次提出举行两德会谈。

对于民主德国的提议，1951年1月15日，阿登纳在记者招待会上以政府声明的方式予以回复，阿登纳主张通过自由选举建立全德政府，并强调了自由选举的三个条件②，实际上是拒绝了民主德国的提议。1951年1月30日，格罗提渥在人民议院发表声明，对阿登纳政府拒绝民主德国的提议进行了指责。同日，民主德国人民议院致电联邦议院，建议"共同召集全德立宪会议以便获得为了保证和平和恢复统一所必需解决的一切问题的协议"，民主德国提出首先由两德议院派出平等代表讨论全德立宪会议的召开，并列出了准备讨论的包括阿登纳提出的自由选举条件在内的各种具体问题。③9月15日，人民议院召开会议，格罗提渥发表长篇讲话，建议人民议院向联邦议院发出呼吁，举行一次东西德代表共同参加的全德会议，讨论举行国民议会的全德自由选举和加速缔结和约等问题。④

但是，对于民主德国的新建议，阿登纳政府仍拒绝给予正面答复，只是于1951年9月27日召开联邦议院会议讨论全德自由选举问题。会议上，阿登纳详细列出了自由选举的"十四点原则"，决定尽快制定选举条例并递交至联合国和四大占领国。

对此，1951年10月10日人民议院致函联邦议院，表示阿登纳提出的"十四点原则"大多数是可以接受的，但认为还需要召开全德会议讨论其他问题，选

---

① 邓红英：《民主德国德国政策的演变（1949—1990）》，湖北人民出版社2009年版，第46页。转引 Manfred Overesch, Die Deutschen und die Deutsche Frage 1945-1955: Darstellung und Dokumentte, Hannover, 1985, S.142.
② ［联邦德国］康拉德·阿登纳：《阿登纳回忆录（1953—1955）》（第二卷），上海人民出版社1976年版，第31-32页。
③ 世界知识出版社编：《欧洲安全和德国问题文件汇编（第一集）》，世界知识出版社1956年版，第182-184页。
④ 世界知识出版社编：《欧洲安全和德国问题文件汇编（第一集）》，世界知识出版社1956年版，第223-231页。

举的国际监督问题在全德会议上讨论更为合适。同时，人民议院还要求联邦议院对召开全德会议、举行自由选举以及缔结和约等问题作出明确答复。① 1951年11月2日，民主德国总统皮克致信联邦德国总统休斯，建议由两国总统举行一次联席会议，协商召开讨论德国统一和加速缔结和约的全德会议。信中，皮克强调要由德国人自己而不是外国人来决定德国的命运，民主德国同意在德国各地举行选举调查，但认为最好是在四国代表的管制监督下由德国人自己进行。②

但是，1951年11月7日，休斯将信件原封不动退回，联邦德国仍拒绝同民主德国直接对话，而是将自由选举问题提交至联合国。1951年12月11日，联合国大会召开特别政治委员会，讨论组织调查德国自由选举条件的联合国委员会的提案。在会上，民主德国代表团明确表示，坚决反对成立联合国调查委员会。③ 但是，在美国的主导下，12月20日，联合国大会还是以45票赞成、6票反对、8票弃权的压倒性多数通过了成立调查委员会的501号决议。④ 调查委员会由巴西、荷兰、冰岛、巴基斯坦和波兰等国组成。但波兰拒绝参加调查委员会，民主德国也拒绝调查委员会进入其领土。1952年6月21日，调查委员会在民主德国的行动无限期延迟。在此之前的1952年2月22日，联邦德国曾将联邦议院通过的选举法递交给英、法、美三国的高级专员，并请他们转交给苏联驻民主德国的崔可夫将军。民主德国也针锋相对地出台了自己的选举法，坚持将自己的某些选举制度推广至全德。但联邦德国却断然拒绝。此后，民主德国逐渐放弃了通过与联邦德国谈判，并在全德范围内组织选举以实现统一的政策，统一的政策重点也逐渐转移到主张缔结和平条约以争取和巩固自己的合法性方面。

1952年2月13日，民主德国致函英、法、美、苏四国政府，要求按照《波茨坦协定》从速缔结对德和约。⑤ 2月20日，苏联回信表示支持，但西方三国则没有理会。为了配合和支持民主德国的主张，3月10日，苏联在对民主德国的建议稍加修改后，向美、英、法三国政府发出缔结对德和约的外交照会，并

---

① 世界知识出版社编：《欧洲安全和德国问题文件汇编（第一集）》，世界知识出版社1956年版，第234—235页。
② 世界知识出版社编：《欧洲安全和德国问题文件汇编（第一集）》，世界知识出版社1956年版，第239—240页。
③ 世界知识出版社编：《欧洲安全和德国问题文件汇编（第一集）》，世界知识出版社1956年版，第257—258页。
④ http://daccess-dds-ny.un.org/doc/RESOLUTION/GEN/NR0/066/58/IMG/NR006658.pdf?OpenElement，2014年1月7日访问。
⑤ 世界知识出版社编：《欧洲安全和德国问题文件汇编（第一集）》，世界知识出版社1956年版，第259—260页。

附加提出了一份和约草案。外交照会中,苏联建议四国召开会议,讨论缔结对德和约以及研究建立一个全德政府以签订和约等问题。而在和约草案中,苏联提出建立一个统一、独立和军事中立的德国。统一后的德国在一定程度上可以拥有保卫安全的武装部队和生产军需物资,还可以加入联合国。[①]1952年3月14日,格罗提渥发表声明对苏联的提议表示支持。而联邦德国则毫不犹豫地拒绝了苏联的和约草案。1952年5月26—27日,联邦德国和英、法、美等国先后草签了关于结束德国占领状态和组建欧洲防务集团的《波恩条约》和《巴黎条约》。

在这种情况下,1952年7月,民主德国统一社会党召开第二次代表会议,总书记乌布利希做了题为《目前形势和德国统一社会党的新任务》的报告。乌布利希认为当前的形势是世界分裂为和平、民主的社会主义阵营和战争、剥削的帝国主义阵营,帝国主义在联邦德国的政策使和平受到威胁。在这种形势下,党的新任务是"使争取签订和约即恢复民主德国统一的斗争成为全体人民的事业,巩固德意志民主共和国——为和平及德国的统一而斗争的基础——的政权,并胜利地完成全国在实现五年计划中的巨大建设工作"[②]。会议决议对未来的工作做了11项部署,其中有三项涉及统一问题:(1)当前任务是反对英、美、法占领者和打到波恩政府;(2)首要任务是组成工人阶级与劳动农民的同盟以及团结所有的爱国人士;(3)加强与联邦德国的德国共产党的团结。其余各项则主要集中在巩固与苏联等社会主义国家的友好关系和进行社会主义建设方面。

1952年8月23日,苏联再次向美、英、法三国发出外交照会,要求召开四国会议讨论对德和约与成立全德政府的问题。9月5日,民主德国人民议院致函联邦德国联邦议院,建议两德派代表参加四国会议和组成一个调查两德举行自由选举可能性的德国调查团。[③]9月19日,民主德国人民议院向联邦德国派出了一个代表团,但联邦德国拒绝接触抵达波恩的民主德国代表团。

1953年3月5日,斯大林逝世。由于民主德国过急过快的社会主义化引发民众不满以及西方国家的介入等原因,6月17日,东德部分地区发生骚乱。为了试探斯大林逝世之后的苏联政策是否有变化,7月15日,美、英、法三国主

---

① 世界知识出版社编:《欧洲安全和德国问题文件汇编(第一集)》,世界知识出版社1956年版,第262-265页。
② [民主德国]乌布利希:《目前形势和德国统一社会党的新任务》,世界知识出版社1954年版,第1页。
③ 世界知识出版社编:《欧洲安全和德国问题文件汇编(第一集)》,世界知识出版社1956年版,第300-303页。

动照会苏联,建议在9月底举行一次四国会议,讨论德国统一、对德和约以及对奥和约等问题。8月4日,苏联复照三国,同意召开四国会议,但对会议议题等问题提出不同意见,最后经过反复沟通,决定于1954年1月在柏林召开四国会议。

为了争取主动,在西方三国照会苏联的7月15日,民主德国部长会议也发表一项声明,表示尽管6月17日发生了西方制造的骚乱事件,仍然愿意与联邦德国谈判恢复统一和缔结和约的问题。同时,还建议在最短期内召开一个由民主德国和联邦德国代表参加的全德会议,讨论上述问题。①8月17日,皮克通过广播演说表示"在准备和约的各阶段以及在和会上,必须保证德国有代表参加",他还建议由两德组成临时全德政府准备全德自由选举。②

但阿登纳政府坚决反对两德参加柏林会议,"要是这样做,那就意味着事实上承认德意志民主共和国"③。

1954年1月25日至2月18日,四国外长会议在东西柏林轮流召开。会前,民主德国一再要求两德代表参加会议,但被西方三国拒绝。会上美、英、法三国坚持以自由选举作为德国统一的第一步。同时,还坚持建立欧洲防务集团,并要求全德政府应该有权继承联邦共和国和苏占区所承担条约的权利和义务,这意味着西方要求统一后的德国要加入北约。西方国家的上述主张遭到了民主德国的坚决反对。1954年1月30日,民主德国向四国外长会议提交了一份备忘录,反对《波恩条约》和《巴黎条约》,主张德国统一的第一步是建立一个由东西德代表组成的全德临时政府,并要求对德和约包括外国占领军撤出、不参加旨在反对任何一个曾参加对德作战的国家的联盟或军事同盟等原则。④民主德国的主张是建立一个中立的全德政府。

1954年3月30日,民主德国统一社会党召开"四大",乌布利希在大会的总结报告中表示:"恢复德国的统一首先要靠德国自己,恢复德国统一只有在德国东西两部代表之间达成协议,只有在拒绝'欧洲防务集团'条约和波恩'一

---

① 世界知识出版社编:《欧洲安全和德国问题文件汇编(第一集)》,世界知识出版社1956年版,第342—344页。
② 世界知识出版社编:《欧洲安全和德国问题文件汇编(第一集)》,世界知识出版社1956年版,第360—362页。
③ [联邦德国]康拉德·阿登纳:《阿登纳回忆录1953—1955(第二卷)》,上海人民出版社1976年版,第279页。
④ [民主德国]德意志民主共和国外交部编:《关于德意志联邦共和国政府侵略政策的白皮书》,世界知识出版社1959年版,第116—117页。

般性条约'的情况下才有可能。"① 为了阻止西德加入北约,1955 年 1 月 15 日,东德政府发表声明,表示如果联邦德国改变加入北约的政策,两德可以在 1955 年举行全德自由选举。但此提议依然遭到联邦德国的拒绝。2 月 27 日,联邦议院批准了取代《巴黎条约》(注:因法国议会的否决而未能生效)的《巴黎协定》,联邦德国获得国家主权,并加入了北约。随后,民主德国也于 5 月 14 日被接纳为华沙条约组织成员。两德的分裂状态进一步被巩固,统一问题趋向复杂化和长期化。

1955 年之后,联邦德国继续其在统一问题上的强硬政策,而民主德国则调整了先前的统一政策,放弃了试图通过谈判或选举寻求统一的政策,转向了巩固政权和寻求两德的平等与和平共处上。

在联邦德国获得主权、加入北约之后,苏联的德国政策也出现调整,1955 年 6 月 8 日,苏联政府向联邦德国发出备忘录,希望与联邦德国实现关系正常化,并向阿登纳发出了访问莫斯科的邀请。9 月 8 日,阿登纳访问苏联;9 月 13 日,两国发表联合公报,宣布建立外交关系。为了消除与苏联建交可能产生的影响,阿登纳不但在建交换文中强调恢复德国统一的立场,次日,即 9 月 14 日还给苏联发出一封信件,声明两国建交后联邦德国仍然保留在德国边界和联邦德国"唯一代表权"问题上的立场。② 但苏联则于 9 月 16 日以"塔斯社"的名义指出,苏联把德意志联邦共和国看作德国的一部分,德国的另一部分是德意志民主共和国,德波边界已由《波茨坦协定》解决。随后,苏联政府又宣布:撤销苏联驻德高级专员公署;废除对德管制委员会在 1945 年至 1948 年之间颁布的有关法律、指令、命令和其他决议,并表示重新统一德国问题是德国人民自己的事情。9 月 20 日,苏联与民主德国签订《苏联同德意志民主共和国关系条约》,承认了民主德国是一个主权国家。然而,联邦德国仍旧坚持其既定立场,1955 年 12 月 11 日,联邦德国通过外交官员发表广播讲话表示,除苏联以外,其他第三国与民主德国建立外交关系对联邦德国而言是一种不友好的行动,联邦德国将作出包括断绝外交关系措施在内的分阶段的反应。③ 对此,民主德国则表示,两德都是前德意志帝国的继承者。

进入 1956 年之后,民主德国不断地提议采取措施促使两德关系正常化。1956 年 1 月 18 日,格罗提渥建议两德发表互不使用武力、支持欧洲集体安全

---

① 纪年译:《德国统一社会党第四次代表大会文件选辑:一九五四年三月三十日至四月六日》,世界知识出版社 1956 年版,第 15 页。
② 邓红英:《民主德国德国政策的演变(1949—1990)》,湖北人民出版社 2009 年版,第 83 页。
③ [联邦德国]威廉·格雷韦:《西德外交风云纪实》,梅兆荣等译,世界知识出版社 1984 年版,第 231 页。

条约以及两德关系正常化的共同声明。5月29日，民主德国发表政府声明，建议东西两德政府促进彼此之间的商业、文化、科技交流，鼓励个人和团体之间的往来。12月30日，乌布利希在《新德意志报》发表题为《我们应该做什么以及不应该做什么》的文章，文章指出："在两个德国建立不同的社会制度后，首先必须是两个德国的接近，然后是建立邦联或联邦的一种形式，直到德国重新统一和建立国民大会的民主选举成为可能。"①1957年1月15日，民主德国统一社会党中委会召开第30次会议，关于统一问题，乌布利希在大会报告中表示，反对联邦德国的武力统一政策，统一的条件就是联邦德国退出北约和停止重新武装，统一的组织形式是邦联性质的全德议会，它由两德分别依据各自的选举法进行选举组成，该组织有邦联政府的职能，负责准备统一协议、协商民族工业、银行、军队、交通等方面的统一。以后，再按照平等协商的原则来举行自由选举，建立负责立宪和组织统一政府的国民大会。在民主德国看来，邦联计划可以制止德国民族分裂的加剧，为恢复民族国家的统一创造机会，可以开启两德关系正常化的道路。1957年7月26日，民主德国发表政府声明，呼吁社会制度不同的两个德国，统一不能从外部机械合并，只能通过德意志人民自己协商完成，而统一的方式之一就是建立以国际法为基础的邦联，两德在邦联中独立、平等，邦联的组织形式是两德议员组成的全德议会。

然而，民主德国的上述建议和方案仍遭到阿登纳政府的拒绝，西德认为民主德国的邦联建议只会使统一问题变得更加复杂和困难。民主德国提出建立邦联的统一方案实际上具有公共外交的性质。在阿登纳政府顽固坚持不与东德政府正面来往的情况下，主张建立一个中立、统一德国的西德社会民主党引起了东德政府的关注，但成立邦联的建议和呼吁并没有对1957年联邦德国的选举产生多少影响。

在统一问题难以取得进展的同时，民主德国在社会主义建设中也出现了一些问题，20世纪50年代后期过急过快的农业集体化大大损伤了民众的积极性，产生了一些社会问题，导致包括许多年轻技术人员在内的大批民众逃往西方。为了防止民众的外逃，民主德国加强了对西柏林过境交通的管制，却又引发联邦德国的经济报复，导致两德关系紧张。在这种情况下，1960年12月，统一社会党中委会提出了两德和平共处的四点要求：(1)签订10年和平条约；(2)停止战争

---

① 邓红英：《民主德国德国政策的演变（1949—1990）》，湖北人民出版社2009年版，第91页。转引 Juergen Hofmann, *Es ging um Deutschland : Vorschlage der DDR zur Konfronderation zwischen beiden Deutschen Staaten, 1956 bis 1967*, Berlin, 1990, S.16.

宣传和扩军备战;(3)签订贸易协定和附加协定;(4)签订华约和北约国家之间的互不侵犯条约。①1961年6月28日,民主德国国务委员会致电联邦议院和政府,呼吁两德商议共同决定德国土地上的和平以及统一问题。但联邦德国政府仍旧坚持"唯一代表权",拒绝与民主德国进行谈判。为了维护国家的稳定,1961年8月13日,民主德国用铁丝网将西柏林围住,随后又修建了高大的围墙——柏林墙。柏林墙修建后,民主德国的社会得以稳定。1961年11月30日,格罗提渥致信阿登纳,表示如果不能在所有问题上达成共识,两德至少在保卫和平、和平共处与发展正常关系上达成最低程度的一致。而在协商的内容方面,格罗提渥则提出双方相互保证主权平等和尊重领土完整。②1963年1月15—21日,民主德国统一社会党召开"六大",确立了10年的外交计划,提出要与不同制度的国家在和平共处的原则上建立和平共处关系,而这也适用于民主德国同联邦德国、西柏林之间的关系。

面对民主德国的"邦联"攻势,联邦德国在政治上坚持强硬予以封堵的同时,也开始微调其东方政策,开始从侧面包抄、孤立民主德国。1961年,联邦德国议院通过了在东欧国家设立贸易代表机构的决定。1961年11月29日,联邦德国开始与波兰进行签订长期贸易协定的谈判,1962年3月7日双方签署了为期三年的贸易协定。

二、1963—1969年

在这一时期,联邦德国经历了两届政府,即1963年至1966年的艾哈德政府和1966年至1969年的基辛格政府。艾哈德政府时期的统一政策主要表现出如下特征:(1)面对美苏缓和的新国际形势,在政治安全战略上,坚持亲美路线的同时,强调自己解决安全问题;(2)在政治上继续坚持"哈尔斯坦主义"、不与东欧社会主义国家发展外交关系的同时,开始探索以西德的经济实力为基础建立并加强与东欧社会主义国家的经贸关系;(3)艾哈德政府的统一政策仍以孤立东德为目标。1966年,执政的基辛格政府在艾哈德政府调整统一政策的基础上继续进行了调整,其政策特征主要表现为:(1)为提高联邦德国的国际

---

① 邓红英:《民主德国德国政策的演变(1949—1990)》,湖北人民出版社2009年版,第103页。转引 W. Haenisch (Hrsg.), *Geschichte der Aussenpolitik der DDR : Abriss*, Berlin: Staatsverlag der Deutschen Demokratischen Republik, 1985, S.176.

② 邓红英:《民主德国德国政策的演变(1949—1990)》,湖北人民出版社2009年版,第106页。转引 Juergen Hofmann, *Es ging um Deutschland : Vorschlage der DDR zur Konfronderation zwischen beiden Deutschen Staaten, 1956 bis 1967*, Berlin, 1990, S.55-57.

地位，不将军事安全问题与统一问题相联系，另行推进；（2）改变了阿登纳政府时期不与民主德国正面接触的政策，提议同民主德国进行协商，发展以旅游观光为代表的社会、经济、文化等领域的东西德关系，实际上接受了民主德国在事实上的存在；（3）对东欧其他社会主义国家放弃了适用"哈尔斯坦主义"。

这一时期，民主德国的统一政策分为前后两个阶段：在前期，民主德国面对联邦德国的侧面包抄，一方面依靠苏联巩固与社会主义国家关系的同时，也试图发展与西方的经济关系，另一方面继续直接面对联邦德国要求其承认民主德国在法律上的存在，构筑两德间的平等关系；在后期，民主德国一方面通过调整处理两德问题的机构和相关法律，凸显自己的主体地位，另一方面还积极面向第三世界寻求外交上的突破，在国际法凸显自己的主权存在。

1963年10月，执掌联邦总理一职14年的阿登纳辞职，担任阿登纳政府经济和劳动部长、培育联邦德国经济奇迹的总设计师——路德维希·艾哈德担任总理后，继续了阿登纳政府末期的政策调整，继与波兰签订贸易协定之后，又陆续与罗马尼亚、匈牙利、保加利亚、南斯拉夫达成了设立商务代表机构的协议。[①] 艾哈德政府上述政策调整的目的仍是在利用东方阵营内的离心倾向孤立东德。

对于联邦德国的侧面包抄，民主德国也派出代表团前往东欧各国，并以同时与西方国家发展经济关系进行反制。民主德国坚持反对联邦德国绕过自己与苏联和东欧国家发展关系，坚持联邦德国从国际法上承认其主权地位是社会主义阵营与之进行外交交往的前提。为了赢得主动，民主德国还积极从正面向联邦德国发出建议。1963年，乌布利希向联邦德国提议双方就建立邦联、发展正常和平关系和准备友好合作进行谈判。1964年5月，乌布利希致信艾哈德，建议逐步限制两德军备，召集一个有人民议院和联邦议院对等代表组成的全德理事会，以建立统一、和平的德国。但联邦德国方面依旧将信件原封不动退回。在试图从官方层面撬动两德关系的同时，民主德国还尝试与联邦德国的在野党和社会团体进行接触，从侧面向西德的执政党施加压力。为了推进两德间的对话，1965年12月，民主德国还设立了专门负责此业务的机构——"全德问题秘书处"和"全德问题委员会"。

1965年5月13日，受联邦德国与以色列建交事件的影响，埃及等10个阿拉伯国家同时宣布与联邦德国断绝外交关系，使联邦德国政府十分被动。为了摆脱外交困境，1966年3月25日，艾哈德政府向包括所有与联邦德国建交的

[①] 萧汉森、黄正柏：《德国的分裂、统一与国际关系》，华中师范大学出版社1998年版，第363页。

国家、刚断交的阿拉伯10国以及除民主德国以外的东欧国家发出一份"和平照会",宣布愿意与苏联和东欧国家交换声明,放弃以武力解决争端,通过和平方式谋求统一等,其主要目的是向苏联和东欧国家表明和平诚意。对此,在1966年4月21日召开的统一社会党成立20周年的纪念大会上,乌布利希向联邦德国提出了保障和平的一系列建议,包括禁止发展核武器、承认欧洲边界现状、签署关系正常化协议、以邦联形式实现德国的接近、和解与合作等。[①] 民主德国的上述主张得到了东欧社会主义国家的支持。1966年7月4—10日,华约国家在布加勒斯特举行首脑会议,通过了《关于加强欧洲和平与安全的宣言》,谴责了联邦德国想改变现状的野心,表示了对民主德国政策的支持。宣言指出:联邦德国与苏联东欧真正改善关系必须满足三个条件:"1.承认民主德国;2.接受波兰西部的奥得—尼斯河边界的不可侵犯性;3.放弃使用和拥有核武器。"

艾哈德政府顽固坚持"哈尔斯坦主义",从而陷入了外交上的被动,而在内政方面也未能克服经济衰退、失业率上升等困难。1966年12月,艾哈德宣布辞去总理职务。基督教民主联盟和社会民主党组成"大联合政府",基督教民主联盟的库特·基辛格担任总理,社会民主党领袖维利·勃兰特担任副总理兼外交部长,从而结束了保守政党垄断联邦德国政局的局面,为统一政策的进一步调整奠定了基础。

1966年12月13日,基辛格政府发表声明,论述了联邦政府的外交政策,详细阐明了对欧共体、德法关系、自决权、单独代表权以及与民主德国的关系等问题。基辛格明确表示:"本届联邦政府同样认为自己是德国唯一的政府,是自由、合法和民主选举的政府,有权代表全体德国人民。但是,这并不意味着我们要想约束德国另一地区不能自由选择的同胞。……联邦德国机构与德国另一个地区的相应机构进行接触,并不意味着承认一个第二个德国。我们将逐步进行这方面的接触。"[②] 基辛格政府的政策调整在东欧国家中得到了积极回应,1967年1月30日,联邦德国同罗马尼亚建立大使级外交关系,虽然基辛格于2月1日在联邦议院发表的声明中仍强调"同罗马尼亚社会主义共和国建立外交关系,并不意味着改变德国的法律立场,联邦政府单独有权代表全体德国人民",但同罗马尼亚建交实际上意味着联邦德国放弃了"哈尔斯坦主义"。

---

① 邓红英:《民主德国德国政策的演变(1949—1990)》,湖北人民出版社2009年版,第113页。转引 W. Haenisch (Hrsg.), *Geschichte der Aussenpolitik der DDR: Abriss*, Berlin: Staatsverlag der Deutschen Demokratischen Republik, 1985, S.90.
② 丁建弘、陆世澄、刘祺宝:《战后德国的分裂与统一(1945—1990)》,人民出版社1996年版,第230页。转引自恩斯特·道伊尔兰:《1963—1970年的德国》,汉诺威1972年版,第90页。

对于罗马尼亚不顾苏联和民主德国的反对而与联邦德国建交的行为,民主德国于1967年2月3日通过《新德意志报》发表社论表示遗憾,社论指出联邦德国从来没有放弃不合法的不承认政策,它只不过是利用与罗马尼亚的接触作为扩大在整个东欧统治的跳板。为了遏制联邦德国的外交攻势,2月8—10日,华约国家在华沙召开外长会议,与会国一致同意,只有在有利于欧洲安全的情况下才与联邦德国建立外交关系,即要求联邦德国承认"二战"结果和战后现状,包括承认欧洲边界现状、承认存在两个独立平等的德国、放弃唯一代表权等。为了加强对民主德国的支持,苏联还要求华约其他国家与民主德国签订为期20年的友好互助条约。1967年3月15日,民主德国首先与波兰签署了友好合作互助条约,随后又相继与捷克、匈牙利、保加利亚等国签署了双边条约。

为了从国际法上彰显自己的主权存在,民主德国一方面依靠苏联稳定在社会主义阵营中的地位,另一方面还积极面向第三世界寻求外交突破,在亚非拉等地区的许多国家中设立了总领事馆和商务代表处。为了进一步向联邦德国施加压力,1967年2月2日,民主德国将"全德问题秘书处"改名为"西德问题秘书处",2月21日出台了德意志民主共和国国籍法。1967年4月17—22日民主德国统一社会党"七大"召开,会议上,统一社会党明确宣布:帝国主义和军国主义统治下的联邦德国和社会主义民主德国的统一难以想象;民主德国和现在的联邦德国政府建立邦联在目前也是不可能的。会议决定,今后的首要任务是阻止新战争、加强民主德国以及努力建立两德之间的和平共处关系。1968年4月9日,民主德国公布了新宪法,新宪法放弃了1949年宪法在全德具有效力的主张,表明了民主德国作为一个主权国家的法律地位。

在政治和法律上坚持不承认民主德国的同时,基辛格政府开始从低政治领域调整统一政策。1967年4月12日,联邦德国以政府声明的形式,向民主德国提议改善双边人员往来、加强经济和交通合作以及加强科学、技术和文化交流等。对此,4月17日,乌布利希就缓和两德关系发表讲话,建议民主德国部长会议主席与联邦德国总理会晤,讨论两德之间以及两德与欧洲国家之间关系正常化等问题。民主德国实际上是想首先在高政治领域明确两德之间的关系。5月10日,民主德国部长会议主席斯托夫致信联邦德国总理基辛格,呼吁两国进行直接接触,两个德国先谈关系正常化,再解决两国之间存在的众多问题。6月13日,基辛格回信答复。信中,基辛格回避了民主德国提出的承认欧洲边界现状等方面的要求,坚持谈判的议题是改善东部与西部德国民众之间的关系问题,并提议两德派出代表研究怎样改善两国公民的日常生活状况。基辛格对斯托夫信函的答复是两德政府之间的第一次直接的互动,尽管双方分歧严重,但也预示了两德关系已经发生了某种变化。9月18日,斯托夫致信回复基辛格,并附加了一份两德关系正常化的条约草案,再次提出了联邦德国从国际法上承认民主德国的主权国家地位的要求。9月28日,基辛格回信拒绝了民主德国的条约草案。

为了遏制联邦德国继续利用其经济优势在东欧社会主义阵营内的渗透,民主德国加强了与苏联的关系,以利用苏联对东欧社会主义国家的影响力控制联邦德国的东进势头。1968年8月,"布拉格事件"的发生充分地展示了苏联对东欧国家的控制力,使基辛格政府的东方政策陷入停顿,并进而作为一个重要的影响因素促动了联邦德国东方政策的进一步调整。

三、1969—1974年

基督教民主联盟和社会民主党的"大联合政府"虽然调整了联邦德国的东方政策,并在事实上承认了两个德国存在的现实,但由于联合政府是由保守的基督教民主联盟主导,因此不可能彻底放弃"哈尔斯坦主义"。1969年10月28日,社会民主党和自由民主党联合组阁,社会民主党的勃兰特出任联邦德国的政府总理,自由民主党的瓦尔特·谢尔担任副总理兼外交部长,由于两党都主张承认现状和放弃"哈尔斯坦主义",两党联合政府的成立为进一步调整东方政策,全面实施"新东方政策"提供了内部条件。

勃兰特政府的统一政策主要有如下特征:(1)立足于先和平、后统一,先民族统一、后国家统一的原则;(2)放弃了"哈尔斯坦主义",通过积极的东方政策追求与东欧社会主义国家的和平共存与关系改善;(3)在维持联邦德国《基本法》的基础上,重新设定两德关系框架。

在这一阶段的前期,民主德国继续坚持原来的要求联邦德国首先承认其主权地位的政策,昂纳克上台后调整了先前坚持的先确定两德关系的法律框架再谈具体问题的立场,接受了联邦德国提出的"特殊关系论"。

1969年10月28日,勃兰特政府发表声明,表示在外交政策方面推行"新东方政策","与西方合作和协调一致,并与东方达成谅解"。"放弃使用武力","与苏联和东欧各国人民实现完全意义上的和平"。在两德关系上,声明表示"联邦德国政府并不考虑从国际法上承认民主德国。即使德国存在两个国家,但是它们彼此不是互为外国,它们之间的关系只能是特殊性质的关系","我们必须维护民族的统一,使德国两部分摆脱当前的不正常关系"。"在联邦德国和民主德国建立20年之后,我们必须阻止德意志民族内部继续彼此疏远,即试图通过协调的并存,达到共处关系"①。在声明中,作为联邦德国的政府首脑——勃兰特正式使用了"德意志民主共和国"来称呼东德。

为了改善与苏东的关系,1969年11月15日,联邦德国建议同苏联进行放弃使用武力的谈判,在西德于11月28日签署《核不扩散条约》后,得到苏联积极回应。双方在1970年经过四轮谈判于8月签署《莫斯科条约》。在条约中,双方一致同意相互放弃使用武力并承担义务,只用和平方式解决争端。承认欧洲现存边界,包括波兰西部边界和联邦德国与民主德国之间的边界。联邦德国承认民主德国为主权国家,但不涉及国际法意义上的承认。《莫斯科条约》构成了勃兰特政府"新东方政策"的基础,为联邦德国与东欧其他国家的谈判奠定了基础和条件。随后联邦德国与波兰于1970年12月7日签署了《德意志联邦共和国与波兰人民共和国关系正常化基础条约》,即《华沙条约》。经过两年的谈判,1973年12月11日,联邦德国与捷克斯洛伐克缔结了《布拉格条约》,建立了外交关系。1973年12月21日,又与保加利亚和匈牙利发表公布,一致同意在已经存在的商务代表处的基础上,建立外交关系。至1973年年底,除阿尔巴尼亚之外,联邦德国与所有东欧社会主义国家建立了外交关系。

在上述背景下,两德之间也开始了正式的接触和会谈。1970年1—2月,勃兰特与斯托夫之间进行了多次书信来往,双方达成了举行最高级会晤的协议。3月19日和5月2日,两德总理分别在民主德国的埃尔福特和联邦德国的卡塞尔举行会晤。会谈中,民主德国提议两国在普遍承认的国际法原则的基础上,签署包括双方尊重主权平等、领土完整和国界不可侵犯性、互不干涉内政等内容的"平等关系条约"。但联邦德国则强调两个德国"有责任维护德意志民族的统一,不互为外国",而是"一个民族两个国家",是一种"特殊关系",两德只能互派全权代表,而不是大使。②两次首脑会晤虽然没有取得正式的成果,但其意义在于双方事实上是在平等的基础和原则之下讨论两德之间的问题,这为双方后续谈判的进行奠定了基础。1971年9月3日,美、苏、英、法四国草签的《柏林协定》为两德之间谈判的继续提供了促动力,否则《柏林协定》就无法生效。同时,1971年5月,民主德国领导人发生更替,强硬坚持民主德国主权地位的

---

① 丁建弘、陆世澄、刘祺宝:《战后德国的分裂与统一(1945—1990)》,人民出版社1996年版,第264页。转引《联邦德国政府新闻局——公报特刊》,1969年第132号,第6页、第33页。
② [联邦德国]维利·勃兰特:《会见与思考》,张连根等译,商务印书馆1979年版,第473页、第477-478页、第491-495页。

乌布利希下台，昂纳克成为统一社会党的总书记。在这种情况下，两德之间国务秘书间的会谈启动，民主德国调整了先前坚持的先确定两德关系的法律框架再谈具体问题的立场，双方开始从交通等具体问题进行谈判。1971年12月17日，联邦德国和民主德国在波恩签署了《关于联邦德国和西柏林之间的过境交通协定》，就联邦德国与西柏林之间的平民和物资的过境交流进行了相关的规定。随后，西柏林议会又于12月20日与民主德国签署了《关于西柏林常住居民去民主德国访问和旅行及交换飞地的协定》。该协定规定，一切西柏林的常住人员，有资格到民主德国和东柏林旅行，一次或多次可达30天，无须提出任何理由。12月底，两德的邮电部部长又签署了一项改善邮政与电话联系的协议。

两德之间关于联邦德国与西柏林之间过境交通以及西柏林居民赴民主德国访问及旅行等协定的签署为四国《柏林协定》的生效提供了条件。而《柏林协定》的签署和生效又进一步推动了两德关系的发展。

从1971年1月开始，两德的国务秘书开始就两德之间的交通问题进行谈判，1972年5月26日，联邦德国和民主德国签订了《联邦德国和民主德国之间交通问题条约》。该条约于1972年10月17日正式生效，是两德之间正式签署的第一个国家间条约。该条约规定："缔约国负有义务，在相互和互不歧视的基础上，根据国际通行的惯例，在最大可能范围之内保证便利和尽可能适当地安排进入和通过其领土的交通。"在方便两国间的旅行交往这一重点问题上，条约规定："联邦德国公民每年可多次前往民主德国探望亲友，从事商业、文化、体育、宗教和旅行活动。"民主德国允许其非老年公民，无须提供任何担保，前往联邦德国处理紧急家庭事务。[①]

《交通问题条约》在两德走向统一的历史过程中具有重要的意义。它在事实上将两德之间的关系设定为国家间关系，从而在一定程度上消除了民主德国对其国际法主体地位的担心，使民主德国在一定程度上放开了对两德民众之间来往的管制，加强了两德民众间的联系，促进了相互之间的交流，对维系共同的民族意识具有重要的意义。

《交通问题条约》签署后，从1972年8月开始两德就相互之间关系的设定问题进行谈判，并于12月21日正式签订了《关于联邦德国与民主德国之间关系的基础条约》。该条约包括由前言和10个条款构成的正文、附加议定书以及一些补充信件和外交声明。该条约指出："从历史的事实出发，并在不损害德意

[①] 丁建弘、陆世澄、刘祺宝：《战后德国的分裂与统一（1945—1990）》，人民出版社1996年版，第277-278页。

志联邦共和国和德意志民主共和国对一些原则问题,其中包括民族问题的不同观点的情况下,以造福于两个德意志国家人民的愿望",达成如下协议:"在平等的基础上发展相互之间的正常睦邻关系";双方"遵循《联合国宪章》中确定的目标和原则,特别是遵循一切国家主权平等、尊重独立、自主和领土完整、自决权、维护人权和互不歧视的原则";"两国任何一方在国际上都不能代表另一方或以另一方的名义采取行动";"两国中任何一国的管辖权都只限于本国的领土之内";"两国尊重双方在内政和外交事务上的独立自主";"双方准备在关系正常化过程中来处理实际的和人道方面的问题";双方将"发展和促进在经济、科学技术、交通、法律交流、邮电、卫生、文化、体育、环境保护及其他方面的合作";双方在各自的政府所在地"互设常驻代表机构";双方一致认为"本条约将不触动双方以前签订的或与它们有关的双边的和多边的国际条约和协议"[①]。《基础条约》在承认东西德分歧的同时,对双方的关系做了明确的界定,"确立了一个相互认可的、正常化进程所要求的进一步政治对话的框架",从而为双方关系的正常顺畅发展奠定了基础。1973 年 9 月,联邦德国和民主德国同时加入了联合国。

四、1974—1989 年

这一阶段,联邦德国经历了赫尔穆特·施密特和赫尔穆特·科尔两个政府时期。1974 年 5 月,社会民主党人、时任联邦德国财政部长的赫尔穆特·施密特接任联邦政府总理直至 1982 年。从 1982 年 10 月德国基督教民主联盟主席赫尔穆特·科尔出任联邦政府总理直至 1989 年。施密特和科尔执政时期均执行了勃兰特总理的新东方政策,继续推进了同东德的接触,从而使两德关系得以进一步密切。

然而,面对联邦德国"以接触求变化"的进攻态势及其"危害性",以昂纳克为首的民主德国领导层并非没有意识到。为了抵制联邦德国的影响,民主德国提出了"两个民族、两个国家"的观点和理论作为处理同联邦德国关系的基本准则,一方面坚持在民族问题、政权的正统性历史渊源方面同联邦德国划清界限,在彰显民主德国主权的独立性与合法性的基础上同联邦德国进行国与国模式的交往,另一方面则对双方的人员接触安排方面实施限制。

《基础条约》签署后,联邦德国和民主德国的外交空间都得以拓展。联邦德

---

① 何春超等:《国际关系史资料选编》,法律出版社 1988 年版,第 451-452 页。

国不仅同捷克斯洛伐克、匈牙利、保加利亚等东欧社会主义国家建立了外交关系，还陆续同中国、蒙古、古巴和越南等国家建立或恢复了外交关系。而民主德国也同英国、法国、日本等国家实现了国家关系的正常化。

根据《基础条约》，两德于1974年3月14日签署了《联邦德国政府和民主德国政府关于设立常驻代表处的议定书》。1974年6月，双方互设常驻代表处。之后，双方又签订了一些涉及经济和社会问题领域的条约，至1979年，两德签订的条约数量达到了57个，对密切两德之间，尤其是两德民众之间的联系起到了巨大的促进作用，对于维系两德居民的民族同质性和整体性具有重大的意义。

两德关系的正常化首先促进了双方居民的交往。据统计，《基础条约》签订的1972年，由联邦德国前往民主德国的旅游者（不包括由第三国入境者）为154万人次，1973年则达到了227.89万人次，以后逐年增加。由民主德国前往联邦德国的旅游者1973年为41 498人次，前往联邦德国和西柏林的民主德国离退休人员1972年为106.8万人，1973年达到125.78万人，以后逐年增加。[①] 为了吸引东德民众前往西德旅游探亲，西德为每一位入境的东德居民提供30马克的入境小费，1987年之后又增加到100马克。

两德民众之间关系的强化不仅体现在旅游上，还表现在通讯、通信联系的逐渐密切上。1969年，两德之间的直通电话线路只有34条，到1978年则增加到了440条。[②] 为了在文化上保持民族的同质性，联邦德国利用西柏林的有利位置，加大了电视和广播信号的覆盖范围，很多东德家庭可以接收到西德的电视节目，大部分民众都可以收听到西德的广播信号。思想和文化上的渗透大大加强了东德民众对西德文化的接受和认同。

与此同时，两德之间的经贸联系也得到了空前的加强。1955年两德之间的贸易额为11.51亿西德马克，1960年为20.82亿西德马克。1969年两德关系走向缓和后，双边贸易迅速发展，1971年达到48.17亿西德马克，1976年则达到了80.46亿西德马克。为了通过贸易推进两德之间经济关系的密切化，联邦政府采取了如下几种措施：(1) 将两德之间的贸易作为内贸来处理。这样处理一方面避免了在《基本法》的解释上容易造成的难以自圆其说的尴尬，另一方面也大大推进了两德之间经贸关系的强化；(2) 在两德贸易的结算方式上，采用双方按照协商的物品清单进行交换，不使用现金，先记账后由双方的央行统一进行结算的方式；(3) 为了解决短期支付的困难，两德还规定可以使用无

---

① 邓红英：《民主德国德国政策的演变（1949—1990）》，湖北人民出版社2009年版，第152页。
② 吴友法、邢来顺：《德国：从统一到分裂再到统一》，三秦出版社2005年版，第334页。

息透支贷款的结算方式，实际上是西德以一种变相的方式向东德提供无息贷款。两德经贸关系发展的一个直接后果是大大加强了东德对西德在经济上的依赖。到1986年，联邦德国成为民主德国的第二大贸易伙伴，两德贸易占据了民主德国与西方贸易的40%。[①]

面对联邦德国的"扩大接触"攻势，民主德国则强调独立的主权地位，构筑独立的国家认同和民族认同。实际上，早在乌布利希时期，民主德国就提出了"民主德国是社会主义德意志民族国家"的理论。1971年6月15日，昂纳克在德国统一社会党第八次代表大会的总结报告中，在继续乌布利希提出的"两个国家"观点的同时，还进一步正式提出了"两个民族"的观点。"联邦德国……认为一个统一的德意志民族未曾变化。自然这是无稽之谈。……随着工农政权的建立和社会主义社会的建设，在我们民主德国，在社会主义德意志国家，正在形成一个新型的民族——社会主义民族。与民主德国相反，在联邦德国资产阶级和劳动群众之间存在着不可调和的阶级矛盾，决定着资产阶级民族的继续存在……"[②]为了配合和支持"两个国家、两个民族"的理论，民主德国还彻底删除了有关法律和文件中与统一目标相关的内容。1974年宪法和1976年德国统一社会党的新党纲均去掉了在有关德国统一问题上的论述。

在理论上完善"两个国家、两个民族"论的基础上，民主德国在同联邦德国的交往中力争获得联邦德国在国际法上的承认。1976年5月19日，德国统一社会党"九大"召开，昂纳克要求联邦德国"从国际法上承认两个彼此独立的、主权的德意志国家的存在。在此基础和和平共处原则基础上，发展两德关系"。

为了尽可能削弱联邦德国的"扩大接触"战略对自身体制的影响，民主德国也采取种种合法的措施对联邦德国公民的入境实施限制。如严格入境的申请程序、提高入境货币兑换额等。

民主德国"身份分离"政策和限制接触政策并没有阻止两德关系的进一步发展，在这一阶段，不仅两德之间的经贸关系进一步密切，两国的高层往来和政治对话也得以启动和发展。1980年，两德的最高领导人昂纳克和施密特借南斯拉夫领导人铁托的葬礼之机进行了会晤。1981年，联邦德国总理施密特访问了民主德国，并向昂纳克发出了访问联邦德国的邀请。科尔上台之后，两德领导人又利用参加苏联首脑的葬礼之机分别于1982年、1984年和1985年进行

[①] 吴友法、邢来顺：《德国：从统一到分裂再到统一》，三秦出版社2005年版，第327页。
[②] 丁建弘、陆世澄、刘祺宝：《战后德国的分裂与统一（1945—1990）》，人民出版社1996年版，第308页。转引自托马斯·戈利主编：《历史的负担》，科隆1988年版，第53页。

了三次会谈。两国的政府官员也利用各种机会进行相互的访问，1984年2月，联邦德国基督教社会联盟主席施特劳斯两次访问民主德国，同行的还包括各主要党派的议会党团主席、政府部长、议员代表团等。[①]1984年3月，有80多位联邦政府的官员前往民主德国参加了在莱比锡举办的世界博览会，4月民主德国负责经济工作的政治局委员米塔克访问了波恩。随着两德政府官员的互访，两德在文化、体育、交通、邮政、环保卫生、法律等方面达成了若干合作协议。1987年9月7—11日，民主德国领导人昂纳克访问联邦德国，双方签署了科技、环保、核能安全等三个协定，并就两国之间的人员往来、交通、旅行、新闻、邮政、经济等一系列问题交换了意见，进一步推动了两国关系的密切化。

第四节　两德的统一

一、第一个《国家条约》

两德快速走向统一肇始于1988年开始的波兰和匈牙利的政治巨变。受波匈政局变化的影响，民主德国的政局于1989年开始出现动荡，动荡最初的表现是大量的民主德国公民外逃，而大量公民的外逃则开始于1989年9月10日匈牙利在接受联邦德国5亿马克援助的情况下开放了它与奥地利的边界。从9月10日至11月9日，短短两个月时间，大约有8万民主德国民众离脱。在大批公民通过匈奥边界脱离民主德国的同时，民主德国内部的游行示威和抗议活动不断升级，以"新论坛"为代表的反对派组织和政党也纷纷成立。1989年10月7日，民主德国成立40周年，东柏林、莱比锡、波茨坦等大中城市爆发了大规模的示威游行，对此民主德国政府没有采取任何措施，而苏联领导人戈尔巴乔夫在纪念大会上的演讲中所释放出的不会干预东欧社会主义国家的内政和倡导"新思维"的信息对民主德国民众的抗议活动起到了推波助澜的作用。10月18日，统一社会党第十一届中央委员会第九次会议上，昂纳克辞去总书记职务，会议选举埃贡·克伦茨担任中央总书记。10月24日，民主德国第九届人民议院第十次会议又选举克伦茨为民主德国国务委员会主席、国防委员会主席。

克伦茨上台后试图在保持民主德国主体性的前提下进行政治、经济方面的改革，但"自下而上的转折"已经全面展开，克伦茨的政经改革措施并不能满

---

① 吴友法：《德国现当代史》，武汉大学出版社2007年版，第394页。

足民众的要求。面对不断恶化的局势，11月7日，以维利·斯托夫为首的部长会议宣布集体辞职。次日，即11月8日，德国统一社会党召开十一届十中全会，由18名成员组成的中央政治局宣布集体辞职，随后成立了以克伦茨为总书记的新的中央政治局。在进行了高层大规模的人事变更后，11月9日，统一社会党又作出了开放"柏林墙"的重大决定，宣布民主德国从即日起经由民主德国边界出国旅行和多次往返，不必申述特别理由。11月10日，统一社会党通过了《面向未来》的行动纲领。11月13日，民主德国第九届人民议院举行第十一次会议，选举了人民议院主席和部长会议主席，11月17日组成了多党派的部长会议，主张改革的统一社会党政治局成员汉斯·莫德罗当选新的部长会议主席。

然而，民主德国持续恶化的政治局势并未因为如上的人事调整和政经改革措施而有所好转。面对逼人的形式，统一社会党再次让步，12月1日，人民议院九届十三次会议通过了修改宪法第一条的提案，删去了宪法中规定的民主德国受"工人阶级及其马列主义政党领导"的内容。12月3日，统一社会党中央委员会举行十一届十二中全会，决定中央委员会集体辞职，成立了以爱尔福特专区党委第一书记赫·克罗克尔为主席的五人工作委员会，负责筹备统一社会党特别代表大会，会议还决定将统一社会党前领导人昂纳克等人开除出党。12月8日晚，统一社会党举行特别代表大会，9日选举出由100人组成的执委会，格雷戈尔·居西当选为统一社会党主席。12月16日，统一社会党特别代表大会决定将党名更改为德国统一社会党—民主社会主义党，并通过了新的党章。1990年1月21日，前领导人克伦茨也被开除出党。

在统一社会党高层集体换血和更名党名的同时，民主德国政府还与反对派举行了多次圆桌会议，并达成妥协，决定3月18日举行大选。1990年2月4日，德国统一社会党—民主社会主义党执委会建议更改党名为民主社会主义党。2月25日，这一党名得到了由600人参加的民主社会主义党第一次代表大会的确认。统一社会党这一在民主德国政坛存在了40余年的政治组织就这样一步步地悄然消失了。

而实际上，这一过程都有联邦德国的参与。就在民主德国宣布开放柏林墙的第二天，联邦德国就决定对任何前来联邦德国的民主德国公民都予以接纳，并规定每人可领取100元联邦德国马克。只是这一条措施，至1990年年初就吸引了1 000多万人次的民主德国公民前往西柏林和联邦德国。1989年11月17日，上台伊始的民主德国领导人莫德罗提出了建立两德"条约共同体"的设想。民主德国的意图是利用条约的形式把两德彼此独立的政治关系固定下来，同时密切两国的经济合作,借以改善民主德国的经济状况,稳定国内的政治局势。但针对这一建议,科尔则趁机于 11 月 28 日在联邦议院提出了《消除德国和欧洲分裂的十点计划》,在该计划中提出了实现统一的三个步骤:第一步,联邦德国接受民主德国的"条约共同体"构想,主张在经济、交通、环保、卫生和文化等领域建立两德联合委员会;第二步,在两德之间建立"邦联结构",即建立一个协商和协调政策的政府联合委员会、一些联合专业委员会、一个共同的议会机构,以便最终建立一个"联邦";第三步,逐步向建立一个统一的中央政府过渡,最终实现德国统一。而实现这些步骤的前提条件是民主德国有一个"合法性"的政府,民主德国"必须取消统一社会党对权力的垄断"[①]。为了推进统一进程,12 月 19—20 日,科尔访问民主德国,与莫德罗进行了会谈,双方就政治、经济、文化、旅游和科技等问题达成了一系列协议,其中包括建立两德混合委员会和两德共同经济委员会的协议。会晤中,科尔还同意为民主德国提供 100 亿至 150 亿马克的援助。但是,对于莫德罗政府,科尔实际上是有保留的,因为在他看来莫德罗政府不是"有民主合法性,也就是自由选举的政府"。

面对国内外迅速演变的局势,1990 年 1 月 30 日莫德罗访问苏联之后,于 2 月 1 日提出了《通往德国统一道路的方案》,在此方案中,莫德罗提出了实现德国统一的四个步骤:第一,两德签订一个关于合作与睦邻关系的条约作为共同体。条约共同体应当包括重要的邦联因素,诸如经济、货币、交通以及相应的法律方面的合作;第二,建立邦联机构,如议会委员会、州议会和某些共同的执行机构;第三,将两个德国的主权问题提交邦联的权力机构去处理;第四,通过邦联的两个部分举行选举,选举统一的议会,制定统一的宪法,成立统一的政府,首都设在柏林。在此方案中,莫德罗还提出,在民主德国和联邦德国走向邦联统一的过程中,在军事上应保持中立。[②] 莫德罗的方案实际上是民主德国的领导层在看到统一大势已经难以阻挡的情况下提出的以攻为守的方案,希望藉此能够保留住民主德国的体制和尊严,使民主德国能够主动地参与统一的进程,而不是被动地被收编和吞并。

莫德罗方案的提出意味着尽管东西德的统一方案不同,但统一问题已经成为两德官方不可回避的、在正面可以进行讨论的问题。此举激发起民间对统一问题的热望,也大大鼓舞了联邦德国。1990 年 2 月 7 日,科尔政府作出积极反应,成立了以科尔为首的"德国统一委员会",就与统一相关的货币联盟、经济

---

① 吴友法:《德国现当代史》,武汉大学出版社 2007 年版,第 401 页。
② 吴友法:《德国现当代史》,武汉大学出版社 2007 年版,第 403 页。

改革、社会福利制度以及法律、外交和安全政策等问题进行研究，并向民主德国方面正式提出愿意立即就建立货币联盟问题进行会谈。

1990年2月10—11日，科尔访问苏联，就德国统一问题与戈尔巴乔夫进行了会谈，双方的会谈公报明确表示：德国的统一问题应由德意志人民自己解决，由他们选择以任何国家形式、在何时、以何种速度和条件实现统一。通过这次访问，科尔从"莫斯科取回了两德统一的钥匙"。2月13日，莫德罗访问联邦德国，就建立货币联盟、联邦德国向民主德国提供紧急援助以及两德的政治统一等问题与科尔进行了会谈。会谈中，莫德罗强调必须分步骤地、"谨慎和实际地"实现两德统一的目标，不能把民主德国合并到联邦德国中去。但此时，科尔已经很难听进去了。因为1月28日民主德国的"圆桌会议"已经决定在3月18日进行人民议院选举，科尔相信莫德罗政府已经来日无多了。

1990年3月18日，民主德国如期进行大选，包括原有的政党以及1989年之后新产生的政党和政治组织，共有24个党派、政治组织和联盟参加选举。全国1 242万选民中的93.2%参加了投票。3月23日，选举结果公布，得到了联邦德国政府支持的、由基督教民主联盟、德国社会联盟和民主觉醒组成的德国联盟获得了48.15%的选票，占据了192个席位，统一社会党的变身——民主社会主义党获得16.33%的选票，占据了66个席位。保守的德国联盟的获胜实际上是联邦德国支持的结果，西德基督教民主联盟主席、总理科尔为了表示对德国联盟的支持，曾八次到民主德国参加竞选的集会，帮助德国联盟争取选票。

1990年4月12日，新成立的民主德国第十届人民议院举行会议，民主德国基督教民主联盟主席洛塔·德·梅齐埃当选为部长会议主席，基督教民主联盟、社会民主党、自由民主党等分享了大联合政府的23个部长席位。民主社会主义党沦落为在野党。基督教民主联盟的获胜及组阁为联邦德国以吞并形式完成统一铺平了道路。

民主德国新政府组成后，1990年2月即已启动的两德间建立货币和经济联盟的谈判加快，双方的谈判内容也由货币、经济领域进一步扩大至社会领域。4月24日，德·梅齐埃与科尔在波恩会晤，达成了拟于7月1日实现两德货币、经济和社会联盟的协议。5月12日，双方就建立货币、经济和社会联盟的所有条款达成协议。5月18日，两国财政部长在波恩签署了《联邦德国和民主德国关于建立货币、经济和社会联盟的条约》，即第一个《国家条约》。该条约共分6章38条，包括附属协议书，总分量超过了1 000页。其主要内容是建立三个联盟，即货币联盟、经济联盟和社会联盟。货币联盟的核心条款是东西德马克的兑换比率。货币联盟规定,自1990年7月1日起统一两德货币,联邦德国马克作为民主德国境内唯一的法定支付手段,民主德国马克自6月30日起作废;联邦德国的联邦银行同时成为主管民主德国货币和货币发行的银行;民主德国公民的工资、养老金、各种租金以及规定限额以内的现金和存款,按1:1发放或兑换联邦德国马克,其他原则上按2:1兑换;联邦德国在金融、货币、信贷等方面的法律、法规适用于民主德国。经济联盟条款规定:市场经济为今后两德共同的经济基础,民主德国将促进企业私有化,鼓励市场竞争,实行劳动力、货物和资本的自由流动。社会联盟条款规定:民主德国实行联邦德国的劳动法规,实行联邦德国的养老、疾病、工伤事故和失业等保险制度以及国家财政政策的基本原则、债务限额、联邦德国的财政保证额度、税收等。

尽管东西德内部对于第一个《国家条约》都有不同的意见,但民主德国和联邦德国议院还是分别于6月21日和22日通过了该条约。第一个《国家条约》对两德在货币、经济和社会方面的统一作出了法律上的规定,是两德走向统一的重要步骤,为两德的政治统一奠定了基础。

二、第二个《国家条约》

第一个《国家条约》签署几天之后的5月23日,两德议会召开了"德国统一委员会"的联席会议。5月25日,联邦德国内政部提出了"关于实现德国统一的国家条约基本框架"的草案文件。从7月初至8月30日,两德政府就国家统一条约进行了四轮谈判,就统一的原则、方式和时间,统一后的社会和政治制度,统一两德的国内法规和国际条约以及统一过程中可能产生的社会和财政问题的解决办法等问题进行了谈判。谈判中双方的争议主要集中在产权问题、政党财产问题以及民主德国国家安全部档案处理的问题上。最后经过协调、修正等工作,双方于8月31日签署了第二个《国家条约》。在双方协商的过程中,民主德国人民议院在8月22晚至23日凌晨举行了特别会议,400名议员中的363名与会,会议经过表决以294票赞同、62票反对、7票弃权的比例通过了基督教民主联盟等四个议会党团联合提出的"民主德国于10月3日加入西德"的提案。

第二个《国家条约》签署后,两国议院又分别召开会议,对其进行了审议,两国政府也就议院审议过程中提出的问题再次进行了磋商。1990年9月20日,联邦德国议院的492名议员以442票赞成、47票反对、3票弃权的比例,民主德国人民议院的380名议员以299票赞成、80票反对、1票弃权的比例批准了

第二个《国家条约》。

第二个《国家条约》包括序言和 9 章 45 条,1 个会议记录和 3 个附件,总共达 200 页。其中的 3 个附件分别是《关于联邦法律过渡的特别规定》《关于德意志民主共和国法律继续有效的特殊规定》以及《两国政府关于处理尚未解决的财产问题的联合声明》。该条约对两德法律体系的统合、政治以及社会生活方式的一体化等都作出了详细的规定,涵盖了第一个《国家条约》未涉及或尚未明确的所有问题,主要包括:(1) 1990 年 10 月 3 日,民主德国的 5 个州加入德意志联邦共和国;(2) 统一后德国的首都为柏林;(3) 联邦德国法律体系中修正、废除以及将要制定的法律,民主德国的法律体系中继续适用的法律内容;(4) 国际条约和协定的处理办法;(5) 行政和司法领域的一体化;(6) 公共财产和债务的处理方法;(7) 劳动、社会保障、家庭、女性保健、环境保护、文化、教育、科学、体育等领域的统合办法。

根据第二个《国家条约》的规定,1990 年 10 月 2 日晚 23 点 55 分,以锤子、麦穗和圆规代表工、农和知识分子的黑、红、黄三色民主德国国旗从勃兰登堡门和民主德国所有国家机构和政府机构的建筑物上降下,联邦德国的黑、红、黄三色国旗随即升起,同时降下了民主德国在联合国的国旗,民主德国所有驻外机构也随即关闭。10 月 3 日零点民主德国加入联邦德国,一个存在了近 41 年的国家实体——民主德国就这样和平地消失于欧洲和世界舞台。

第五节　两德的统一方式

1990 年 10 月 3 日,民主德国根据联邦德国《基本法》第 23 条加入联邦德国意味着两德完成了法律意义上的统一。从方式来看,两德是以"1-1"的方式完成的统一,即联邦德国不仅仅在国际法的主权代表方面完全覆盖了东德地区,而且联邦德国的政治、经济、社会、军事和法律制度也移植至东德地区。也正因为这种快速的制度移植统一方式,使得两德虽然在一夜之间就实现了法律意义上的统一,但是它们在政治、经济、社会心理和思想意识层面事实上的统一却经历了一个长短不一的复杂过程。

一、货币和经济统合

两德事实上的统一开始于 1990 年 7 月 1 日,此日两德首先在货币体系上完成了统合,联邦德国马克代替民主德国马克成为在两德流通的唯一法定货币。根据第一个《国家条约》的规定,民主德国公民的工资、薪金、养老金、房租以及其他经常性支付按1∶1的方式兑换。以民主德国马克计算的一切债权和债务原则上按2∶1兑换。民主德国居民的银行存款按年龄分为三个额度档次以1∶1兑换联邦德国马克。13岁以下者,每人可兑换2 000马克;14—58岁者,每人可兑换4 000马克;59岁以上者,每人可兑换6 000马克。其余存款按2∶1兑换。外国人在1990年7月1日以后的存款按3∶1兑换,综合兑换比率为1.83∶1。具体的做法是从6月6日起,民主德国公民把现金存入银行,在银行领取货币兑换表,从银行账户上兑换所有款项。据统计,当时民主德国人口约1 670万,银行账户2 500多万个,另有外国人账户40多万个,总计兑换额达4 500亿民主德国马克。其中民主德国公民个人在银行账户上的存款达1 660亿,人均近1万马克,其中的650亿按1∶1兑换,1 010亿按2∶1兑换。上述两项兑换后,民主德国公民个人在银行的存款总计为1 150亿德意志马克。

两德货币统合的过程总体平稳,其中一个重要的因素是两德在货币兑换比率的规定上照顾了民主德国民众的利益。当时"西德马克与德意志民主共和国马克的兑换比价是1∶3"①,按双方规定的兑换比率进行货币兑换,实际上是大大扩大了东德居民实际的财富总量。因此,货币统合的过程总体顺利。

然而,货币的统合相对而言是一个比较简单的过程,而经济和社会的统合则要复杂得多。一般而言,经济统合有两种思路或方法,一种是设置一定的缓冲期限,渐进性地统合两种完全不同的经济体制,另一种是所谓的"休克疗法"(shock therapy),使欲改制的经济体制在一个时间点上停止运行,短时间内迅速转换至另一种运行体制。两德在经济上的统合也是以"1–1"的方式进行的,即将西德的以私有制为基础的市场经济体制移植至东德地区,彻底改变东德地区以公有制为基础的高度集中的计划经济体制,建立以私有制为基础的市场经济体制。这一巨大的转型首当其冲地涉及民主德国8 000余家大型国有企业以及大量不动产的私有化问题。为此,1990年6月17日,民主德国人民议院通过了《托管局法》,7月1日成立了由民主德国、企业和联邦德国三方的经济管理人员组成的"国营财产委托代管局"。托管局成立后接收了9 000多个企业、33 000个商店、宾馆、餐厅、药店、电影院和书店以及其4万平方公里的山林和2.5万平方公里的矿山用地,而与此相关的劳动者数量达400万名,单

---

① [德]卢夫特·克利斯塔:《最后的华尔兹:德国统一的回顾与反思》,朱章才译,中央编译出版社1995年版,第155页。

位达 45 000 个。①

托管局的主要任务就是"根据市场经济的原则,实行国有资产的私有化"。为此托管局采取了迅速的私有化、坚决的整顿和慎重的关闭的工作思路,可以整顿好的企业将其发展成有竞争力的企业,无法整顿的企业关闭。从 1990 年 7 月至 1994 年 12 月 31 日托管局停止工作,四年多的时间里,东部地区有 15 102 家企业被卖掉,4 385 家企业进行了再私有化(主要是将原来公有化过程中没收的企业重新返还给原来的业主)。包括宾馆、饭店等小规模的企业 25 030 个和 46 552 处不动产在内的 91 042 家财产单位被卖掉,获得收入 670 亿马克。② 这个收入与第一个《国家条约》签署时双方的专家对民主德国国有资产价值的推定额度相差甚远。当时联邦德国方面认为民主德国是世界范围内排名前 10 位的工业国家,民主德国的资产总价值可达到 12 000 亿马克的规模,出售的话,至少可获得 6 000 亿马克的收入,偿还民主德国的债务之后还会有富余。为此在条约的第 2 章第 10 条中还作出了剩余的资产以股份的形式分配给东德居民的相关规定。但是,东德企业的负债以及托管局的运营经费两项合计就达到了 3 234 亿马克,减除掉 670 亿马克收入之后,财政缺口达 2 564 亿马克。

1995 年 1 月 1 日,托管局将尚未处理的 60 家剩余企业移交联邦统一特殊任务局。③ 经过了五年多的努力,东部地区国营企业私有化的工作基本完成,经济上的统合经历了六年的时间。

在经济统合的过程中,原来没收之财产的处理问题成为了一个重要问题浮现出来。1990 年 6 月 15 日,东西德签署的共同声明做了原则上返还给原业主的规定。但是,在统一后,返还优先的原则却严重影响了西德对东德地区的投资,为此德国政府在 1991 年 3 月和 1992 年 7 月两次调整相关的法律,在维持返还原则的同时强化了在投资方面的优惠规定。到 1998 年 6 月 30 日为止,申请返还企业的件数和申请返还不动产和其他财产的件数分别为 173 770 件和 2 357 929 件,其中分别有 119 946 件(占 69%)和 1 535 446 件(占 65%)得到了解决。得到处理的没收企业 119 946 件中返还的占 19.7%,权利确认的占 17.1%,补偿的为 9%,被驳回的占 31%。不动产和其他财产申请得到处理的 1 535 446 件中,返还的为 26%,41% 的申请被驳回。

---

① [韩] 廉燉载:《德国统一的过程与教训》,和平问题研究所 2010 年版,第 281 页。
② [韩] 廉燉载:《德国统一的过程与教训》,和平问题研究所 2010 年版,第 282 页。
③ 吴友法:《德国现当代史》,武汉大学出版社 2007 年版,第 443 页。

二、政治统合

政治领域的统合主要体现在东西德政党合并、原东德地区五个州议会议员的选举和联邦议院的选举以及统一政府的组建方面。在政党合并方面，早在1990年3月18日的民主德国人民议院选举时，联邦德国的政党就对民主德国的"姊妹党"进行了帮助。在第二个《国家条约》协商和签署前后，东西两侧的自由民主党和社会民主党进行了合并，民主德国的基督教民主联盟也在10月1日宣布加入联邦德国基督教民主联盟。东西两侧政党的合并为10月14日和12月2日东部五州的议会选举和全德大选奠定了基础。根据第二个《国家条约》第9章的规定，10月4日，按照人口比例，民主德国人民议院确定的144名议员加入西德议院组成联邦议院直至12月2日全德大选选出新的联邦议院。144名东德出身的议员在全部663名议员中占21.72%。在政府构成方面，民主德国的部长会议主席德·梅齐埃，人民议院议长贝格曼·波尔，国务秘书克劳泽，自由民主党副主席奥尔特雷普和德国社会联盟主席瓦尔特等五人入阁担任联邦政府的"特别任务部部长"。

第二个《国家条约》第1章规定，民主德国于10月3日加入联邦德国后，在行政区划上恢复州建制，勃兰登堡州、梅克伦堡—前波美拉尼亚州、萨克森州、萨克森—安哈尔特州、图林根州成为联邦德国州，东西柏林的23个区组成柏林州。恢复州建制后，最主要的任务是在五个新州组建合法的州政府。为此，10月14日，五个新州进行了州议会的选举，基督教民主联盟在五个州获得了胜利，社民党在一个州获胜。12月2日，全德国实施了自1933年以来的第一次联邦议院选举，全德共有41个政党和组织宣布参加竞选，共推举出4 000名候选人争夺联邦议院的656个席位。同日，柏林市议会也举行了东西柏林统一后的第一次选举。大选的结果是基督教民主联盟和基督教社会联盟组成的执政的联盟党获得了43.8%的选票，社会民主党获得33.5%的选票，自由民主党获得11%的选票。大选产生了新的联邦议会，也意味着自10月3日开始的过渡议会时期的结束。1991年1月17日，组成了新的联邦政府，基督教民主联盟主席科尔担任联邦政府总理，新政府中有3名来自东德地区的人士分别担任了交通部部长、教育及科学部部长和妇女及青年部部长。

在法律和行政体系方面，联邦德国的5 000余项法律移植至东德地区，其中的部分条款在东德的适用规定了3—5年或更长时间的缓冲期。为了对民主德国的行政体系进行改造，联邦政府设立了"联邦和州行政组织整顿处"，对 1 000 余个民主德国的中央行政机构进行了整顿。联邦政府内务部设立了"新联邦州再建委员会"，从 1991 年春开始运行至 1992 年年底解散，该机构在地方自治团体的行政问题、不动产问题、人才选拔任用等方面对东德地区行政体系的重建进行援助。为了解决行政人员问题，对原东德约 200 万名担任公职的人员进行了审查，对没有特别解职理由的原东德国家安全局工作人员进行了再任用。为了重建东部地区的政治行政机构和司法系统，1991—1994 年，联邦政府和西德各州政府向东部地区新州派出 35 000 余名公务员、法官、军人、工人以及退休人员，帮助东部地区确立行政体系和训练原东德的公职人员。

东部地区的法律体系根据西德《基本法》、欧洲共同体法、联邦法和州法的顺序进行了整顿。统一之后，民主德国的最高法院和大检察厅被关闭，未处理的司法案件移交至联邦法院。根据《国家条约》，民主德国的法官、检察官的资格虽然被承认，但相关人员首先需要提出申请，进行审查之后才能决定是否再任用。民主德国共拥有法官 1 500 名、检察官 1 300 名、律师 600 名，2 800 名法官和检察官中的 1 889 名进行了申请，但只有 1 094 名（占 58%）被重新任用。统一之后，东部地区新州中法官、检察官和法务行政职位的编制分别为 3 417 名、1 162 名和 282 名。1994 年年末的情况是，法官中东德出身的占 18%，西德各州派来的占 24%，从西德新选拔的占 51%，检察官的构成情况是，东德出身的占 33%，西德各州派来的占 17%，从西德各州新选拔的占 45%。[①]

民主德国的外交公馆移交联邦政府，4 000 余名外交官全部解职，250 余名技术人员暂时继续执勤，随后，其中的一部分正式得到任命。解职的外交官中有 468 名申请重新任用，但只有 80 余名语言速记人员得到留用，民主德国的外交官大部分失业。

三、军事统合

两德在军事领域的一体化实际上在法律上的统一之前就已经开始。[②]1990 年 8 月 17 日，联邦德国政府于民主德国国防部内设立了由 20 名军人和民间人士组成的联邦国防部"统合准备小组"。9 月 24 日，民主德国宣布退出华沙条约组织。10 月 2 日，民主德国国防部长霍夫曼向民主德国所有的将军和指挥官

---

① ［韩］廉燉载：《德国统一的过程与教训》，和平问题研究所 2010 年版，第 276-277 页。
② ［德］特奥多尔·霍夫曼：《最后一道命令：东德剧变亲历记》，王建政译，海南出版社 2001 年，第 11 章、第 13 章。

下达了复员转业命令。同时，以国防部长命令的方式宣布，自10月3日零时起，解除103 000余名民主德国军队的任务。5万名长期服役的军人中除1名大校、数名中校之外的所有高级将校复员，将校级以下的职业军人10 800名编入联邦军队。

统一之后，接收了东德1 500余个军事单位、9万名军人和装备的西德联邦军在国防部内设立了直属机构——"东部司令部"，该机构利用9个月的时间完成了对民主德国军队的改编任务之后于1991年6月31日解散。在改编过程中，对5万名长期服役的军人和职业军人经过3个阶段决定是否接收。具体的做法是：第一阶段，按过去的军衔赋予联邦军的临时军衔，按照1990年10月2日当时东德人民军的薪金规定支付薪金。此时愿意复员的允许复员。如果在1990年12月31日之前复员，按照复员的特别规定支付7 500马克的退职金。东德人民军中共有24 000余名利用这个机会选择了复员转业。第二阶段，在两年期限内，对希望留职的军人进行了审查，18 000名编入联邦军队，东德国家安全局等负责情报业务和政治军官出身的人员被排除在任用范围之外。第三阶段，对留职人员的工作业绩进行评价，最终留用了10 800名职业军人。

为了东部地区军队工作的正常运转，统一之初，联邦政府向东部地区派遣了2 000名西德军人，团长级以上的职位全部由西德出身的军人担任，大队长和中队长职位，东西德出身的军官各占一半。东德军队保有的2 337辆坦克、5 980辆装甲车、2 245门大炮、479架飞机和直升机、71艘军、10万台车辆以及30万吨弹药由联邦政府接收，其中约有10%左右的装备和弹药可以再利用，大部分则于1993年之前予以废弃或出售。

军队是一个国家内组织结构最为完善、动员力和战斗力最为强大的社会组织。因此，在统一过程中，军队问题的处理是一个非常重要的问题。德国统一过程中，两德间的军事统合也基本上是以西德对东德的"1-1"方式进行的，东德军人或复员或编入西德占主导的联邦军，而这一过程进行得十分顺利，超出了人们在事前的想象。其原因何在？首先，统一是在东德人民通过自由的意愿表达和平实现的，统一也因此在法律和道义两个方面具备了正当性与合法性。其次，联邦政府承诺在退役军人的社会适应教育和再就业方面给予帮助。退役之后，可获得较为丰厚的退休金，以此可以过上相对稳定而安逸的生活。最后，联邦政府为退役的军人安排了体面的复员仪式，这也在一定程度上减少了退役军人的敌对情绪。此外，东德军队的日常运行长期在苏联驻军的主导下进行所养成的服从和被动的心理和实际行为习惯等因素也起到一定的作用。当苏联与联邦德国达成协议之后，东德军队予以接受和服从。而出色的军队统合方案的保密工作以及对高级军官的说服等方面也都起了一定的作用。

第六节　德国统一的经验

相对而言，德国的统一过程是比较顺利的，是以和平方式实现了国家和民族的统一，避免了越南和也门的统一过程中出现的战争或武装冲突事件的发生。德国是如何做到的？它在实现统一的过程中有哪些经验值得深入总结？其统一过程是否也存在一些值得进一步深入思考的问题呢？

一、民族认同的培育

国家统一的基础和前提是民族统一，而民族统一的关键则是共同的民族认同。虽然说东西德民众共同的民族认同根源可追溯至古代日耳曼人，但正如前文所述，德意志民族始终被民族认同所困扰着，尤其是在分别处于各自构筑着完全不同的社会制度的分裂状态下，如何维持并强化共同的民族认同则是一项重要的基础性课题。就这一方面而言，1969年上台执政的联邦德国总理勃兰特在德国的统一史上可谓是居功至伟。没有勃兰特政府开创的"新东方政策"，就没有科尔政府时期统一时代的真正到来。或者说，即便是联邦德国能够抓住因冷战体制解体而出现的推进民族统一的契机，在政治经济军事和社会等领域的统合上也不会如这般顺利，统一后的联邦政府为统一付出的代价和心血也将会更大。勃兰特的"新东方政策"实际上是启动了两德的社会统合进程。阿登纳政府长期推行的"哈尔斯坦主义"隔断了东西德民众之间在经济、社会和文化上的联系，培育的是东西德民众在社会心理和社会文化上的异质感。正是有了"新东方政策"，东西德民众之间的交流才得以正常进行，才得以恢复和活跃。在两德民众之间日益活跃的交流面前，尽管东德的昂纳克政府试图以"两个国家，两个民族"的理论构建抵御住西德的文化心理渗透，但事实证明，东德民众对统一民族身份的认同、对西德文化的认同和接受，其势难挡。东西德之间的人际交流和经济文化交流起到了恢复、维持、强化德意志民族文化同质性的作用，不但培育了东德民众对西德的认同，还激发出东德民众的民主化和开放的欲求，并最终为德国带来了民族和国家的统一。先民族统一，后国家统一，先经济和社会统合，后政治统一，通过低政治领域的交流与合作培育民族认同和民族统一，可以说是德国在追求国家统一过程中的重要经验。

二、统一协商的平台

虽然联邦德国和民主德国都追求统一目标的实现,但由于联邦德国坚持"哈尔斯坦主义",拒绝承认民主德国的主权地位,双方在很长时间之内,并没有能够实现政府层面的正式对接,更不用说通过政府层面的谈判解决统一问题。这种状况不但造成了双方政府层面的隔阂与对峙,更影响了双方民众之间的交流。勃兰特执政后,面对当时的世界局势和两德关系的客观现实存在,调整了先前联邦德国政府对民主德国的政策,将两德关系设定为"特殊性质的关系",在保持并尊重联邦德国《基本法》的前提下,将两德关系设定在一个对等的框架内,对两德关系做了一个新的定位。尽管勃兰特政府如同阿登纳政府一样也未在国际法上承认民主德国的主权地位,但是他对两德关系的新定位为两德官方之间开始正常的交往创造了条件,为随后两德政府之间签订以《交通问题条约》《基础条约》、《文化协定》为代表的一系列协定,为两德政府和民间层面更顺畅、更频繁地正常交往创造了条件,也为后来统一时机到来之际联邦德国政府能够抓住时机,主导两德政府之间的协商和谈判奠定了基础。

三、统一过程中的制度统合

通过德国统一过程的考察,可以看到,尽管完全不同的政治经济社会制度在东西德存在了40年,但德国统一过程中的制度统合工作相当顺利,尤其是表现在高政治领域的政治军事等方面。从比较的角度而言,这是一个十分罕见的现象。高政治领域的统合涉及十分敏感的权力问题,因而也最容易引发双方的冲突,甚至是武力冲突或战争,也门的统一过程也已经证明了这一点,但是德国在这一领域的统一过程却进行得异常平滑顺利,其原因为何?这一问题值得深思和研究。前文对这一问题已有论述,在此不再赘述。

然而,德国的统一过程在经济和社会统合方面却经历了一些不大不小的波折,出现了一些问题,虽然这些问题并没有能够深刻地阻止统一的进程,并且这些问题最后也逐步得到了解决,但这些问题是些什么问题、为什么会发生等也是值得总结、谨记和思考的。

统一过程中,在经济和社会领域出现的问题与德国的吞并式统一方式密切相关。"休克疗法"政策的实施使东部地区的经济运行在瞬间停滞,然后等待或转轨,或关闭,或出售的处理。

由于采取了快速吞并的统一方式,从联邦德国马克在东德地区流通的第一天起,物价即开始上涨。据西柏林德国经济研究所公布的资料,食品价格上涨50%,服务行业上涨26%,面包价格成倍上涨,房租上涨3—5倍,纺织品、服装等商品下降了30%,消费品物价整体上从1990年到1991年上涨了20.3%。① 其次是失业率快速攀升。东部地区的体制转轨产生了大量的失业者,1991年年底东部地区的失业者超过100万,1992年达到190万,1993年上升到240万。全德失业人数在1996年超过400万,1998年年初失业人数近500万,全国失业率为11.8%,而东部地区更为严重,失业率达到了19.4%。②

物价的快速上涨以及居高不下的失业率严重影响了东部地区民众的生活,摧毁了许多民众曾经怀有的对统一后幸福生活的梦想,引起了强烈的反弹。其表现之一就是德国右翼极端民族主义情绪的重新抬头和新纳粹势力的萌生。1990—1994年,德国爆发了7 000余起纳粹分子的排外事件。而与此同时,一些极右政党组织也死灰复燃,这些极右势力的活动由于受到联邦政府的严厉打击,最终没有能够形成气候,但在当时也成为统一后东部地区的一个严重的社会问题。

为了解决失业问题和重建东部地区经济,1991年年初,联邦政府正式实施"振兴东部"计划,3月8日,科尔政府制定了《共同促进东部地区发展的计划》,但是要重建东部地区经济,需要大量资金,仅是托管局的财政缺口就达到了2 564亿马克。为此,联邦政府不得不向东部地区"输血",加大对东部地区的财政援助。根据德国政府公布的资料,1991—1997年的七年间,共向东部地区提供援助资金11 740亿马克,年均1 690亿马克。1998年以后的财政转移资料没有正式公布,但根据哈勒经济研究所(IWH)发表的数据,1990—2003年,联邦政府向东部地区的财政转移总额为9 500亿欧元,年均731亿欧元。2004年以后每年仍达到了750亿欧元。③ 上述财政援助主要用于学校、医院、住宅以及桥梁、铁路、通讯等基础设施的修复和完善上。

对东部地区长期的大规模财政援助对解决东部地区的失业、促进东部地区的经济增长起到了明显的作用,1991—1995年,东部地区各州的国内生产总值年平均增长率为8%。但是,这种援助方式也产生了两个问题:(1)给联邦政府带来了沉重的财政负担,进而影响了整个德国经济的发展。1990—1991

---

① 吴友法:《德国现当代史》,武汉大学出版社2007年版,第435页。
② 吴友法:《德国现当代史》,武汉大学出版社2007年版,第436页。
③ [韩]廉燉载:《德国统一的过程和教训》,和平问题研究所2010年版,第286页。

年德国的财政赤字分别为 1 000 亿马克和 1 200 亿马克,而各级政府的债务在 1992 年达到了 1.69 万亿马克。为了筹集统一经费,德国政府除发行债券之外,不得不大幅度提高税率,增税的结果则使德国经济增长率不断下降。1990 年,德国西部地区的国内生产总值增长率为 5.1%,1991 年下降至 3.7%,1992 年再降至 1.5%。实际上到 2005 年,德国经济依然没有能够摆脱经济停滞的状态;(2)与第一个问题相关联,对东部地区的财政援助主要用于基础设施建设,短时间内难以产生直接的经济效益,"供血式"而不是培育自身"造血"能力的财政援助短时间内扩大了东部地区的就业,刺激了东部地区的经济增长,然而一旦停止供血,东部地区的经济增长即刻就会大幅下降。

完全按西部模式改造并重建东部地区经济和社会生活是一项巨大而复杂的系统工程,需要大量的财政投入。对此,科尔政府缺乏足够的思想准备。1990 年年初,联邦德国政府预计至 1994 年的四年间投入的统一费用为 1 150 亿马克,然而统一后发现东部地区经济实况比预想的要落后得多,于是不得不增加统一经费的预算。至于增加到多少,德国政府并没有相关数据公布,各研究机构也只是根据相关的资料进行了间接的推测,而推测数值也各自不一。驻德韩国大使馆将德国政府发布的资料和各研究所的数值进行了综合,推测出德国政府制定的从 1991 年至 2000 年 10 年间统一费用的预算为近 2 万亿马克,具体的项目及预算额度如表 5-1 所示。①

表5-1　1991—2000年德国的统一费用预算

项目	额度(德国马克)	细目	数额(德国马克)	比重
一次性刚性支出费用	3 787亿	托管局管理东德企业的费用	2 500亿	19.05%
		偿还民主德国政府的内外债务以及因货币统合而产生的差额弥补	1 000亿	
		对民主德国政府的不当行为进行的补偿费用	157亿(人身补偿7亿、财产补偿150亿)	
		苏军撤离费用	130亿	

---

① 此表中的单项数据来自韩国学者廉燉载的著作《德国统一的过程和教训》,转引自韩国驻德大使馆编辑的《由数字看德国统一》的数据,但廉燉载的合计数据有误,本表的合计数据由单项数据合计而成。[韩] 廉燉载:《德国统一的过程和教训》,和平问题研究所 2010 年版,第 304 页。转引自驻德大使馆:《由数字看德国统一》,1992 年,第 210-211 页。

续表

项目	额度（德国马克）	细目	数额（德国马克）	比重
东部重建以及为消除东西居民生活水平差距的投入费用	6 090亿	环境改善设施投资	2 000亿	30.64%
		交通网改善（铁路480亿、道路700亿、海运80亿、机场10亿）	1 270亿	
		能源设备现代化	700亿	
		教育环境改善	700亿	
		邮政、通讯领域的设备投资	550亿	
		住宅的维修和翻新	500亿	
		医疗设施的投入	300亿	
		农业结构调整援助金	70亿	
提高东部地区劳动力（750万名）技能的投入费用	10 000亿	提供新的就业岗位（20万×1个，250万个）	5 000亿	50.31%
		就业岗位现代化（10万×1个，500万个）	5 000亿	
总计	19 877亿		19 877亿	100%

然而，实际的统一费用投入却更多。根据德国政府公布的数据，1991—2005年的15年间，统一费用支出总额为14 000亿欧元，按1995年汇率换算，为27 020亿马克，年均933亿欧元，合1 800亿马克。这一数额并不包括驻德韩国大使馆推定的预算中所包括的"一次性刚性支出费用"3 700亿和"提高东部地区劳动力技能的投入费用"10 000亿，仅为"东部地区重建以及为消除东西居民生活水平差距的投入费用"。据此，按年均1 800亿马克的投入，10年期间为18 000亿马克，是原来6 400亿马克预算的2.8倍。德国政府没有公布过全部统一费用的具体项目支出，但联邦建设交通部曾经公布了从1991年至2003年的统一费用支出细目，如5-2表所示。

表5-2 1991—2003年统一费用支出细目（联邦建设交通部）

种类	内容	金额（欧元）	比重
基础设施	道路、铁路、水道改善，住宅城市建设，地方交通改善	1 600亿	12.5%
经济恢复援助	地区经济恢复、农业结构、海岸保护、投资补助、利息补助、地铁等短距离交通补助	900亿	7.03%
社会保障性支出	养老金、劳动市场补助、育儿补助	6 300亿	49.22%

续表

种类	内容	金额（欧元）		比重
临时机动性资助支出	德国统一基金	620亿		
	营业税补助	830亿	2 960亿	23.05%
	州财政平衡调整	660亿		
	联邦补助金支付	850亿		
其他支出	人工费和国防费	1 050亿		8.2%
总支出		12 800亿		100%
东部新州收入（财政和社会课税收入）		3 000亿		23.4%
纯转移支出		9 800亿		76.6%

从这份数据来看，原来预算中没有设想安排的社会保障性支出占据了49.22%，而基础设施和经济恢复只占据了19.53%。而且联邦建设交通部公布的数据还不包括330亿欧元的货币更换保证金、1 050亿欧元的托管局赤字保证金、469亿欧元的东德债务清算基金、81亿欧元的不当行为补偿基金、67亿欧元的苏军撤离援助金和75亿欧元的苏军屯驻费用等总计2 070亿欧元。从这些数据来看，德国政府在统一费用的支付上好比是往无底洞灌水一般，可以用天文数字来形容。

为了筹措巨额的统一费用，德国政府主要通过设立统一基金、发行公债、提高税收和社会保险率、压缩政府预算、出售公共资产、国营企业私营化等方式进行筹集，其中1990—1994年联邦政府和西部各州各负担50%的德国统一基金为1 607亿马克，而通过发行公债筹集到的经费占据了统一费用的60%—70%。在提高税收方面，所得税和法人税提高至7.5%，增值税由14%提到15%，保险税由3%提到15%，燃油税和卷烟税也相应提高。同时，社会保险费也进一步提高，失业保险费由2.5%提至6.5%，养老保险费由17.7%提至19.2%。政府预算的压缩规模年均300亿马克左右，另外欧共体援助41亿马克，通过电信和银行企业的民营化以及公共财产的出售也获得了一部分统一经费。

可以说，德国为采用"休克疗法"转型东部地区经济付出了沉重的代价。而这又与快速的吞并式统一方式有关。假如德国的统一按照科尔于1989年12月28日在联邦议院所做的《消除德国和欧洲分裂的十点计划》中提出的三阶段统一路线图行进，会不会节外生枝产生其他的问题尚不敢确定，但至少可以确定的是德国政府在经济方面该不会付出如此沉重的代价。

四、国际介入的处理

德国问题是"二战"后欧洲问题的核心,而德国统一又是德国问题中的核心问题。"德国的统一,并非仅仅是德国人的事情",它是一个关涉"二战"后所形成的欧洲地缘政治秩序和安全格局变化的一个重要问题,因此美国、欧洲地区大国——英国和法国以及与德国具有历史瓜葛的波兰等国无不予以关注。在这样一个极为敏感、稍有不慎就有可能自设羁绊的问题上,在美国的帮助下,德国通过设计出一种具有创造性的会议框架,即"2+4"模式,巧妙地处理和屏蔽了可能的外部干涉,为由自己主导统一创造了一种有利的环境。此模式的设计和运作过程值得深入总结和思考。

由于统一问题的敏感,各国的态度不一。相对而言,美国最为支持,但它又担心德国统一可能引发不利于自己安全利益的变化,因此它为德国统一设定了四个原则以作为支持德国统一的条件:(1)必须实行自决原则,以什么方式统一,应有德国人自己选择;(2)统一后的德国应继续留在北约和欧共体内,"不能以中立换取统一";(3)统一应该是"和平的、渐进的"过程,要有利于欧洲的"全面稳定";(4)必须遵守欧安会最后文件确定的原则,承认战后欧洲各国的现行边界。[①]美国还提出苏联在德国领土上的军事力量应尽量减少,甚至取消,但美国必须在德国驻军。[②]为了确保自己的战略利益,美国为德国的统一设计出了"2+4"方案,其具体内容为:先由两德商量有关统一的法律、经济和政治等问题,再由两德和美、苏、英、法四国讨论德国统一的有关外部问题,包括统一德国的联盟归属、四大国权利和柏林地位、战后边界等问题。

英国对于德国的统一一直持消极态度,但看到德国的统一在所难免时,它开出的支持德国统一的条件是:(1)统一后的德国留在北约;(2)美国和其他北约成员国继续在德国驻军、在德国存放核武器。其目的是以北约约束德国,借助美国在欧洲的军事存在增加欧洲的安全系数。为此,英国曾提出"4+0"方案,试图以此控制、调节德国的统一进程。

法国则担心统一而强大的德国会对战后的"屈辱"进行报复,担心统一的德国将降低法国在欧洲的地位。因此,它强调德国的统一应考虑到欧洲的安全、欧共体的未来和欧洲的平衡,提出应把德国的统一和欧洲的一体化结合起来,

---

① 丁建弘、陆世澄、刘祺宝:《战后德国的分裂与统一(1945—1990)》,人民出版社1996年版,第382—383页。
② 吴友法:《德国现当代史》,武汉大学出版社2007年版,第406页。

要求统一后的德国留在北约之内，反对德国中立化，要求保持美国在欧洲的驻军。对于英国提出的"4+0"方案和美国提出的"2+4"方案，它更倾向于前者。

波兰作为一个小国和德国的邻国，对它而言，最敏感的问题就是德国统一后会不会提出改变欧洲战后边界的要求。民主德国与波兰的边界——奥得—尼斯边界是在波茨坦会议上划定的，这条分界线使原属第三帝国的领土丧失了10万平方公里。1950年7月6日，民主德国与波兰签订条约，承认奥得—尼斯线为德国的永久东部边界线，但联邦德国认为这条线只是临时性的行政边界。1970年12月7日，联邦德国和波兰签订条约，只承认奥得—尼斯线为波兰合法的和不可侵犯的边界，但不承认这一边界的最终性质，认为只有统一后的德国才有权对边界作出最后的裁定。1990年3月2日，联邦德国总理科尔提出承认德、波奥得—尼斯边界须与波兰重申1953年所作的关于放弃战争赔款的许诺和保障德裔波兰人的权利联系起来，这意味着联邦德国并不是无条件地承认德波现边界的。

苏联对德国统一的态度经历了一个先反对继而赞同后又有条件支持的变化过程，它主要的担心是德国的统一会打破欧洲的均势、打破华约和北约间的平衡。1990年2月8日，美国国务卿贝克访问苏联，向戈尔巴乔夫介绍"2+4"方案时，戈尔巴乔夫未做表态，但当听到贝克介绍通报英法的态度时，戈氏表示更倾向于"4+0"方案。

在这种情况下，美国积极说服英法接受"2+4"方案，而联邦德国则在美国的支持下积极展开了对苏联的外交说服工作。1990年2月10—11日科尔访问苏联，但没有得到苏方对其统一方案的明确支持。随后，美、英、法、联邦德国四国外长利用1990年2月13日在加拿大渥太华召开的北约和华约相互开放天空的外长会议上共同展开了对苏联的说服工作，最终苏方要求在修改方案措辞的条件下接受了该方案。[①]实际上这对苏联而言，也是不得已而为之。此时，民主德国内部形势已经发生了实质性的变化，对此苏联已经失去了进行干预、控制的先机。

在此种背景下，1990年5月5日，第一次"2+4"外长会议在波恩举行。会议之上，苏联同以美国为首的西方国家在德国统一之后的联盟归属和德国统一的方式等问题上存在严重分歧。美国认为统一的速度和形式由德国人自己决定，"2+4"谈判的最重要任务是以什么形式结束四大国的权利和责任，将其交

[①] 丁建弘、陆世澄、刘祺宝：《战后德国的分裂与统一（1945—1990）》，人民出版社1996年版，第384-385页。

给享有完全主权的德国。苏联外长则强调德国统一的外部条件不能同有关国家的内部形势分离开来，对苏联人民来说，必须体面地和公正地结束过去。"六方"会谈的结果应该是一个一致的、完整的文件，应当包括关于德国边界、德国拥有的武装力量、其军事地位、承担的义务、过渡时期以及盟国在德国土地上的驻军等问题的规定。苏联也拒绝统一后的德国成为北约成员国，而应纳入迅速建立的全欧安全结构中，同时苏联也反对民主德国按照联邦德国《基本法》第23条加入联邦德国。尽管存在如上分歧，第一次"2+4"外长会议也取得了一些成果：（1）六方一致确认德国人自己有权决定自己的命运，德国统一应当"有秩序地、毫不拖延地继续进行"；（2）六方一致同意1990年的6月、7月、8月分别在柏林、巴黎和莫斯科举行第二次、第三次、第四次外长会议。在时间安排上与德国内部的统一进程大体一致。会谈的主题分别为德国统一后的联盟归属和在欧洲建立"相应的安全结构的办法"问题、统一后的德国边界特别是德波边界问题以及如何结束四大国对德国的权利和责任问题。外长会议期间，举行司局级专家会谈；（3）六方一致同意，邀请波兰外长参加预定主要解决战后边界问题的巴黎第三次外长会议；（4）六方一致同意在"2+4"会谈结束后制定出一个完整的文件，把德国统一、德国军事政治地位、拥有军队的数量以及承担的国际义务等以国际条约的形式加以确定。

德国统一后的联盟归属问题是德国统一过程中所涉外部问题中最为核心的问题。在这一问题上，苏联和西方严重对立。为此，1990年6月22日，第二次"2+4"外长会议之前，西方国家领导人展开了频繁的穿梭外交，以协调立场，并对苏联进行利诱和说服。这些外交活动主要有：5月17日联邦德国总理科尔访美、5月30日至6月4日苏联领导人戈尔巴乔夫访美、6月7日和6月11日至12日民主德国领导人德·梅齐埃访苏和访美、6月7日至10日英国首相撒切尔访苏、6月8日科尔再次访美、6月8日北约外长会议、6月11日联邦德国外长根舍访苏、6月18日苏联外长访问联邦德国、6月18日至19日德·梅齐埃访法。

苏联在这一问题上的基本立场是统一后的德国中立化，或者是同属华约和北约，成为华约和北约的"联系成员国"，并在华约和北约之间构建新的政治关系，但美国坚决反对。为了说服苏联，戈尔巴乔夫访美时，美国总统布什提出了九点计划，包括（1）愿意把统一后德国和中欧其他国家的武装力量限额问题作为削减欧洲常规军事力量条约中的组成部分；（2）同意加速关于削减欧洲战术核武器的谈判；（3）同意与苏军达成允许驻民主德国苏联军队继续留驻数年的过渡性安排;(4)重申统一后的德国不拥有核武器及原子、生物和化学武器;(5)保证不在民主德国地区部署北约军队;(6)确保战后边界不受侵犯,德国不向苏联和波兰提出任何领土要求;(7)同意扩大欧安会的作用;(8)愿意审查和修改北约战略及其武装力量结构;(9)赞同联邦德国与苏联作出的双边经济安排等。

6月22日,第二次"2+4"外长会议在柏林召开,会议主要讨论统一后德国的联盟归属问题,但没有在这问题上取得突破。会上,苏联提出了一个新方案,其内容包括(1)在两德实现政治统一后的半年内,驻柏林的全部外国军队撤出(当时苏联在柏林已无驻军,美、英、法在西柏林驻有1.2万军队),结束对柏林的占领;(2)三年内把在德国的外国驻军减少一半(当时苏联驻军约28万,北约国家驻军约40万),同时把德国军队数量减至20万—25万(当时民主德国军队约为15.21万,联邦德国军队约为48万);①(3)五年内全部撤出外国在德国的驻军,那时德国可自由归属北约。这个方案意味着苏联已经放弃了统一德国的中立化主张,但统一德国需要一个过渡期才能享有完全主权。然而,这个方案当即就遭到西方国家的拒绝。

第二次"2+4"外长会议虽然没有在德国统一后的联盟归属问题上达成一致,但两德经济和社会的统合已经势不可挡,6月21日和22日,民主德国和联邦德国议会分别批准了第一个《国家条约》,这一事件实际上影响了民主德国和其他如波兰、捷克等华约国家在统一德国联盟归属问题上的态度,使它们转到了赞同统一德国留在北约内的立场上,这反过来又对苏联形成了某种压力。联邦德国立即抓住这一时机,加大了对苏联的说服工作。7月15—16日,科尔总理率领外长根舍和财政部长魏格尔访苏,在会谈方式上,科尔大打感情牌,先是与戈尔巴乔夫单独会谈,随后又乘专机到戈氏的家乡北高加索列次诺沃茨克城和疗养胜地阿尔黑兹村继续会谈,双方很快达成八点共识:(1)德国统一后的领土范围包括西德、民主德国和整个柏林;(2)一旦德国统一,四大国将停止其对德国的权利和责任;(3)统一后的德国可以自由决定归属哪个联盟;(4)苏联在民主德国的驻军将在3—4年内全部撤走;(5)在苏军撤出之前和之后,北约部队均不向民主德国地区扩张,但在苏军撤出后,西德本土上的防御部队可进驻东德和柏林地区;(6)苏军留驻民主德国期间,美、英、法三国军队继续留驻西柏林,但人数和装备不得超过现有水平;(7)统一后的德国在

---

① [德]特奥多尔·霍夫曼:《最后一道命令:东德剧变亲历记》,王建政译,海南出版社2001年,第7页。

3—4年内将其军队减至37万,并从签订维也纳裁军谈判第一个条约时期开始削减;(8)统一后的德国放弃生产核武器和生物、化学武器。

就在西德与苏联达成共识的次日,第三次"2+4"外长会议就在巴黎举行,波兰外长也应邀参加,七国外长就最终解决波兰西部边界的原则、方式和时间问题达成协议。四大国外长一致认为,德国在实现统一后应尽快同波兰签署一项保证波兰西部边界的条约,把奥得—尼斯河作为德、波"永久性的边界"写进"2+4"会议关于最终解决德国问题的文件中。联邦德国外长根舍也表示,将修改西德《基本法》中的有关规定和条款,争取在统一后尽可能短的时间内签署和批准德、波边界条约。

1990年9月11—12日,六国外长在莫斯科举行了第四次也是最后一次"2+4"外长会议,会议签署了《关于最终解决德国问题的条约》,该条约包括序言和10项条款,主要内容有:(1)阐述了条约签订的条件、原则、目的和愿望;(2)规定了统一后德国的领土和边界;(3)规定了统一后德国在和平与裁军问题上必须承担的义务。联邦德国政府保证在3—4年内把统一后德国的海陆空武装部队人员减至37万人,民主德国政府对此表示同意,美、苏、英、法四国表示注意到两个德国政府的这一声明;(4)规定了苏联从民主德国地区撤军,而美、英、法三国军队可继续留驻。苏联军队于1994年撤出完毕,撤军期间,其他国家的武装部队不得在这一地区驻扎,或进行其他军事活动;(5)规定了统一后的德国享有完全的主权。美、苏、英、法结束其在柏林和整个德国的权利和责任,解散有关四大国机构,有关的四方协定、协议失效,统一德国享有外交和内政上的完全主权。

1990年10月1日,联邦德国和苏联在波恩签署《关于西德为苏联在民主德国驻军和撤军支付费用的协定》,规定联邦德国将在1994年年底以前向苏联提供120亿马克,支付苏联在民主德国驻军和撤走的苏军在苏联建造住宅的费用;向苏联提供30亿马克的无息贷款,以帮助解决回撤苏联军人的就业问题。10月3日,苏联最高苏维埃会议通过决议,宣布从即日起苏联和民主德国于1975年10月7日签订的《友好、合作、互助条约》停止生效。

苏联的态度可以说是德国在实现统一的过程中需要处理的最为重要的外部问题。在1989年下半年东欧社会主义国家普遍发生自下而上要求社会变革运动的大背景下,在民主德国拥有28万驻军的苏联对民主德国内发生的示威游行没有采取直接的干预措施,使其丧失了制止事态进一步发展的先机。至于苏联为什么没有采取措施的更深背景,则要从自战后开始的东西体制竞争状况、苏联与东欧社会主义国家关系的变化以及苏联在 20 世纪 80 年代中期开始的政治经济改革等方面去寻找答案。当看到东西德的统一之势已经在所难免时,苏联提出反对东德加入西德的统一方式、统一后的德国中立化等主张,但在西方国家的坚持面前,苏联是步步后退。在这种背景下,联邦德国总理科尔率领外长和财长访苏,随后苏联的态度发生了戏剧性转变,究竟是什么原因使苏联放弃了原来的坚持,尤其是在统一德国联盟归属问题作出重大妥协和让步呢?大背景可以从如上的简单提及中去寻找,此时的苏联已经失去了同西方进行坚决对抗的实力和锐气,而民主德国在内政和统一问题的态度上所发生的快速的变化也犹如釜底抽薪一般使得苏联失去了坚持的正当理由。同时,美国与联邦德国相互配合打出橄榄枝和"糖衣炮弹"也使戈尔巴乔夫和苏联感到了某种程度上的慰藉。

然而,在制度机制上遏制和屏蔽苏联介入德国统一的工具就是"2+4"框架方案,它的设计和运行可以说是一个创造,这一方案对德国而言是经验,但对于苏联而言则是教训。正是凭借这一框架,联邦德国和西方占据了对苏联的优势,迫使苏联一步步让步,接受了西方的方案,同时也正是这一方案造成了苏联乃至今日俄罗斯在欧洲对西方的战略劣势。

第六章 朝鲜半岛的统一问题

第一节 朝鲜半岛简史

在包括朝鲜和韩国在内的共计22万平方公里的朝鲜半岛地区，国家形态的政治组织存在的起始时间可推溯至公元前1000年左右。在中国的《三国志》、《尚书大传》、《史记》和韩国的《三国遗事》等一些历史文献中，都存在包括箕氏朝鲜、檀君神话等方面的记载。公元前195年，中国北方地区的燕国人卫满率千余人投奔箕氏朝鲜[1]，并于次年建立卫满朝鲜国。公元前108年，汉王朝灭卫满朝鲜，在其领土及其附近地区设乐浪、临屯、真番、玄菟四郡进行管理。史学界一般把汉四郡之前的朝鲜称为古朝鲜，而古朝鲜的控制地域范围主要限于朝鲜半岛北部地区，以平壤为中心。半岛南部地区最初的古代国家辰国出现在公元前三世纪前后。公元一世纪中叶，辰国衰落并为崛起的百济国所吞并。

在汉王朝设置四郡之后，朝鲜半岛北部地区逐步成为高句丽王国控制的范围。关于高句丽王国的建国时间，史学界还存在不同的看法，存在争议的原因主要在于以何种标准作为判定一个政治组织可以称其为国家的问题。可以确定的是在东汉时期，高句丽王国的势力才进入朝鲜半岛清川江以北地区，其最终控制大同江流域是在公元四世纪初[2]。427年，高句丽王国迁都平壤，其统治中心遂迁移至大同江流域。根据朝鲜史书《三国史记》的记载，统治范围主要在半岛南部地区的新罗国和百济国分别于公元前59年和公元前18年立国。对此，史学界也存在不同的看法。[3]

公元六世纪中叶，唐王朝联合新罗国先后征服百济和高句丽后，在百济旧

---

[1] 杨绍全：《韩国文化史》，山东大学出版社2009年版，第12页。
[2] 姜孟山：《朝鲜通史（第一卷）》，延边大学出版社1992年版，第106页。
[3] 黄连枝：《东亚的礼仪世界——中国封建王朝与朝鲜半岛关系形态论》，中国人民大学出版社1994年版，第24页。

地设熊津都督府[①]，在高句丽旧地设九都督府、四十二州、一百县，在平壤设安东都护府进行管理。[②] 随后，新罗与唐王朝发生战争，676年，唐王朝将安东都护府撤至今辽宁省的辽阳。新罗则逐渐统一了朝鲜半岛大同江以南地区。公元9世纪后期，新罗国分裂，在其疆域内出现后百济、泰封国和新罗三国鼎立局面。公元918年，泰封国部将王建建立高丽国，定都于朝鲜半岛中部的开城，并重新统一了三国。高丽国自918年至1392年，历时474年，是对朝鲜半岛的历史发展具有重要影响的一个时期。高丽建国之后，建立了一套完整的包括中央和地方统治体系在内的官僚体系，并通过设置邮驿制度加强了全国各地的联系，国土统一性和民族认同意识从此得以培育。

1392年，高丽国大将李成桂自立为王，改国号为朝鲜，定都于汉城，史称李氏朝鲜。自1392年建国至1910年被日本吞并，李氏朝鲜历时500余年。李氏朝鲜建立后，在高丽国建制的基础上，继续加强了国家的官僚体系和政治制度建设，并完善了选拔人才的科举制度。尤其重要的是，在世宗大王主政时期，创制出训民正音文字，这对于进一步巩固和强化朝鲜民族的民族意识具有重要的意义。

1895年，中日《马关条约》签署后，朝鲜与中国之间的朝贡关系正式解体，朝鲜宣布独立，但15年之后的1910年8月22日，日本强迫朝鲜签署《韩日合并条约》，朝鲜半岛遂沦为日本的殖民地。

有研究认为，朝鲜半岛上的居民最初出现的时期可推溯至新石器时代[③]，但作为一个具有民族形态的社会组织的出现则是另外一个问题。由于与东亚大陆的中心地区相邻接，自公元前11世纪至明末清初的两千多年间，有大批中原地区的居民为逃避战乱移居朝鲜半岛[④]，长期持续的大批外来移民与朝鲜半岛的原住居民不断地交融形成了今天的朝鲜民族。从现代民族应该具有的特征来看，具有主体意识和认同意识的朝鲜民族的形成时代应该是开始于高丽时期，成熟于李朝时期。正是在这一时期，朝鲜半岛内部摆脱了分裂的状态，疆域逐渐固定，因官僚体系、科举制度以及邮驿制度的建立，地区内各地之间的联系逐渐加强，而自有文字的创制与推广也进一步推进了独立的民族文化和社会心理意识的强化，从而奠定了追求民族独立延续的心理基础与动力。

---

① 赵智滨："熊津都督府陷落始末——简论唐罗战争的爆发"，载《中国边疆史地研究》2010年，第2期。
② 朴真奭、姜孟山等：《朝鲜简史》，延边大学出版社1998年版，第71页。
③ 郑红英："朝鲜民族的起源于原初文化"，载《安徽文学》2008年第7期。
④ 林坚："朝鲜半岛的中国移民历史考察"，载《延边大学学报（社会科学版）》2009年第2期。

第二节 朝鲜半岛的分裂

1948年8月15日,大韩民国政府在汉城宣布建立,二十多天以后的9月9日,朝鲜民主主义人民共和国也在平壤宣布建立,朝鲜半岛南北两个政府的建立意味着朝鲜半岛的正式分裂。许多学者认为朝鲜半岛的分裂是伴随冷战格局的形成,美、苏两国由战时的合作转向战后的决裂和对抗造成的。诚然,美、苏的决裂无疑是导致朝鲜半岛分裂的一个重要原因,但如果认为美、苏冷战是导致半岛分裂的唯一原因,则是不恰当的。朝鲜半岛最终走向分裂的原因是多重而复杂的,除美、苏大国势力的介入这一原因之外,朝鲜民族内部的政治龟裂也是一个重要的原因。从1945年8月15日日本宣布无条件投降至1948年8—9月南北政府建立的三年间,朝鲜半岛内的政治局势可谓是错综复杂、跌宕起伏,外部美苏两大势力相互抵牾,各怀己意,朝鲜半岛内部各派政治势力之间互不相容、彼此攻讦,正是内外各种力量的相互纠结、相互联动与相互作用,才最终导致了朝鲜半岛的分裂。

一、托管方案的提出与"38度线"的划定

战后如何处理朝鲜问题,盟国的第一次提及是在1943年3月美国总统罗斯福与英国外相安东尼·艾登的会谈中。双方在会谈中讨论了战后对中国东北(满洲地区)、朝鲜、中国台湾和印度尼西亚的政策,并就如下提案达成了一致意见,被日本占领的满洲、台湾返还中国,朝鲜由美国、中国和其他一个或两个相关国家进行国际托管。① 这一提议是由罗斯福提出的,他之所以提出托管方案,是因为在罗斯福看来,殖民地的人民要获得解放、建立并运行民主制度,需要接受一定时间的教育和训练。随后在1943年11月22—26日中、美、英三方参加的开罗会议上,罗斯福再次提及了这一设想。开罗会议结束后,美、英、苏三国首脑随即又于11月28日至12月1日在伊朗首都德黑兰进行了会谈。德黑兰会议主要讨论的是欧洲战场问题,但对于太平洋战场问题也进行了简单的讨论。当时,由于苏联和日本于1941年4月13日签订的、规定了5年有效期的《苏日中立条约》仍然有效,因此苏联不愿公开表态介入与日本相关的问

---

① Memorandum of Conversation by the Secretary of State, March 27, 1943, in US Department of State, *Foreign Relations of the United States: Diplomatic Papers*, 1943 Vol. III, Washington: 1963, p.37.

题，但斯大林仍原则上接受了开罗会议关于处理朝鲜问题的提案。在这种情况下，1943年12月1日中、美、英三国发表了《开罗宣言》，对于朝鲜问题，《开罗宣言》表示："三大国念及朝鲜人民所遭受的奴隶待遇，决定在一定期限内朝鲜应取得自由和独立。"① "一定期限"是多长，此时罗斯福等人并无十分明确的设想，而在这"一定期限"内对朝鲜的管理方式则基本明确为国际托管，但将由哪些国家参加托管也不明确。

1945年2月4—11日，美、英、苏三国首脑在苏联克里米亚半岛的雅尔塔举行会议。这是一次非常重要的会议，对许多国家的命运产生了重要的影响。雅尔塔会议是在欧洲战场局势已经相当明朗，而太平洋战场仍鏖战正酣的背景下召开的，这一背景赋予了苏联更大的对美英进行讨价还价的筹码。从《雅尔塔协定》的内容来看，这次会议商讨的重点也是欧洲问题，但苏联以答应参加对日作战为由，从美、英那里获得了两国对苏联在东亚获取重大利益的承诺，其中也重重伤害了中国的利益。《雅尔塔协定》对朝鲜问题虽未言及，但在雅尔塔会议期间，罗斯福和斯大林曾经简单讨论过战后对朝鲜的处理问题。根据在雅尔塔会议期间担任罗斯福翻译的美国外交官查尔斯·博伦（Charles Bohlen）的记录，罗斯福曾经说美国有由美、苏、中三国的代表组成托管委员会管理朝鲜的意思，托管时间为20—30年，斯大林则表示托管时间越短越好，随后斯大林问外国军队在朝鲜驻屯吗，罗斯福回答说不，斯大林表示同意。② 在此之后，虽然中美苏英四国又于1945年7月举行了波茨坦会议，中、美、英三国于7月26日发表《波茨坦公告》，但其内容主要是关于对日作战和战后处理日本问题的，开罗会议和雅尔塔会议上曾经议及的对朝鲜的托管方案并没有被具体化。就是在这种对朝鲜问题的处理已有初步设想但其实施方案尚待具体细化的背景下，太平洋战场因盟国新型战略武器的投放而发生了戏剧性的快速变化，从而也使得对朝鲜问题的处理留下了更多的悬念和不确定性。

1945年8月6日和9日，美国在广岛和长崎投放原子弹所产生的巨大威慑效应以及8月8日苏联宣布对日本进入战争状态，大大加快了太平洋战争的进程，这在一定程度上改变了朝鲜半岛的命运。就在美国在长崎投放原子弹的次

---

① 《开罗宣言》关于朝鲜问题的英文表述如下："The aforesaid three great powers, mindful of the enslavement of the people of Korea, are determined that in due course Korea shall become free and independent", United States Department of State, *Foreign Relations of the United States: the Conference at Cairo and Teheran, 1943*, Pubn., 7187. Washington: United States Government Printing Office, 1961, p.404.

② Roosevelt-Stalin Meeting, Feb. 8, 1945, 3:30 P.M., Livada Plac-Boheln Collection, *FRUS-the Conference at Malta and Yalta 1945* (USGPO, 1955), p. 770.

日，即 8 月 10 日，日本通过中立国瑞士向盟国表示了有条件投降的意思，但随即遭到盟国拒绝。而这一天，苏联远东军已经兵分水陆两路开始向朝鲜北部挺进。日本的败局已定，此时对美国军政当局而言，最重要、最急需处理的不是如何对朝鲜实施托管的问题，而是如何解除驻屯朝鲜半岛的日军武装问题。1945 年 8 月 15 日，日本宣布投降之时，驻屯朝鲜半岛的日军多达 375 000 名，经营朝鲜半岛 40 年也使日本在朝鲜半岛积累了大量的资产。解除日军武装、没收其资产、遣返日本人以及朝鲜社会秩序的维持等，伴随着日本突如其来的投降而突然涌出的这些问题，成为比商讨如何实施对朝鲜半岛的具体托管方案更为现实、更为紧迫的问题。但此时距离朝鲜半岛最近的美军第 24 军团尚在朝鲜半岛 1 000 多公里以外的冲绳。时不可待，否则，整个朝鲜半岛将被苏联纳入囊中。8 月 10 日，美国战争部（即现在的国防部）的助理部长约翰·J. 麦克洛伊（John Jay McCloy）指示当时只是上校职务的迪恩·拉斯科（Dean Rusk，后在肯尼迪和约翰逊政府时期担任国务卿）和查尔斯·博恩斯蒂尔（Charles H.Bonesteel，于 1966 年至 1969 年担任驻韩美军司令官）准备一个美军北上接收日本投降地区范围的方案。拉斯科后来在国会作证时表示："我们建议 38 度线。这比美军在现实可能性上可以北上的线更加靠北，但当时因为我们认为重要的是将朝鲜的首都（即当时的汉城）划入美军的负责地区，就做了这样的方案。"[①] 以北纬 38 度线作为美、苏两国接收日军投降的分界线方案提出后，8 月 11 日，麦克洛伊即向当时担任战争部部长的亨利·刘易斯·史汀生做了汇报。随后，美国战争部即制定了将向太平洋地区盟军最高司令官麦克阿瑟下达的第 1 号总命令（General Order No.1）的初步方案。8 月 13 日，杜鲁门总统对该方案没做任何修改便予以接受，并当即通报英国、中国和苏联三国。斯大林接到美国的通报后接受了该方案，在 14 日的回电中，斯大林向杜鲁门提出了美苏分占日本北海道的建议，但美方对此未作回应，遂不了了之。[②] 拉斯科后来表示说，听到苏方接受了 38 度线方案后吃惊不小，没有想到苏方会如此顺利地接受该方案，进而又设想如果划到与平壤至元山线一致的北纬 39 度线苏方会不会接受的问题。在形势对苏联极为有利的情况下，苏联为什么会接受 38 度线方案，这恐怕与当时苏联在朝鲜半岛的战略有关，这一问题至今也仍然是学术界应该认真

---

① United States, Department of State (edi.), *Foreign Relations of the United States, 1945*, Washington, D.C. : United States Government Printing Office, 1969, Vol. Ⅳ, p.1039. A. Torkunov, The Korean Issue, *International Affairs*, Vol.49, No.4, 2003, p.38.

② Goodrich, Leland N., *Korea : A Study of United States Policy in the United Nations*, New York: Council on Foreign Relations, 1956, p.13.

给予研究的一个课题。

二、半岛内部的政治生态

日本的突然投降既为朝鲜民族的独立建国提供了一个重要的机会，同时也带来了一个严峻的挑战，因为此时朝鲜民族的政治精英们对于独立建国并无成熟而完备的预案。从某种角度而言，这个机会对于朝鲜民族的政治精英们而言来得太过突然，甚至有点过早，他们还没有做好充分的准备，在其内部还存在着严重的分歧，基本的共识还没有形成。自朝鲜在1910年被日本合并后，为了民族的解放和独立，朝鲜民族的仁人志士进行了长期的斗争，但是自1931年5月反日独立运动的统一战线组织——新干会①解散后，在朝鲜半岛本土内部，一直没有形成一个具有系统组织体系的民族独立运动组织。流亡中国的大韩民国临时政府虽然自称是代表朝鲜民族的中央政府，但它与国内民族独立运动之间的联系十分松散，在国内并无太大的影响力。朝鲜半岛内部的民族独立运动基本上以地区为中心展开，处于分散和零散的状态。这种政治状况对解放后半岛内部政治局势的演变和发展产生了深刻的影响。

日本的投降极大地激发和鼓舞了朝鲜民众的参政热情，朝鲜半岛南部区域迅速诞生了众多的政党，解放之后一个月内创建的政党数量即达到50多个，两个月的时候则升到100余个。②南部地区政党如雨后春笋般迅速涌现这一现象，直接反映了日本统治时期朝鲜民众的政治组织化程度低下这一现实。众多的政党在南部地区快速诞生的一个重要原因是1945年9月17日进驻南部地区的美军司令官约翰·霍奇（John R.Hodge）中将的一个表态。该日，霍奇中将表示：将与政党代表座谈，对时局和荐举官员等问题交换意见，政党代表可向军政府提出面谈申请，直接阐释对建立政府的设想。霍奇的这个表态大大激发了南部民众的参政热情；而另外一个重要的原因，是在朝鲜民众中享有一定威望的李承晚于10月16日回国后依据"1个团体，代表2人，表决权1票"的原则组建了"独立促成中央协议会"，展开了政党统一运动。不论规模与实力，只要有两个人就可以组建一个政党获得1票的表决权，而且几乎没有审查程序。③李承

---

① 新干会成立于1927年2月，于1931年5月解散，在其存在的4年期间，在全国设立了120—150个分会，会员数达到了2万—4万名。[韩]朴明林：《韩国战争的爆发与起源（Ⅱ）》，Nanam出版社1996年版，第44页。转引[韩]李俊荣（音）：《新干会研究》，历史批评社1993年版，第17页。

② [韩]沈之渊：《韩国政党政治史：危机和统合的政治》，白山书堂2004年版，第22页。

③ [韩]沈之渊：《韩国政党政治史：危机和统合的政治》，白山书堂2004年版，第22-23页。

晚长期寓居美国，虽在朝鲜民众中享有一定的威望，但是制度化和组织化的支持基础十分薄弱。他组建"独立促成中央协议会"的目的是占据"中央"高地发展自己的组织化支持基础。李承晚的这一行动极大地吸引了众多的南部民众投身于战后的政治洪流中，但同时，许多于日本统治时期在日本殖民机构工作的亲日派也借机组党，参与其中，以图自保。所以李承晚领导的这一政党统一运动可谓是鱼龙混杂。

在南部地区众多的新生政党中，除朝鲜共产党、韩国民主党等少数几个政党之外，具有一定实力和群众基础的政党很少。在众多的政治势力中，朝鲜共产党是左翼势力的代表。1945年8月16日，一些从事共产主义运动的左翼人士在汉城钟路的长安大厦集会，宣布成立朝鲜共产党，因为是在长安大厦进行的集会，因此此部势力也被称为长安派。朝鲜共产党早在1925年曾经成立，但在1928年解散。1945年8月，曾参加朝鲜共产党的创建工作，并在日本统治时期领导所谓的"京城集团"从事革命运动的朴宪永成立了共产党再建准备委员会，并发表了"8月纲领"，此派左翼势力号称再建派。相对而言，再建派比长安派基础更为深厚、影响也更大。两派左翼势力最终于9月11日宣布合并，成立了以朴宪永为中心的朝鲜共产党。

当时，南部地区的右翼政党以韩国国民党、朝鲜民族党以及为迎接美军进驻而组织的国民大会准备会为代表。左翼势力的统合以及由左翼势力主导的朝鲜人民共和国的成立刺激了右翼势力。1945年9月16日，右翼势力合并，宣布成立了韩国民主党。

解放之初，朝鲜半岛北部地区并不像南部地区那样霎时间涌现出众多的政党，而是自下而上地成立了维持社会治安的自治组织。当时，除以朝鲜共产党支部的名义进行活动的左翼势力之外，还有以曹晚植为首的民族主义势力。相对而言，偏右的民族主义势力比左翼势力更具影响力。

除了各派政治势力之外，当时还存在两个至少是名义上的全国性政府组织。一个是大韩民国临时政府，该机构由流亡中国的朝鲜志士于1919年在上海成立。前期以李承晚为首，后期以金九为首。但临时政府成员之间长期不和，内部斗争激烈，且与国内独立运动之间的联系十分松散。日本投降后，长期在美国以大韩民国临时政府欧美委员部名义活动的李承晚直到1945年10月16日才回到汉城，而在重庆的临时政府则更晚，直至11月始才回国。另一个是朝鲜人民共和国。在日本投降已成定局之势的1945年8月初，时任朝鲜总督的阿部信行出于在投降后反日暴动极有可能爆发的情况下，为保护在朝日本人生命和财产安全的考虑,指示朝鲜总督府总监远藤柳作与朝鲜独立运动的一些领导人接触,希望并要求他们为过渡政府的成立做些准备。当时朝鲜独立运动领导人中政治倾向偏右的宋镇禹予以拒绝,而政治倾向偏左的民族主义者吕运亨接受了日方的要求,并在8月15日与远藤柳作的会谈中向朝鲜总督府方面提出了五项条件,朝鲜总督府方面予以接受。这五项条件是:(1)立即释放所有政治犯;(2)不能干涉建国的活动;(3)保障组织学生和青年团体的自由;(4)保障劳动阶级组织劳动组合的自由;(5)确保京城3个月的粮食供应。①在这种情况下,吕运亨召集了1944年成立的秘密组织——朝鲜建国同盟的第一次公开会议,并与左右派的民族主义者达成协议。1945年8月16日,成立朝鲜建国准备委员会,吕运亨担任委员长,安在鸿担任副委员长。8月25日,朝鲜建国准备委员会发表了宣言和纲领,宣布:(1)将致力于建设完全独立的国家;(2)致力于建立实现全民族政治和社会基本要求的民主主义政权;(3)在暂时的过渡期内,自主维持国内秩序,致力于保障民众生活。建国准备委员会成立后,在维持过渡期的社会治安方面起到了非常大的作用,并得到了广大民众的拥护,这也使其自身的组织体系发展迅速。到8月底,建国准备委员会已经在全国建立了145个支部。但建国准备委员会内部左右政治势力之间的理念对立和政治对立十分严重,9月4日,左派势力通过改组中央执行委员会占据了优势,进而在美军进驻汉城三天之前的9月6日召集了全国人民代表会议,宣布成立朝鲜人民共和国。朝鲜人民共和国于9月11日宣布了内阁名单,李承晚任主席,吕运亨为副主席,许宪担任内阁总理。但李承晚尚在美国,吕运亨因为9月7日遭受袭击身负重伤住院,实际上朝鲜人民共和国由左翼人士掌控。朝鲜人民共和国成立后,其下属支部也随即转变为人民委员会。根据1945年11月21—22日在汉城召开的全国人民委员会代表会议的报告,至1945年11月,在半岛北部地区全部564个面、28个邑、70个郡、9个市和6个道中,均设立了人民委员会。在南部地区1 680个面中的1 667个、75个邑的全部、148个郡中的145个和全部的7个道中,设立了人民委员会。②朝鲜人民共和国俨然已经构筑了全国性的组织体系。

三、美、苏的占领政策

日本宣布投降的1945年8月15日,美国战争部向驻扎在菲律宾的麦克阿

---

① [韩]全得柱:《世界的分断事例比较研究》,Purungil出版社2004年版,第61页。转引[韩]《每日新报》,1945年8月15—18日。
② [韩]朴明林:《韩国战争的爆发与起源(Ⅱ)》,Nanam出版社1996年版,第40页。

瑟下达了第1号总命令。随后，麦克阿瑟根据第1号总命令，向驻冲绳的美国第24军团司令霍奇中将下达了进驻朝鲜半岛北纬38度线以南地区的命令。美国第24军团共计72 000人，原来是为准备进攻日本本土而进驻冲绳的。早在1945年7月16日，麦克阿瑟就根据美国联合参谋本部的指示，制订了占领日本本土和朝鲜半岛等地区的"黑名单"（blacklist）作战计划，由第10军负责占领朝鲜半岛。但8月12日，原属于第10军的第24军团变更为麦克阿瑟的直辖部队之后，占领朝鲜半岛的任务遂变更为由第24军团负责。8月27日，霍奇被任命为美国朝鲜占领军司令官。8月28日，第24军团下达了登陆朝鲜半岛的作战命令，但由于登陆前需要与日本朝鲜总督府方面协商接管事宜以及恶劣的天气等原因，直至9月8日下午，第24军团的大部队才登陆仁川，9月9日进驻汉城，在朝鲜总督府与日方代表举行了受降仪式。在此之后，至10月12日，美军完成了对京畿道和江原道的占领；至10月15日，完成了对庆尚南北道的占领；至10月底，完成了对38度线以南全部区域的占领。

相对于美军进驻南部地区的速度而言，苏军对北部地区的进驻则要快速得多。1945年8月15日美国发布第1号总命令之后，斯大林随即向苏联远东军第25军下达了迅速进驻朝鲜北部的命令。苏军的推进速度之快甚至出乎其自己的意料。8月中旬，苏联远东军前线司令部估计8月25日左右苏军可抵至中朝边境的图们——珲春一线，但实际上，8月下旬，苏军已经推进到平壤和咸兴地区。① 在首先占领咸镜北南道后，8月21日，苏军占领咸兴，同日，苏军潜艇也进驻元山港。8月24日苏军先头部队进驻平壤，25日进驻黄海道的海州，27日进驻平安北道的新义州。至9月中下旬，苏军即完成了对朝鲜半岛38度线以北区域的全部占领，比美军完成对南部地区的占领要早了一个月之久。

美苏进驻半岛南北两侧的军队都肩负着解除日军武装、遣返日本人（包括军人和平民）的任务，但是美苏占领军的任务有所不同。根据美国联合参谋本部和麦克阿瑟的命令，美第24军团进入半岛南部地区之后有三项主要任务：（1）接收日本的投降，解除日军的武装；（2）维持进占地区的社会秩序，建立遵循民主原则的有效政府和重建稳健的经济以作为统一之朝鲜的独立基础；（3）为使朝鲜人能够自己处理国内的全部问题，对其进行训练以提高他们运行自由独立国家的自治能力。② 因此，美军登陆仁川之后的第二天，即1945年9月9日，霍奇就根据麦克阿瑟于9月7日发布的第1号布告《告朝鲜人民书》，发布了对半岛南部地

---

① [韩] 朴明林：《韩国战争的爆发与起源（Ⅱ）》，Nanam 出版社1996年版，第81页。
② [韩] 赵淳升：《韩国分断史》，形成社1982年版，第63页。

区实施军政的布告。半岛南部地区遣返日本军人和平民的回国工作至1946年2—3月基本结束,遣返日本军人约179 700名,平民约435 000名。在进驻南部区域,解除日军武装和遣返日本人的过程中,对南部区域的军政管理也逐步推开。

美国在战后对占领地区实施军政管理的计划早在战争期间即已制订,太平洋战争开始后不久,美国就设立了培养战后实施军政管理的人才教育机构。从1942年开始,约有2 000余名陆海军军官在军政学校接受了特殊培训,以备战后对日本实施军政管理之需。另外,还有4 000名士兵也接受了相关的教育。至1945年10月11日,美国共培养了6 400名军政人才,其中军官2 400名,士兵4 000名。

对半岛南部地区实施军政计划的准备工作开始于1945年7月,1945年7月22日,美国战争部根据美太平洋陆军司令部军政处的负责人威廉姆·科瑞斯(William R.Crist)准将的建议,公布了在半岛南部地区担任军政工作的军政小组(military government group)和军政中队(military government company)的编制和装备计划,其中军政小组的指挥官为大校,人员编制由13名军官和26名士兵组成,主要负责道的管理。军政中队的指挥官为中校,人员编制由12名军官和60名士兵组成,负责邑的行政管理。但是由于日本投降得太突然,美国一时难以组织军政人员立即奔赴东亚地区,第24军团不得已在8月22日组织了三个临时军政小组(provisional military government team),这三个临时军政小组在美军仁川登陆时共有128名人员,其中军官36名,士兵92名,登陆之后增加到300名。8月28日,霍奇在24军团司令部内设立了"军政府"(USFIK: Military Government),此机构主要由进驻半岛南部地区的美军作战人员组成,至1946年1月4日,主要由军政人员组成的"驻韩美军政府"(USAMGIK: United States Army Military Government in Korea)正式成立之前,该机构承担了过渡军政机构的作用。进驻汉城5日之后的1945年9月14日,驻韩美军司令部将管理半岛南部地区的权限赋予了军政府,美国对该地区的军政管理正式实施。

美国对半岛南部地区实施军政管理的原因主要有两个:第一,美国认为朝鲜不存在一个合法的政府;第二,日本投降后半岛内部秩序极度混乱,治安需要维持。对于大韩民国临时政府,美国始终没有承认过它的合法性,而在美军登陆前两日成立的朝鲜人民共和国应该说具有一定的群众基础,在日本投降之后至美军进驻之前的这段时间,在维持社会治安方面也起到了莫大的作用。但是,从罗斯福、杜鲁门等美国最高层的领导到实际执行占领任务的霍奇等人,一方面认为朝鲜人在当时没有独立组织和运行政府的能力,另一方面也认为朝鲜人民共和国是政治倾向偏左的左派政府，因而也未予承认，所以美第 24 军团进驻南部地区后，接受美国政府的指示，直接与日本朝鲜总督府方面交涉了权力移交事宜。对于实力发展迅速的朝鲜人民共和国，美国军政当局则施以重压。1945 年 11 月 20 日，霍奇发表声明表示"任何政党和团体如果试图以一个政府的名义展开活动的话，是非法的行为"[①]。而对于政党的活动，美军政当局也开始改变初期的放任政策，予以规制。1946 年 2 月 23 日，美军政当局发布了第 55 号军政法令——《关于政党的规定》，规定不论采取了何种形式，只要是以从事政治活动为目标、成员在三人以上的团体均需将其党员名录、组织活动以及资金关系等事项向军政府登记。[②]

与美国在南部地区建立军政府直接实施军政管理的政策不同，进驻北部区域的苏联占领军当局则实施了间接的管理与统治。日本投降后，38 度线以北的平安南道成立了以朝鲜的"甘地"——曹晚植为委员长的平安南道治安委员会，该组织在 1945 年 8 月 16 日释放了 3 000 名政治犯之后随即解散。8 月 17 日，平安南道建国准备委员会宣告成立，该组织约 20 名成员，政治色彩均为倾向偏右的民族主义者。[③] 同日，以平安南道出身的共产主义者——玄俊爀为中心的朝鲜共产党平安南道地区委员会也宣告成立。有资料说该机构是玄俊爀接受了汉城长安派的指示而组建的，但平安南道的左派势力远不及右派势力强大。平安北道的情况是：8 月 15 日，首先在新义州成立了新义州自治委员会，随后 8 月 26 日，平安北道自治委员会宣告成立。位于北部的咸镜道的情况有所不同，8 月 16 日，咸兴监狱释放的 200 多名政治犯，随即占领了咸兴府厅、警察署等机关，当时成立的政治组织不仅有咸镜南道共产主义者协议会，而且建国准备委员会也成立了咸镜南道支部。在黄海道，朝鲜共产党黄海道地区委员会、海州保安队、建国准备委员会黄海道支部等组织相继宣布成立。朝鲜共产党黄海道地区委员会也是接受汉城长安派的指示成立的，海州保安队的色彩则偏右。总体而言，在 38 度线以北区域，除咸镜北道整体倾左外，其他地区均存在着较严重的政治势力和倾向的左右龟裂。咸镜北道由于苏军最早进驻，解放后出现的政治组织为人民委员会，人民委员会首先是在被解放的郡、市成立，1945 年 9 月底，咸镜北道人民委员会在清津市宣告成立。

对北部地区自下而上出现的这些政治组织，苏联并不是一概持不承认的政

---

① McCune, George M. and Grey, Jr. Arthur L., *Korea Today*, Cambridge, Massachusetts: Harvard University Press, 1950, p. 49.

② [韩] 沈之渊：《韩国政党政治史：危机和统合的政治》，白山书堂 2004 年版，第 23 页。

③ [韩] 朴明林：《韩国战争的爆发与起源（Ⅱ）》，Nanam 出版社 1996 年版，第 47 页。

策和态度。1945年8月24日,原以为咸镜南道的咸兴为38度线以北地区中心城市的苏联第25军司令切斯季亚科夫(Ivan Chistiakov)率领参谋团队乘直升机抵达咸兴。日本朝鲜总督府方面随即派出警备处长、保安处长、翻译等赴咸兴,试图与切斯季亚科夫接洽,但切斯季亚科夫拒绝与之进行谈判,而是命令苏军与咸镜南道知事进行谈判,并于8月25日就解除日军武装和接收行政权力等问题达成了协议,双方同意咸兴的治安暂时由日本宪兵和警察予以维持,行政业务也由道知事及其部下执行。但在当天晚上,咸镜南道共产主义者协议会一干人等拜访苏军司令部,告知切斯季亚科夫咸镜南道共产主义者协议会已经成立,并提出接收日本方面行政权限的要求。切斯季亚科夫随即通知日方停止先前达成的协议,咸镜南道的治安、行政等事务一律移交朝鲜民族咸南执行委员会。该委员会成立于8月26日,由22名成员组成,共产主义者协议会和建国准备委员会咸南支部各占11名。随后咸镜南道的公署、公共团体设施、学校、金融机关、新闻社等被朝鲜民族咸南执行委员会接收。9月1日,咸南执行委员会更名为咸镜南道人民委员会。

苏军于1945年8月26日进驻平壤后,当晚,切斯季亚科夫宣布从8月26日晚8点开始,平安南道的日本政府解散,政权移交至由曹晚植担任委员长的平安南道人民政治委员会。该委员会由32名成员组成,民族主义者和共产主义者各有16名。随着苏军的进驻,平安南道各地方也都建立了人民政治委员会。在平安北道,随着苏军的进驻,已经组建的平安北道自治委员会变更为平安北道临时人民政治委员会,平安北道的政务由该委员会负责。9月2日,进驻黄海道的苏军命令日本知事将黄海道的行政事务移交给由左右政治势力联合成立的黄海道人民政治委员会,9月11日,黄海道人民政治委员会更名为黄海道人民委员会。如此,至1945年9月中下旬,随着苏军对38度线以北地区的进驻,北部地区的行政权也全部移交至由朝鲜人成立的人民委员会手中。

1945年10月8—10日,北部地区各地的人民委员会、人民政治委员会在平壤召开联席会议,会议讨论了在北部地区建立单一组织的问题,但由于曹晚植的反对,会议没有就成立单一组织达成一致。随后,苏军司令部于10月12日发表了允许成立政党和社会团体并开展活动的声明。10月13日,朝鲜共产党五道负责人和拥戴者会议秘密召开,会议决定成立朝鲜共产党北朝鲜分局。①1945年10月20日,朝鲜共产党北朝鲜分局建立,10月23日,位于汉

---

① [韩]朴明林:《韩国战争的爆发与起源(Ⅱ)》,Nanam出版社1996年版,第108页。

城的朝鲜共产党中央委员会予以承认。11月19日,北部地区各道人民委员会联席会议再次召开,成立了"为统一管理北朝鲜五道行政"的"行政十局"。12月17日,朝鲜共产党北朝鲜分局召开第三次扩大执行委员会会议,9月19日回国的金日成当选为责任书记。这一时期,除朝鲜共产党北朝鲜分局之外,朝鲜民主党、天道教青友党、朝鲜新民党等政党以及90个社团也相继成立。为了规范政党的活动,苏军司令部在声明中规定各政党和社会团体的纲领、章程、领导层的情况必须在地方自治机关和苏军司令部登记。

四、内部龟裂与外部决裂

美苏两国的军队进驻朝鲜半岛伊始,即按各自的方式开始了对各自占领区域的管理。为了增强相互间的联络与协调,双方司令部相互向对方派遣了联络官。苏军联络官于1945年9月25日到达汉城,美军联络官也于9月30日到达平壤。但随后双方又分别于10月11日和13日撤回了各自的联络官。①

至1945年年底,南北地区解除日军武装并遣返回国的任务接近尾声,开罗会议和雅尔塔会议曾经谈及的对朝鲜进行托管的具体实施问题也逐渐提上日程。1945年12月21—26日,讨论包括朝鲜问题在内的战后安排问题的美、苏、英三国外长会议在莫斯科举行。会议在朝鲜问题上达成了包括如下四项内容的决议:"(1)为重建朝鲜成一独立国家,创造各种依据民主原则发展朝鲜之条件及尽速清除日本在朝鲜长期统治之恶果起见,特设立一临时朝鲜民主政府,该政府须采取各种必要措施,以发展朝鲜之工业、运输、农业及朝鲜人民之民族文化;(2)为协助组成临时朝鲜民主政府,并为初步筹划适当办法起见,由朝鲜南部之美军司令部及朝鲜北部之苏军司令部之代表组成联合委员会。在准备各项建议时,该委员会应与朝鲜民主政党及社会组织谘商。该委员会制成之建议,应先送交美、苏、英、中四国政府考虑,然后由参加联合委员会之两国政府作最后决定;(3)联合委员会协同临时朝鲜民主政府及朝鲜各民主团体制定各种方案,以帮助及协助(托管)朝鲜人民在政治、经济、社会上之进步,发展民主自治及建立朝鲜之国家独立。联合委员会于谘商临时朝鲜民主政府后,应将建议送交美、苏、英、中四国政府联合考虑,俾关于四强在朝鲜以五年为限之托管制得以成立协定;(4)为考虑各种有关朝鲜南北两部之紧急问题,并为制订方案,以期建立朝鲜南部美国驻军司令部与朝鲜北部苏联驻军司令部在行政

---

① [韩]李庭植:《大韩民国的起源》,一潮阁2006年版,第203页。

及经济事务之上经常联系，苏美二司令部之代表应于两星期内举行会议。"①

莫斯科会议决定将对朝鲜实施托管的消息一传至朝鲜半岛，立刻激起了朝鲜民众的强烈反弹，朝鲜政治精英之间的龟裂也进一步深化。如前所述，解放前后，朝鲜半岛内部左右政治派别之间的理念龟裂本就存在。在南部地区，为了弥合左右政党之间的分歧，早在1945年10月，就开始了探索建立统一政党组织的努力。1945年10月5日和12日，建国同盟、共产党、韩国民主党、国民党等四个政党的代表曾经举行了两次政党统一恳谈会，但没有取得成果。10月14日，在韩国民主党没有参与的情况下，建国同盟、国民党、共产党等54个政党和社会团体举行会议，组织了政党统一委员会。会议作出决议，宣布将放弃个人主义主张，根据政党统一委员会的决定和政策行事。但就在此时，李承晚从美国归来，并立即主导组建了独立促成中央协议会。左翼阵营人士认为这个机构的构成和运行存在问题，进而对李承晚主导的统一运动进行了抵制。南部地区的政党统合也随之陷入停滞。

政党层面的统合遇到困难后，1945年年底，又出现了试图将朝鲜人民共和国和大韩民国临时政府进行统合，以组建一个反映民族整体意见的机构的尝试。但由于此时对半岛进行托管的问题成为热点问题，而试图借机掌握政局主导权的临时政府方面对此态度消极，这种尝试也没有取得成果，于是南部地区的政治精英们又回到了进行政党统合的尝试上。1946年1月6日，共产党、国民党、韩国民主党、人民党就托管问题和恐怖问题发表了共同声明，对莫斯科三国外长会议的托管决定表示支持，并表示坚决反对以暗杀和恐怖行为作为政治斗争的手段。但就在共同声明发表的次日，韩国民主党就紧急召集干部会议，认为共同声明中关于托管问题的条款抹杀了其长期坚持的反托管精神，对共同声明不予承认。国民党也宣布将采取独立的立场。共同声明又成一纸空文。

四党共同声明中之所以提到反对恐怖行为，是因为此时南部地区的政治龟裂已经由阐释各自不同政治主张的阶段发展到采取诸如暗杀等手段消灭政治对手的阶段。1945年12月30日，韩国民主党的首席总务宋镇禹被害。而在半岛北部地区似乎更为严重，平安南道的左派核心人物玄俊爀早在9月3日就被暗杀，左右势力匹敌的黄海道则发生了两派间的街头巷战。9月16日，右派势力武装袭击了黄海道人民委员会总部，3名左派人士被杀。

---

① 《朝鲜问题文件汇编》，人民出版社1954年版，第13—14页。

左右政治龟裂的存在本是一种常见的现象，尽管半岛内部左右政治龟裂的原因和背景复杂，但在莫斯科协议的内容传至半岛之前，其表现相对单纯。但从托管方案传至半岛之日起，先前朝鲜半岛内部左右政治的龟裂与国际层面上美苏之间的角力联系在一起，半岛内部政治上的龟裂加进了国际因素，在国内表现为支持或反对托管，而在国际层面则表现为亲苏或亲美。内部与外部因素的相互纠缠，使半岛内的政治生态更加复杂，最终导致了朝鲜半岛的分裂。

莫斯科协定的内容一传至半岛，随即就激起了朝鲜民众的强烈反应，无论左派势力还是右派势力，均强烈反对对朝鲜半岛的托管方案，其中也包括朝鲜民族的大多数领导性人物，如北部的曹晚植、南部的吕运亨、金九、李承晚等。1945年12月28日，金九发起成立了"反托管国民总动员会"，掀起了声势浩大的反托管运动。但是，反托运动在实际上是非常复杂的。遍布全国、蜂拥而起的反托管运动打出的均是维护民族利益的大旗，但各自的出发点和目的则大为不同，掺进了自己的政治利益算计。以金九为代表的临时政府派想以此维护临时政府的正统地位，李承晚的目的则主要在于反苏反共。因为莫斯科协议中关于朝鲜问题的内容基本上是依据苏方的提议而决定的，建立临时朝鲜民主政府、与民主政党和社会团体进行协商以及五年的托管期等条款都是苏方提出的。相对而言，北部的曹晚植则更强调代表朝鲜民族的利益。正因为如此，反托管运动看起来是汇集起来的一股洪流，但汇集成这股洪流的各条支流并没有实现真正的融合。不少隐身于韩国民主党内、曾服务于日本殖民统治的警察和官员也借机纷纷举起反托管旗帜，试图借维护民族利益之名洗刷自己身上的"韩奸"标签，对自身进行漂白。

1946年年初，以朝鲜共产党为代表的左派势力对托管方案的态度发生变化，由反对托管转变为支持托管，在朝鲜半岛内部初期形成的反托管洪流也随之发生分化。围绕着托管方案而形成的支持派与反对派之间的政治斗争在国内表现为左右政治势力的冲突，在国际上则表现为亲苏亲共与反苏反共的斗争。1946年1月20日，右翼势力成立"非常政治会议筹备会"，随后李承晚加入，前期成立的"反托管国民总动员会"与李承晚的"独立促成中央协议会"合流，成立"大韩独立促成中央国民会"。2月1日，非常政治国民会议成立。2月13日，非常政治委员会组成了由李承晚、金九、金奎植等28名委员构成的最高政务委员会。次日，该机构即被美军司令官收编为咨询机构，非常政治国民会议也改组为"南朝鲜大韩民国代表民主议院"，李承晚担任议长，其他最高政务委员任民主议院议员。① 面对右翼势力这种咄咄逼人的进攻态势,左翼势力也不甘示弱,1月19日,各民主政党、团体召开代表会议,选举产生了民主主义民族战线准备委员会。1月23日,200余个左翼社会团体举行30万人集会,1月25日,朝鲜民主主义民族战线成立,吕运亨、朴宪永等五人组成议长团。

  北部地区的政治龟裂也同样严重,为了说服北部地区最有影响的曹晚植支持莫斯科协定和托管方案,1945年年底,金日成、崔庸健甚至包括苏军最高指挥官切斯季亚科夫等人数次拜会曹晚植,但曹晚植以服从其所属党派的决定为由推脱。1946年1月2日,曹晚植所属的朝鲜民主党会议最终决定反对托管方案。1月5日,平安南道人民政治委员会召开扩大会议,苏联占领军当局试图与曹晚植达成妥协,提出以多数表决方式在曹晚植担任议长的平安南道人民政治委员会通过支持莫斯科协定的决议,但曹晚植仍不予配合,并与苏联占领军当局发生正面冲突。同日,曹晚植辞去平安南道人民政治委员会议长一职。曹晚植的执拗使北部的民族主义势力遭到重大打击,辞职后的曹晚植被监禁,不少民族主义者也离北南下,左翼势力逐渐占据主导地位。为了阻止北部地区政治版图的左转之势,以李承晚等为首的南部地区右翼势力采取了极端的措施,向北部派出了暗杀团。暗杀团于1946年年初在北部地区实施了一系列暴力恐怖活动。朝鲜半岛内部的左右对立、南北间的国内冷战比美苏之间国际冷战的展开速度更快,程度也更为激烈。② 这种状况直接对美苏之间的谈判和朝鲜半岛的政治前途产生了重要的影响。

  为了履行莫斯科协议,美苏占领军当局于1946年1月16日至2月5日在汉城举行了预备会议之后,美苏联合委员会第一次会议于1946年3月20日至5月8日在汉城举行。会议讨论的核心问题集中在参与为建立临时朝鲜民主政府而进行协商的政党和社会团体的选定标准问题上。苏方代表认为只有赞成托管方案的政党和社会团体才能参与协商,而美方代表则主张应给予朝鲜人对包括托管方案在内的任何问题发表见解和立场的自由机会,参与协商的团体应该依据这样两个标准选定:第一,无论是个人还是团体,应该真正具有民主性目标;第二,对临时政府的建立和托管提案的解决准备予以合作。经过美苏代表之间的数次讨论,1946年4月18日,双方达成了某种程度的一致,发表了共同声明第5号,同意下述内容的朝鲜政党和社会团体才能参与组建临时朝鲜民主政

---

 ① 曹中屏:《当代韩国史(1945—2000)》,南开大学出版社2005年版,第44页,转引自[韩]韩太寿:《韩国政党史》,新太阳社1961年版,第72页。
 ② [韩]朴明林:《韩国战争的爆发与起源(Ⅱ)》,Nanam出版社1996年版,第164页。

府的协商。声明表示:"如同莫斯科外长会议决议关于朝鲜问题的第 1 项中所阐述的,我们宣布支持该决议的目标:(1)为朝鲜的独立建国进行合作;(2)在民主主义原则下,合作使朝鲜具备国家发展的诸项条件;(3)合作肃清因日本在朝鲜的长期统治而产生的影响;(4)遵守为实现莫斯科决议第 2 项关于为建立临时朝鲜民主政府及对其的托管而组建的联合委员会的决议;(5)联合委员会将进行合作,在临时朝鲜民主政府的参与下,制定莫斯科决议第 3 项中所提及的方案。"[1]

对于美苏委员会共同声明,南北朝鲜的左翼政党和社会团体立即署名表示支持。为了参与协商,南部地区的右翼政党和社会团体,除韩国独立党之外,大都署名支持,但是许多右派政党又表示支持联合委员会并不意味着支持托管方案,他们选择支持共同声明,实际上只是为了能够参与组建临时朝鲜民主政府的协商。在南部地区,共有 423 个团体向美苏联合委员会提出了参与协商的申请[2],但获得美军占领当局认可的只有 20 个,其中属于偏左的民主主义民族战线的只有 3 个,其余 17 个全部属于反托管的"民主议院"的政党和团体,而在南部地区拥有 69 万名成员的朝鲜劳动组合、30 万名会员的朝鲜妇女总同盟、65 万名成员的朝鲜民主青年同盟等社会团体均被排斥在外。在这种情况下,苏联坚持反对托管方案的人不能作为政党的代表参与协商的立场,而美方则认为这是侵犯了表现的自由。双方的立场难以调和,联合委员会最终于 1946 年 5 月 8 日宣布无限期休会。

为了重新启动联合委员会,从 1946 年 8 月开始,驻南朝鲜美军司令官霍奇与驻北朝鲜苏军司令官切斯季亚科夫之间数次交换了书函。1946 年 11 月 26 日,切斯季亚科夫通过书信向霍奇提出只要美方同意如下三项条件,苏方即可接受美方的再协商方案。此三项条件是:(1)联合委员会一定要与完全支持莫斯科协定中关于朝鲜问题决议的民主主义政党和社会团体进行协商;(2)为了与联合委员会进行协商,接受邀请的各政党和社会团体不能任命积极反对莫斯科协定的人作为代表;(3)为了与联合委员会进行协商,接受邀请的各政党和社会团体不能反对和怀有反对莫斯科协定和联合委员会的意图,且不能向他人宣传。一旦有这样的政党和团体,两国代表团相互合作,在与联合委员会的协商中,将其排除在外。[3]1946 年 12 月 24 日,霍奇在回信中表示如果苏方保障

---

[1] U.S. Department of State, *Korea's Independence*, Washington: 1974, pp.19-20.
[2] [韩] 沈之渊:《韩国政党政治史:危机和统合的政治》,白山书堂 2004 年版,第 24 页。
[3] [韩]《朝鲜日报》,1946 年 4 月 19 日。

朝鲜政党、社会团体和个人完全表现的自由，将对苏方的提议进行部分修改，以作为联合委员会重启的基础。在回信中，霍奇提出的修正案的主要内容是：（1）在共同声明第5号中的署名即表明了完全支持莫斯科协定的诚意，署名的各政党和社会团体具有参加最初会谈的资格；（2）各政党具有根据自己的意愿任命代表的权利。但如果具有可相信的理由，认为此代表违反了莫斯科协定的实施和盟国的相关决议，联合委员会经过相互协商后令其团体选任其他代表；（3）作为在共同声明第5号中署名的个人、政党或社会团体，如果教唆、宣传反对联合委员会的工作、盟国或莫斯科协定的实施而被排除在协商对象以外的问题，只有经过双方的同意才能决定。①

霍奇与切斯基亚科夫之间的沟通为联合委员会的重启提供了某种可能，但是，由于朝鲜的右派领袖人物仍在继续倡导反对托管，这一修正案没有得到落实。在这种情况下，美苏的外交当局高层不得不直接介入。1947年4月8日，美国国务卿马歇尔直接致函苏联外长莫洛托夫，提议两国政府在赋予两国占领军最高司令官自由发表意见的基础上，指示两国的占领军司令官尽快重启联合委员会。4月19日，苏联外长在回信中表示，同意在忠实履行莫斯科协议的基础上，在汉城召开联合委员会会议，并提议在7月或8月，由联合委员会就建立临时朝鲜民主政府的问题制定并提出建议案。随后，莫洛托夫和马歇尔又通过书信进行了交流，最后双方同意，以12月24日霍奇在回复切斯季亚科夫的信函中提出的修正案为基础重启联合委员会。在这种共识的基础上，1947年5月21日，美苏联合委员会在汉城重启，但双方仍然不能在受邀参与协商的政党和社会团体名单问题上达成一致。1947年8月12日，美苏联合委员会实际上解体。在这种情况下，美国在9月17日将朝鲜问题提交联合国，同时也向苏联进行了通报。

美国将朝鲜问题提交联合国，实际上意味着美国放弃了在联合委员会和美、苏、中、英四国框架内解决朝鲜问题的计划，也意味着美国放弃了建立统一的朝鲜国家的方案。在"二战"结束之前盟国召开的几次会议上，虽然没有最后明确将由哪几个国家参加对朝鲜的托管，但在达成的共识中，至少明确了将由中、美、苏三国或再加上英国参加对朝鲜的托管，然而莫斯科三国外长会议却改变了已经达成的共识。当苏方提议由美苏占领军组成联合委员会协助建立临时朝鲜民主政府的方案时，美国接受了苏方的提议。在会议进行过程中，美方曾提

---

① U.S. Department of State, *Korea's Independence*, Washington：1974, pp.23-32.

出通过国民选举组建朝鲜政府的建议，但最终还是接受了苏方提出的通过与民主政党和社会团体进行协商而组建政府的提案。美国在莫斯科外长会议中为什么对苏联作出如此让步？是不了解苏联的意图吗？并非如此，实际的原因在于，在当时美国决策者的心目中，朝鲜并没有多少战略价值，因此也未引起美方相关人员的足够重视。曾参加会议的乔治·坎南在其日记中记述到，参加会议的美国国务卿詹姆斯·伯恩斯（James F. Byrnes）并不是没有看透苏联的意图，而是对于朝鲜并不关心，也不了解。的确，在1946年年底，中国还是国民党在主控局势，从在东亚地区保持与苏联的战略均衡或战略优势方面考虑，朝鲜半岛的地缘战略价值无足轻重，而且美国也相信即便中英的介入被屏蔽，在美苏联合委员会框架内，美国也是能够控制局势的。当看到联合委员会运行了一年多之后始终没有成效时，美国选择了将朝鲜问题提交联合国。而此举则在实际上使朝鲜半岛走向了南北分裂的发展道路。

对于美国将朝鲜半岛问题提交联合国的做法，苏联明确表示反对，认为此举直接违反了莫斯科协议。但是，尽管苏联表示反对，联合国大会仍于1947年9月23日通过决议，将朝鲜问题委托给政治委员会进行审议和报告。在联合国大会政治委员会第一次会议于10月28日开始审议朝鲜问题之前，美苏联合委员会的苏方代表于9月26日提议，为使朝鲜人民选择自己的政府，至1948年年初，美国和苏联同时从朝鲜撤军。10月17日，美国驻联合国代表也向联合国政治委员会提出建议案。在建议案中，美方提出为使朝鲜重新独立，所有占领军应在尽早的时日内从朝鲜半岛撤出。在1948年3月31日之前，两个占领地区在占领军的主管下实施选举，联合国组成临时委员会对选举实施监督并向联合国报告。在此建议案中，美国还提出由当选者组成国会，再由国会组建政府，然后由政府与占领军签署协议，在占领军撤离之前组建防卫军，国会议员的人数根据人口比例决定等。

在联合国讨论朝鲜问题的过程中，苏联提出了应该邀请朝鲜代表参与讨论的提案。对此，美国难以拒绝，便利用苏联提议中存在的某些漏洞，提出了一份修正案。苏联在提议中提出邀请朝鲜代表参与联合国大会朝鲜问题的讨论，但谁能够代表朝鲜？朝鲜代表如何选出？在这些问题上，苏联没有具体的方案。于是，美国便提出："朝鲜代表不是朝鲜的美苏占领当局任命的，而是由朝鲜人民选出的，为了保证由朝鲜人民选出代表，在联合国设立联合国朝鲜问题临时委员会（UN Temporary Commission on Korea）。"对此，苏方认为美国的修正案是试图将内容问题纳入程序问题的讨论，包括联合国朝鲜问题临时委员会在内的所有问题的讨论和决定，都应该有朝鲜的代表参与，美国的修正案并不是修正案，而是应该在程序问题审议之后予以处理的问题。

1947年10月30日，联合国政治委员会否决了苏联的提案。对此，苏联代表葛罗米柯发表声明指出，如果联合国大会在没有朝鲜代表参与的情况下，组建联合国朝鲜问题临时委员会，苏联将拒绝参加该委员会的活动。尽管苏方已经说出绝话，但在11月14日召开的第112次联合国大会上，仍以43票赞同、9票反对和6票弃权的比例通过了美国的修正案，苏方的提案以34票反对、7票赞同、6票弃权的比例遭到否决。联大决议决定，组建由澳大利亚、加拿大、中国、法国、萨尔瓦多、印度、菲律宾、叙利亚、乌克兰等九方组成的联合国朝鲜问题临时委员会。在该委员会监督下，1948年3月31日之前，按人口比例代表制在适龄人口中实施秘密投票选举人民代表，组成国民大会，并成立国民政府。国民政府成立后，立即与朝鲜问题临时委员会就下列事项进行磋商：（1）组织国家保安军；（2）从北朝鲜和南朝鲜军政当局接收政府职权；（3）与各占领国洽商，尽早从朝鲜境内完全撤出占领军，如有可能，在90天之内完成。①

1948年1月8日，联合国朝鲜问题临时委员会代表团抵达汉城，1月12日，除乌克兰代表之外的其他八方代表举行会议，并通过决议，指出："委员会管辖的地域为全朝鲜半岛。"驻南朝鲜美军司令官霍奇表示尊重委员会的决议，而驻北朝鲜的苏军最高司令官则拒绝临时委员会代表团进入北部地区，甚至拒绝与之进行沟通。在这种情况下，临时委员会代表团遂考虑只在南部地区实施联合国大会决议的计划。1948年2月9日，临时委员会代表团向联合国大会临时委员会提出三个问题，请示朝鲜问题的解决之策：第一，向处于美国军政之下的朝鲜南部地区说明第112次联合国大会决议第2号的概要和执行联合国大会的计划（实现朝鲜的独立）对于临时委员会代表团是否是开放的或者说是否是赋予临时委员会代表团的义务？第二，假设这样的选举是公正的，在考虑朝鲜问题的处理过程中，是否邀请由朝鲜民众选出的代表参与？第三，临时委员会代表团是否应该探索诸如南北朝鲜的政治领袖会议这样的完成朝鲜独立的其他手段？② 上述意见实际上代表了以联合国的名义处理朝鲜问题的几种方案，美国政府支持第一种方案，并由美国驻联合国大使菲利普·杰赛普（Philip C. Jessup）向联合国大会提出提案。1948年2月26日，联合国大会临时委员会，

---

① http://daccess-dds-ny.un.org/doc/RESOLUTION/GEN/NR0/038/96/IMG/NR003896.pdf?OpenElement，2014年1月17日访问。
② United Nations, General Assembly, A/AC, 18/27, February, 6, 1948, p.6.

即"小型联大"以 31 票赞成、2 票反对和 11 票弃权的比例通过了美国的提案。该决议明确表示,根据 1947 年 11 月 14 日联合国大会决议及其后朝鲜事态的进展,在接近可能的南部朝鲜地区"实施联合国的计划是临时委员会代表团的责任"。1948 年 3 月 12 日,联合国朝鲜问题临时委员会对联合国大会临时委员会的决议进行了投票表决,中国、萨尔瓦多、菲律宾、印度 4 票赞成,澳大利亚、加拿大 2 票反对,法国、叙利亚 2 票弃权,通过了联合国临时委员会在南部地区实施选举的决议。

五、南北政府的建立

朝鲜半岛从本质上走向分裂的时间起点是 1946 年 2 月。莫斯科会议在朝鲜问题上失利的美国面对左右分化日益严重的朝鲜内部政局,决定扶植右翼势力以制衡苏联,于是李承晚担任议长的"南朝鲜大韩民国代表民主议院"便成为美国制衡苏联并在南朝鲜地区单独建立政府的班底。而自 1945 年 10 月,美军政机构就开始任命一些朝鲜本土人士担任军政长官的顾问,随后以各局局长为代表的一些部门长官也开始由美国人和本土人士担任。对此,苏联针锋相对,1946 年 2 月 8 日,宣布成立北朝鲜临时人民委员会,由金日成担任委员长,金枓奉担任副委员长。为了进一步动员社会民众对临时人民委员会的支持,从 3 月 5 日开始,北部地区开始实施土地改革。

美苏联合委员会第一次会议于 1946 年 5 月 8 日无限期休会后,南北又各自分别向建立单独政府的方向迈进了一步。1946 年 8 月 24 日,美军政府发布了在南朝鲜设立"过渡立法议院"的军政法令第 118 号,该法令指出,根据莫斯科协定,为准备建立临时朝鲜民主政府,需要成立过渡立法机构。选举的方法为间接选举,各里选举出 2 名代表、里代表选举出 2 名面代表,面代表再选举出 2 名郡代表,再由郡代表选举出道代表,即议员。1946 年 10 月 21—31 日,南部地区进行了"过渡立法议员"的选举,在美军政当局的操纵下,右翼人士大举入围。12 月 12 日立法议院开院,行使军政府的立法权和四级以上管理人员的动议权。立法议院制定的法律经美国军政长官的批准后,在美军政府的机关报上刊载后生效。1947 年 5 月 17 日,美军政府发布第 141 号法令——"关于南朝鲜过渡政府的名称"。据此,美军政机构改称为"南朝鲜过渡政府",6 月 3 日,南朝鲜过渡政府宣告建立。

在北部地区,继 1946 年 7 月末,朝鲜共产党北朝鲜分局与金枓奉领导的新民党合并、成立北朝鲜劳动党之后，9月5日，北朝鲜人民委员会也发布了在北部地区各级人民委员会实施选举的决定。11月3日，北部地区实施了道市郡人民委员会的选举，具有选举权的选民共计4 516 120人，其中4 501 300人参加了投票，投票率达到99.6%。①1947年2月，北部地区的各级人民委员会建立。

南北之间的相背而行越走越远，1947年5月重启的美苏联合委员会也看不到解决问题的希望。南部地区的政治势力再次发生分化，李承晚呼应美国的政策，发出了在南部地区实施单独选举的呼声，而金九和金奎植等主张通过南北协商实现民族的团结。在这种背景下，1948年4月19日，南北政党和社会团体代表联席会议在平壤召开，参会的政党16个、社会团体40个，共计56个。会议在4月23日通过了《关于朝鲜形势的决定》、《致朝鲜同胞檄文》和《致美苏两国的建议书》等三份文件。随后，1948年4月27—30日，又召开了由南北15名政治领袖人物参加的南北朝鲜诸政党和社会团体指导者协商会议，其中南朝鲜11名、北朝鲜4名。在会议进行过程中，还召开了由金九、金奎植、金日成和金枓奉所谓"四金"参加的会议。会议于4月30日发表了共同声明，表示："外国军队立即从我们的疆土撤离，是解决朝鲜问题最正当、最有利的方法。外国军队撤离后召集全朝鲜政治会议，建立民主主义临时政府。不承认南朝鲜单独选举的结果，也不支持依据这样的选举而成立的单独政府。"1948年5月6日，金九和金奎植回到汉城，对于即将于5月10日举行的单独选举，金奎植表示将不会参加，并表达了隐退的意向，金九也宣布将不会参加选举，然而局势发展到如此地步，金九和金奎植对选举的抵制已于事无补。

1948年5月10日，在联合国朝鲜问题临时委员会代表团的监督和美国军政当局的协助下，南部地区实施了单独选举，独立促成国民会议、韩国民主党等政党参加了选举。当选的198名议员中，李承晚领导的独立促成国民会议占据54席，韩国民主党29席，大同青年团12席，民族青年团6席，大韩劳动联盟2席，另有10个席位由其他小政党获得，其余85席为无党派人士获得。②选举结束后，联合国朝鲜问题临时委员会代表团在离开朝鲜半岛之前，发表声明指出："本次选举的结果是代表团在可接近的、占全体朝鲜民众2/3的地区具有选举权的民众自由意志的有效表现。"1948年5月31日，国会召开第一次会议，李承晚当选为议长。7月12日，国会制定了新宪法，国号为大韩民国，国体为

---

① ［韩］朴明林：《韩国战争的爆发与起源（Ⅱ）》，Nanam 出版社1996年版，第275页。
② ［韩］全得柱：《世界的分断事例比较研究》，Purungil 出版社2004年版，第105页。

民主共和国。随后，7月20日，国会选举李承晚为大韩民国第一任总统。8月12日，美国政府发表声明，承认大韩民国。8月15日，大韩民国正式宣布建立。

在南部地区单独实施选举之后不久的1948年7月10日，北朝鲜人民委员会召开了第五次会议，通过了朝鲜民主主义人民共和国宪法。根据该宪法，1948年8月25日，北部地区进行了最高人民会议代议员的选举，9月3日最高人民会议正式通过了宪法，9月9日以金日成为主席的朝鲜民主主义人民共和国政府也正式宣告成立。南北政府的成立也意味着朝鲜半岛的正式分裂。

第三节 统一政策的演变

自1948年南北政府建立至今已经过去了六十余年，在此期间，朝鲜与韩国始终没有放弃对实现国家和民族统一之目标的追求。然而，由于各自内部政治经济状况的不同、所处国际环境与地位的不同，双方的统一政策以及由此而决定的南北关系的状况也经历了一个不小的起伏与变化过程。

一、20世纪60年代以前

这一时期以朝鲜战争为界划分为前后两个时期。朝鲜战争爆发之前，无论是朝鲜还是韩国均不承认对方的合法存在，双方在争取以和平方式实现民族统一的同时，也都在进行着武力统一的准备。朝鲜战争之后，双方的统一政策均发生了一定的变化，都在实际上放弃了武力统一政策。相对而言，在这一时期，朝鲜的统一政策更加积极。朝鲜战争之后，朝鲜不仅在事实上承认了韩国的存在，而且在讨论朝鲜问题的日内瓦会议上，朝方代表甚至还使用了"大韩民国"这样的称呼，其统一政策是主张通过普遍、平等、直接的秘密投票方式实施南北总选举以实现统一。相对而言，李承晚政府的统一政策比较保守，虽然在日内瓦会议上，韩国政府也提出了通过实施南北总选举实现统一的主张，但它强调选举要依据大韩民国宪法和在联合国监督下进行，朝鲜则主张选举应在中立国组织的监督下进行。日内瓦会议之后，李承晚政府统一政策的主要特征是利用联合国这一平台讨论朝鲜问题，其目的并不在于实现统一目标，而在于通过这一排斥朝鲜民主主义人民共和国参与的平台彰显其政权的合法性。

（一）朝鲜的统一政策

以金日成为首的半岛北部地区的政治人士从一开始就反对南部地区的单独

选举。1948年3月28日,金日成在北朝鲜劳动党第二次代表大会上所作的中央委员会工作总结报告中指出"在任何情况下,都不会承认在'联合国临时朝鲜委员会'的庇护下拼凑起来的卖国的反动傀儡政府",我们"主张根据普遍、平等、直接的选举原则,用秘密投票的方式在全朝鲜选举最高立法机关。这样选出的人民的最高立法机关,应当通过民主的宪法,组成真正的民主人民政府",而这"只有在外国军队撤离的条件下才有可能"①。因此,大韩民国政府成立后,朝鲜并不承认它的合法性。1948年9月8日通过的朝鲜民主主义人民共和国宪法虽然没有明确规定朝鲜的领土范围,但该宪法第1章第7条"朝鲜境内尚未实施土地改革的地区,应依据最高人民会议所规定的日期,实施土地改革"以及第9章第103条"朝鲜民主主义人民共和国的首都是汉城市"等的规定②,都间接或直接地表明了朝鲜的主权范围涵盖半岛南部地区。1948年9月10日,金日成在朝鲜最高人民会议上第一次会议发表的朝鲜民主主义人民共和国政纲中表示,朝鲜民主主义人民共和国政府是"根据南北朝鲜人民一致的意志建立起来的统一的中央政府"③。

朝鲜战争爆发之前,朝鲜希望通过和平手段实现国家的统一。1949年6月25日成立的祖国统一民主主义战线④于6月28日提出了美军和联合国朝鲜问题临时委员会代表团撤离的提案。1949年9月15日,又提出了《通过民主方法实现祖国和平统一的方案》,主张通过南北总选举组建统一的立法机构。⑤1950年6月7日,祖国统一民主主义战线中央委员会通过了《关于促进祖国和平统一方案的号召书》,建议以解放五周年为契机实施南北总选举,组建最高立法机关。6月19日,朝鲜最高人民会议常务委员会又向韩国国会提出了通过南北立法机构合并、在此机构的管理下实施南北总选举、两侧的军队和警察重新组建、联合国朝鲜问题临时委员会代表团撤离等方法实现统一的方案。⑥

1954年4月26日,讨论朝鲜问题的日内瓦会议召开,4月27日,朝鲜外务相南日代表朝鲜代表团提出了《关于恢复朝鲜的国家统一和举行全朝鲜自由选举的方案》,建议"在全朝鲜居民表示自由意志的基础上,举行国民议会的全

---

① [朝]《金日成著作选集(第1集)》,朝鲜劳动党出版社1975年,第191–192页。
② [朝]《朝鲜民主主义人民共和国宪法》,新朝鲜社1956年版,第3页、第28页。
③ [朝]《金日成著作选集(第1集)》,朝鲜劳动党出版社1975年版,第233页。
④ [朝]许哲编著:《朝鲜问题》,吴应镐译,大众书店出版社1950年版,第176页。
⑤ [韩]金顺圭:"北韩的初期统一政策:民主基地路线",见庆南大学极东问题研究所:《北韩体制的树立过程》,1991年版,第237页。
⑥ [朝]《金日成略传》,朝鲜外文出版社2001年版,第435页;[韩]闵丙徽:"南北韩的统一政策比较分析",见《统一问题研究》1978年第7卷,第135页。

朝鲜选举，以组成朝鲜的统一政府"；为了筹备自由选举，由"朝鲜民主主义人民共和国最高人民会议和大韩民国国会各自选派的南北朝鲜的代表组成全朝鲜委员会"。"全朝鲜委员会的当前任务之一应该是草拟一个全朝鲜的选举法草案"，"一切外国武装力量，在六个月内撤出朝鲜"①。客观而言，南日上述的发言已经相当积极，在彼此互不承认主权的情况下，南日在发言中使用"大韩民国"这一称呼实际上具有明显的意味。1954 年 6 月 5 日的发言中，南日更明确表示："由于在朝鲜实际上存在着两个政府，每个政府都有它自己的立法机关，要按照只在朝鲜的一部分有效的法律或决定来解决任何上述问题，都是不可能的。"②

1954 年 6 月 15 日的会议上，美韩等 16 国发表了《共同宣言》，南日也代表朝鲜政府进行了发言。在发言中，南日提出了"关于保证朝鲜的和平状态"的方案，其主要内容有："（1）建议各有关国家的政府采取措施，急速从朝鲜境内撤退一切外国军队；（2）在不超过一年的期限中，缩减朝鲜民主主义人民共和国和大韩民国的军队力量，双方军力不得超过十万人；（3）由朝鲜民主主义人民共和国和大韩民国的代表组成一个委员会，来研究创造逐步解除战争状态的条件、将双方军队转入和平时期状态等问题，并建议朝鲜民主主义人民共和国政府和大韩民国政府缔结相应的协定；（4）为了创造使南北朝鲜接近的条件，成立一个全朝鲜委员会来拟订建立和发展朝鲜民主主义人民共和国和大韩民国之间的经济和文化关系的措施，并执行已取得协议的措施。"③

日内瓦会议之后，联合国大会每年讨论朝鲜问题，而且都是在排斥朝鲜参与的情况下进行的。1955 年 10 月 31 日，南日代表朝鲜政府提出要求，要求让朝鲜政府的代表参加联合国关于朝鲜问题的讨论，但遭到拒绝。1955 年 11 月 6 日，南日代表朝鲜政府针对十届联大讨论朝鲜问题发表声明，指出："没有朝鲜民主主义人民共和国政府的代表参加朝鲜问题的讨论，是不能希望朝鲜问题得到公正的解决的。"④

此后一直到 20 世纪 60 年代初，朝鲜的统一政策没有大的变化，一直坚持在没有外来力量干涉的情况下，通过普遍、平等、直接的秘密投票方法举行全朝鲜的选举以实现统一。

---

① "朝鲜外务相南日在日内瓦会议上提出和平解决朝鲜问题方案的发言"，见《朝鲜问题文件汇编（第二集）》，世界知识出版社 1959 年版，第 290—291 页。

② "朝鲜外务相南日在 6 月 5 日日内瓦会议上的发言"，见《朝鲜问题文件汇编（第二集）》，世界知识出版社 1959 年版，第 357 页。

③ "朝鲜外务相南日在 6 月 5 日日内瓦会议上的发言"，见《朝鲜问题文件汇编（第二集）》，世界知识出版社 1959 年版，第 384—385 页。

④《朝鲜问题文件汇编（第二集）》，世界知识出版社 1959 年版，第 512 页。

1956年4月23—29日,朝鲜劳动党第三次代表大会召开,金日成代表中央委员会所做的工作总结报告中,在《为了祖国和平统一》这一部分提出,"我们主张:成立一个讨论促进南北接触以至南北统一问题,并能够采取实际措施的常设委员会。这个机构可以由南北朝鲜的政府、最高立法机关、政党、社会团体的代表和无党派人士以对等的比例组成"①。

1957年9月20日,金日成在朝鲜第二届最高人民会议第一次会议闭幕会上的发言中又一次提出,在保证南北朝鲜一切政党的自由活动的条件下,在没有外力的帮助和影响的情况下,用普遍的、平等的、直接的秘密投票方法举行全朝鲜的选举,实现祖国的统一。②

1958年2月5日,朝鲜民主主义人民共和国政府发表"建议一切外国军队撤出朝鲜并在全朝鲜举行自由选举以实现南北朝鲜和平统一的声明",声明表示"选举可以在中立国机构的监督下进行","为了讨论南北朝鲜之间的经济、文化交流和全朝鲜选举等问题,应当在对等的基础上早日实现南北朝鲜之间的协商"③。

(二)韩国的统一政策

1948年8月至1960年4月,李承晚一直担任韩国总统。朝鲜战争爆发之前,李承晚政府统一政策的特征主要表现为以下三个方面。

第一,积极面向国际社会宣示大韩民国是朝鲜半岛内的唯一合法政府,获取国际社会的承认,否定朝鲜民主主义人民共和国的合法性。1948年7月12日制定的《大韩民国宪法》第4条规定:大韩民国的"领土由朝鲜半岛及其所有附属岛屿构成",明确表示了大韩民国的领土包括朝鲜半岛北纬38度线以北地区。

为了使韩国获得国际社会的承认,1948年9月1日,李承晚政府派出以内务部长赵炳玉博士为总统特使的代表团出访美、英、法等西方17个国家。1948年12月6日,联合国政治委员会开始讨论"朝鲜问题",政治委员会通过了由中华民国政府代表提出的邀请大韩民国代表的提案,而否决了苏联代表提出的邀请朝鲜民主主义人民共和国代表的提案。12月12日,联合国第187次全体大会通过了关于朝鲜独立问题的第195号决议,决议指出:朝鲜问题临时委员会"在朝鲜境内视察访问所及之部分,其居民占全朝鲜人民之大多数者,

---

① 《金日成在朝鲜劳动党历次代表大会上的报告》,人民出版社1979年版,第138页。
② 《朝鲜问题文件汇编(第二集)》,世界知识出版社1959年版,第560页。
③ 《朝鲜问题文件汇编(第二集)》,世界知识出版社1959年版,第564-567页。

已建立合法政府（大韩民国政府），对该部分居民具有有效的司法管理。该政府建立在临时委员会的监督下，该地区选民自由自愿有效表现的选举基础之上。该政府是朝鲜境内唯一一个这样的政府"①。应该说，韩国成立之初，李承晚政府的"获得承认外交"取得了不小的成果。1949年，包括美、英、法等国在内的23个国家正式承认了大韩民国。但是，仔细读一读联合国大会第195号决议文本可以发现，决议本身的措辞带有一定的模糊性，针对当时朝鲜半岛的局势而言也是比较严谨的。"该政府是朝鲜境内唯一一个这样的政府"（the only such government in Korea），李承晚政府把这句话解释为大韩民国政府是朝鲜半岛境内唯一合法的政府，从而表示了对朝鲜民主主义人民共和国政府合法性的否认和排斥。

第二，在统一问题上，拒绝通过与朝鲜的协商实现国土的统一，而是根据北部地区人口约占朝鲜半岛总人口的比例，在国会预留100个席位，要求北部地区尽早实施民主选举。

1949年2月18日，李承晚发表的关于统一问题的声明中表示："为了国土统一的任何尝试，只要是在保存大韩民国政府的目标下，都是可以允许的。与'傀儡政权'的协商等于是默认了共产政权，这种屈辱的协商是决不会进行的。"联合国大会第195号决议决定设立朝鲜问题委员会，并要求该委员会"出任斡旋，俾依大会1947年11月14日决议案所规定之原则，促使朝鲜完成统一"。但李承晚政府对此也持反对意见，表示："对于与联合国朝鲜问题委员会进行国土统一协商的问题，（我们）不会容忍该委员会通过苏联与北韩进行交涉，也不会配合与北韩政权及其代表进行的直接接触。"②

第三，强化军事和国防力量。李承晚政府强调在通过和平手段不能收复北部地区主权的情况下，大韩民国具有使用武力收复北部地区主权的权利。1949年3月，李承晚政府通过与美国谈判，使美国国会通过了从1950年会计年度起三年间，向韩国提供4.1亿美元的援助法案。1950年1月26日，李承晚政府又与美国签订了《关于设立美军顾问团的协定》和《美韩相互防卫援助协定》。

1951年年初，朝鲜战争的战事进入胶着状态之后，李承晚于2月5日表示"38线已经没有了"，并提出，为了收复国土而实施"北进统一"的主张。停战

---

① http://daccess-dds-ny.un.org/doc/RESOLUTION/GEN/NR0/044/64/IMG/NR004464.pdf?OpenElement，2014年1月19日访问。

② ［韩］金昌勋：《韩国外交的昨天与今天》，多乐园2002年版，第67页。

谈判开始后，李承晚政府对停战谈判持强烈的反对立场，李承晚本人更是认为，在朝鲜半岛实现完全统一之前进行停战是不能想象的事情。由于李承晚数次采取干扰停战谈判的行为，美国甚至动了除掉李承晚的念头，最后，直到美国答应同韩国签署相互防卫条约，李承晚政府才最终停止了"北进统一"的口号。《朝鲜停战协定》签署的次日，即 1953 年 7 月 28 日，李承晚表达了通过联合国的协调实现统一的主张。

《朝鲜停战协定》第 4 条第 60 款规定，"为保证朝鲜问题的和平解决，双方军事司令官兹向双方有关各国政府建议在停战协定签字并生效后的三个月内，分派代表召开双方高一级的政治会谈，协商从朝鲜撤退一切外国军队及和平解决朝鲜问题等问题"[①]。根据这项规定，从 1953 年 10 月 26 日开始，停战协定签字双方在板门店举行了预备会谈，但由于双方在政治会议的成员、会议形式以及表决等问题上无法达成一致，12 月 12 日之后，会议中止。[②] 黄华在回忆录中只提到了中、朝、美三方参加会谈的情况，没有提及韩方的参与问题。韩国外交官出身的金昌勋在其所著的《韩国外交的昨天与今天》一书中记述："韩国政府最初拒绝参加会谈，但 10 月 23 日首次改变了态度，由外务部部长卞荣泰以政府代表身份，外务部副部长曹正焕以观察员身份参加了会议。"[③] 会议进行期间，李承晚政府于 1953 年 11 月 23 日发表特别声明，表示"虽然原则是只在北韩实施总选举以填补国会的剩余议席，但如果北韩居民愿意，（我们）也具有接受南北韩总选举的意思"。由只在北部地区进行选举到南北总选举，这是李承晚政府首次作出这样的政策表态，意味着其统一政策发生了一些微妙的变化。

政治会谈的预备会谈中止后，1954 年 2 月 18 日，在柏林召开的美、苏、英、法四国外长会议达成了于 4 月 26 日在日内瓦举行会议以寻求朝鲜问题和平解决的协议。1954 年 4 月 26 日，日内瓦会议召开，包括朝韩在内，共有 19 个国家参加。韩国派出了以外务部长为团长的代表团。1954 年 4 月 27 日，韩国外务部部长卞荣泰在发言中仍表示，"在联合国的监视下，根据人口比例原则在北韩实施自由总选举"。但在 5 月 22 日，韩国接受一些西方国家的建议，对上述政策进行了一定的调整，提出了《关于韩国统一的十四项提案》。提案的主要内容有：(1) 九个月以内，在联合国的监督下，根据大韩民国的宪法程序，以秘密普通投票，实施南北韩自由总选举；(2) 为了依据选举区准确的人口比例决定

[①] 《关于朝鲜停战协定的文件》，人民出版社 1953 年版，第 29 页。
[②] 黄华：《亲历与见闻：黄华回忆录》，世界知识出版社 2007 年版，第 91—92 页。
[③] ［韩］金昌勋：《韩国外交的昨天与今天》，多乐园 2002 年版，第 63 页。

国会议员的总数，在联合国监督下实施国势调查；(3) 保障联合国监督人员和候选者行动和言论的完全自由；(4) 至选举后在汉城召开全韩国国会修改宪法之时，大韩民国宪法继续维持其效力；(5) 选举之日一个月之前，中国军队完全撤出；(6) 联合国军亦开始撤离，联合国军的撤离至统一政府实现对全韩国的完全统治即联合国对其确认之时结束。[1] 韩国的方案仍然是在只承认大韩民国主权的前提下提出的方案，因而也不可能获得朝鲜方面的接受。在这种情况下，1954 年 6 月 15 日，除中、苏、朝三国之外的其他参加会议的 16 国发表了包含如下两项内容的共同宣言：(1) 依据联合国宪章，为了反对侵略，为了"韩国问题"的和平解决，并尽可能使其解决方案周全，联合国具有充分而正当的权限；(2) 为了建立统一而独立的民主韩国，应在联合国监督下在朝鲜（半岛）原住居民中依据人口比例实施真正的自由选举，以选举出国会议员。

朝鲜问题政治会议预备会谈以及日内瓦会议在性质上都属于相关方参与的协调性会议，在这种协调性会议因双方的意见对立而无法解决问题的情况下，参加朝鲜战争的美、韩、英、澳大利亚、比利时、加拿大等 16 个国家撇开中、朝、苏三国，以 16 国名义发表共同宣言，其目的在于将朝鲜问题的管辖权交付联合国，发布《十六国共同宣言》实际上是履行这样一个程序。当然，这种履行只是一种单方面的行为，在当时联合国已经沦为美苏进行政治斗争工具的情况下，这种单方面的行为是不可能解决问题的。尽管如此，韩国等国也是充分利用这一平台，从而使之成为此后一段时期之内，倡导自己解决半岛问题之立场的主要舞台。

1954 年 11 月 11 日，美国等国家向联合国秘书长提出了《日内瓦政治会谈结果的报告书》和《十六国共同宣言》。1954 年 12 月 11 日，第九届联大第 510 次全体会议通过了第 811（Ⅸ）项决议，该决议表示："赞成关于朝鲜问题政治会议的报告书"、"重申联合国之目的仍为以和平方法使朝鲜成为在代议制度政府下一个统一、独立与民主之国家，以及在该地区完全恢复国际和平与安全。"[2] 此后至 1959 年，根据 1950 年 12 月 1 日召开的第 314 次全体会议通过的第 410（Ⅴ）号决议而设立的联合国朝鲜复兴事务处每年例行向联合国大会提出"年度报告书"，联合国大会则每年例行讨论朝鲜问题，并通过"韩国问题"决议，而每年联合国大会召开时，也只邀请韩国代表参加"韩国问题"的讨论。

---

① ［韩］赵成大："南北韩统一政策的比较研究：以南北韩统一政策的变迁过程为中心"，载《学生生活研究》1986 年第 6 卷。

② http://daccess-dds-ny.un.org/doc/RESOLUTION/GEN/NR0/094/45/IMG/NR009445.pdf?OpenElement，2014 年 1 月 23 日访问。

李承晚政府则积极利用这一平台,一方面,继续提出在联合国的监督下,依据人口比例实施南北总选举的主张;另一方面,在国内则加强了对社会的威权控制。1958年12月,李承晚操纵国会通过了《国家保安法》修正案,实施《新国家保安法》,并依此加强了对以进步党为中心的韩国左翼势力的打击力度。①

二、20世纪60年代

与20世纪50年代相比,由于国际环境和朝鲜半岛内部政治状况的变化,20世纪60年代,朝鲜和韩国的统一政策都发生了一定的变化。朝鲜在20世纪60年代初期提出了较为温和的过渡性联邦制统一方案,但在20世纪60年代中期,又提出了较为强硬的"南朝鲜革命论"。韩国方面,20世纪60年代初的张勉政府除明确放弃李承晚政府的"北进统一论"之外,基本继承了李承晚政府的统一政策,但朴正熙政府执政后,提出了"先建设、后统一"的政策,实际上是暂时放弃了对统一目标的追求。

(一)朝鲜的统一政策

1960年8月14日,金日成做了庆祝祖国光复15周年的报告。在报告中,金日成虽然依旧主张"我们祖国的和平统一,必须在自主的、没有任何外国干涉的情况下,在民主基础上,用南北朝鲜自由总选举的方法得到实现",但同时又表示,如果"南朝鲜当局不能接受自由的南北总选举的话,那么,为了首先解决民族急待解决的问题",可以采取过渡措施,即实行南北联邦制。对于其含义,金日成表示:"我们所说的联邦制,暂时保存南北朝鲜现有的政治制度,保持朝鲜民主主义人民共和国政府和大韩民国政府的独立活动,组成有两个政府的代表参加的最高民族委员会,主要用来统一调整南北朝鲜经济和文化的发展。"②这一方案虽被称为联邦制方案,实际上带有邦联的性质。

这是朝鲜方面首次提出联邦制统一方案。1962年10月23日,金日成在朝鲜第三届最高人民会议第一次会议发表的《朝鲜民主主义人民共和国政府的当前任务》的讲话中又再次阐释了联邦制的问题:"在这种联邦制下,南北双方互不干涉对方内政,任何一方不得把自己的意志强加于另一方。南北朝鲜将按照各自的政治信念自由行动,只是共同解决经过联邦机构达成的协议与民族共同

---

① 曹中屏:《当代韩国史》,南开大学出版社2005年版,第160页。
② [朝]《金日成著作集(第14集)》,朝鲜外文出版社1983年版,第207页。

利益有关的问题。"①

20世纪50年代朝鲜提出通过南北自由总选举而实现统一的方案，实际上是一种单一制统一方案。由提出单一制统一方案到主张联邦制统一方案，这种调整是朝鲜基于对美苏冷战格局和南北分裂的现状作出合理判断的基础上进行的。当然，在统一过程中排除外部势力的干涉这一点上，朝鲜的立场没有任何变化。1961年9月11日，朝鲜劳动党第四次代表大会召开，金日成在政治报告中指出："党始终一贯主张自主地、和平地根据民主的原则解决我国的统一问题……为了完全解决我们祖国的统一问题，就必须在没有任何外来势力干涉的条件下，通过以民主原则为基础的全朝鲜的自由选举，建立统一的政府。""南朝鲜人民完全摆脱今天的悲惨处境的唯一道路，就是赶走美国军队，推翻法西斯独裁政权，和平统一国家。"②20世纪60年代末的1969年7月4日，金日成在答伊拉克通讯社副社长问时依旧表示："只要美帝国主义者撤出南朝鲜，具有民族良心的民主的进步力量掌握政权，我就愿意同它协商以和平的方式统一祖国的问题。"③

在20世纪60年代初提出过渡性联邦制方案之后，60年代中期，朝鲜又提出了"南朝鲜革命论"。1964年2月27日，朝鲜劳动党第四届中央委员会第八次全体会议召开，金日成在发表的讲话——《为实现统一祖国的事业千方百计地加强革命力量》中，提出了"要取得我国革命的胜利，就要准备好三种革命力量"的口号，所谓"准备好三种革命力量"即"进一步加强共和国北半部的革命力量"、在南朝鲜培养和锻炼强大革命力量和"进一步加强国际革命力量"。④1965年4月14日，金日成在印尼"阿里亚哈姆"社会科学院发表的演讲中，正式提出了"南朝鲜革命论"。他指出"南朝鲜革命，是把仍然处在帝国主义奴役下的我国一半领土和三分之二人口解放出来，是整个朝鲜革命的重要组成部分"，"在北半部促进社会主义建设的同时，在南朝鲜进行革命"⑤。1967年12月16日，金日成在朝鲜第四届最高人民会议第一次会议上发表的朝鲜民主主义人民共和国政纲中则明确提出了"解放南朝鲜人民、实现祖国的统一"的口号。⑥

---

① [朝]《金日成著作集（第16集）》，朝鲜外文出版社1984年版，第388—389页。
② [朝]《金日成著作集（第15集）》，朝鲜外文出版社1983年版，第213页。
③ [朝]《金日成著作集（第24集）》，朝鲜外文出版社1986年版，第70页。
④ [朝]《金日成著作集（第18集）》，朝鲜外文出版社1984年版，第204—221页。
⑤ [朝]《金日成著作集（第19集）》，朝鲜外文出版社1984年版，第257页。
⑥ [朝]《金日成著作集（第21集）》，朝鲜外文出版社1985年版，第400—405页。

"南朝鲜革命论"提出的主要背景是自20世纪50年代后期至60年代中期韩国政局发生的动荡。这种动荡不但意味着韩国局势的不稳,也使得朝鲜的对韩政策发生了激进性的转向。"以'4·19'起义为转折点,美帝国主义在南朝鲜的殖民统治危机进一步加深,形势变得有利于革命"①。金日成于1970年11月2日在朝鲜劳动党第五次代表大会上所作的中央委员会工作总结报告中进行的上述阐释明确地表明了"南朝鲜革命论"提出的背景。

但是,20世纪60年代末,朝鲜的统一政策又回到了自由总选举和过渡性联邦制上。1969年9月2日,金日成在回答外国记者提问时表示,"根据普遍的、平等的、直接的原则,用秘密投票的方式举行选举,才能产生代表各阶层人民利益的民主的统一政府"。"如果不能马上举行自由的南北朝鲜的普选,那么,作为解决当前民族共同关心的迫切问题并逐步走向完全的统一的一项过渡性措施,就是实行南北联邦制"。"如果南朝鲜统治集团不能接受联邦制,那么,即使暂且放下政治问题,也要实现南北之间的经济文化交流和个别人士的往来,以尽量减轻民族分裂给人民带来的痛苦"②。

(二)韩国的统一政策

20世纪60年代的韩国陆续经历了许政过渡政府、张勉政府以及朴正熙政府等三届政府。随着政府的更替,韩国的统一政策也发生了不小的起伏与变化。

1960年4月27日,长期在韩国实行独裁统治的李承晚因无法统合国内政治遭遇执政危机而宣告下野,韩国进入由许政担任总统的为期三个月的"过渡政府"时期。随后,韩国于1960年7月29日实施了总选举,张勉领导的民主党赢得了选举。1960年8月19日,由张勉担任总理的责任内阁制政府开始执政。

张勉政府执政后,在统一政策方面,明确放弃了李承晚政府的"北进统一"方案和口号,其在统一政策方面强调的重点是继续推进联合国外交。1960年11月2日,韩国国会通过了《关于统一方案的国会决议》,表示"依据大韩民国宪法程序,在联合国监督下根据人口比例,实施南北总选举"。与李承晚政府一样,张勉政府也强调在联合国监督下实施南北总选举。但在联合国外交中,与李承晚政府有所不同的是,对于联合国决议态度的表述方面,张勉政府将李

---

① [朝]《金日成著作集(第25集)》,朝鲜外文出版社1986年版,第247页。
② [朝]《金日成著作集(第15集)》,朝鲜外文出版社1986年版,第120-122页。

承晚政府使用的"根据联合国决议"修改为"尊重联合国决议"。①

从实际内容上看,除了明确表示放弃"北进统一"政策之外,张勉政府的统一政策与李承晚政府的统一政策没有本质上的差别,可以说基本继承了李承晚政府的政策。但是,在张勉政府时期,韩国社会对统一政策的讨论比李承晚政府时期则要活跃得多。这种活跃开始于许政过渡政府时期,李承晚政府十余年威权统治下被压抑的韩国民众的政策参与热情随着李承晚政府的倒台迸发出来,革新政党和进步团体纷纷成立。以革新系政党为主成立的"民族自主统一中央协议会"(以下简称民自统)和以青年学生为主成立的"民族统一联盟"成为当时韩国社会统一运动的核心组织。民自统提出了以自主、和平和民主三大原则作为统一的基本原则②,主张南北立即举行协商,共同组成"民族统一建国最高委员会",在排除外国势力的条件下,南北代表进行协商统一的会谈,统一后选择奥地利式的中立或永久中立。民族统一联盟等学生组织也发表宣言,提出集结全民族的自主力量,实现南北文化交流、书信往来、经济交流与包括学生会谈在内的民间人士交流的主张。

韩国社会出现的统一主张和统一运动,实际上是对李承晚政府长期实施独裁统治、严格控制民间社会在统一问题上发声政策的一种反弹,是韩国民众对现实极度不满的一种表现,对此,张勉政府是难以控制的。张勉政府执政后,其外务部长郑一亨曾于1960年8月24日,在记者招待会上提出了"外交刷新七大原则",宣布放弃"北进统一"、继续开展对美亲善外交、改善与中立国家的外交关系、继续面向统一和确保正统性的联合国外交、与日本实现关系正常化等。从上述政策方向来看,张勉政府实际上已在事实上默认了南北关系的现状,在政策推进方向上开始向"先建设、后统一"的方向转变。当然,这种"先建设"的重点主要放在了巩固其正统性方面。

1961年5月16日,以朴正熙为首的少壮派军人发动军事政变,成立了"军事革命委员会",三天后的5月19日,"军事革命委员会"改组为"国家再建最高会议"。1962年12月17日,通过公民投票,"宪法修正案"获得通过。1963年10月15日和11月26日,韩国分别举行了总统和国会议员的选举,12月17日,朴正熙出任第五任韩国总统。从此,至1979年,朴正熙一直担任韩国最高领导职务。

---

① [韩]赵成大:"南北韩统一政策的比较研究:以南北韩统一政策的变迁过程为中心",载《学生生活研究》,1986年第6卷。

② [韩]朴河一:"南北韩的统一政策",载《社会科学研究》1988年第15辑。

朴正熙政府时期可分为20世纪60年代和70年代两个时期，由于在两个时期韩国政府所面临的内外部状况与环境不同，朴正熙政府的统一政策在20世纪60年代和70年代也具有相当的差异。

军事政变发生后，朴正熙就通过电台发表了"革命公约"，阐述了军人政权的内外政策。"革命公约"强调反共为国是第一要务，表示要重新整顿和强化迄今为止停留于形式与口号的反共体制，宣誓要"倾注全力于重建国家自主经济"，强调要遵守联合国宪章，进一步巩固与以美国为首的"自由友邦"的纽带等。为了强化对国内舆论和局势的控制，1961年7月3日，"国家再建最高会议"通过了《反共法》，并加大了对进步政党和社会团体等革新势力的打击力度，在发起政变的当月，就关闭了370余家出版社，查封了830余种报刊杂志，解散了5个政党和238个社会团体。①

1963年10月，朴正熙以民主共和党候选人身份当选总统后，在统一问题上提出三项政策主张：(1)培养国力，构筑胜共统一（即战胜共产主义，实现统一）的基础；(2)在联合国监督下，依据原住人口比例实施南北韩自由总选举；(3)提议设立专门的国土统一研究机构。②1966年7月，朴正熙政府组建了"国土统一研究特别委员会"，该委员会进行了相关资料的收集和设立国土统一研究机构的准备工作。1966年10月，韩国政府第一次发表统一问题白皮书。在白皮书中，朴正熙政府提出如下主张：(1)在联合国监督下按照原住人口比例实施南北总选举；(2)朝鲜的统一方案是武力南侵的伪装战术；(3)通过现代化培养国力；(4)统一问题与国际形势密切相关。

20世纪60年代，朴正熙政府实际上暂时放弃了对实现国家统一的追求，虽然它也提出在联合国监督下按照原住人口比例实施南北总选举的主张，但它知道这是难以为之的，只不过是一个口号而已，实际的努力重点，首先是致力于国家的建设，在统一问题上着眼于做长期的准备。为此，朴正熙政府继续加强了在联合国的正统性外交，通过访美和向越南派兵参加越战，强化了与美国的同盟关系，并在1965年与日本实现了国家关系的正常化。

三、20世纪70—80年代后期

基于朝韩内部状况、国际形势及联合国成员构成等方面的变化，20世纪

---

① 曹中屏：《当代韩国史》，南开大学出版社2005年版，第226页。
② [韩]安保统一问题研究所：《安保统一问题基本资料集》，东亚日报社1972年版，第358页。

70年代，朝韩的统一政策都进行了调整。中苏关系的恶化、中美关系的改善使朝鲜降低了"南朝鲜革命论"的调门，回到了"举行自由的南北普选"和"过渡性联邦制"的政策轨道上，并继而提出了建立"高丽联邦共和国"的统一方案。但是，由于亚非拉国家大举入联使得联合国的成分和性质发生了变化，而这种变化对朝鲜来说是有利的，因此，朝鲜又拒绝了韩国政府提出的同时加入联合国的倡议。而韩国的朴正熙政府由于美国发表尼克松主义、国内政治渐趋稳定、社会经济逐步发展、处理南北关系的自信逐渐增强等因素，也调整了20世纪60年代"先建设、后统一"，实际上是拒绝同朝鲜对话的政策思路。在这种背景下，20世纪70年代朝韩之间的接触和会谈频频进行，开启了朝韩关系史上的所谓"第一对话时代"。1971—1979年，朝韩对话共进行了124次，其中，红十字会会谈85次，秘密接触13次，调节委员会19次，非正规渠道座谈3次，体育会谈4次。①

20世纪80年代，朝鲜的统一政策主要表现为一方面继续在民主化问题上向韩国施压，向韩方提议举行当局会谈，另一方面在"过渡性联邦制"和"高丽联邦共和国"方案的基础上，提出了"高丽民主联邦共和国"统一方案。而韩国全斗焕政府为了应对朝鲜的"高丽民主联邦共和国"方案，也提出了"民族和解民主统一"方案。20世纪80年代，朝韩继续了20世纪70年代的对话势头，开启了朝韩关系史上的"第二对话时代"。1987年之前，朝韩双方的会谈共进行了29次，其中，总理会谈预备会谈10次，红十字会会谈5次，体育会谈7次，经济会谈5次，国会会谈2次。②

（一）朝鲜的统一政策

1970年11月2日，朝鲜劳动党第五次代表大会召开，金日成在所做的中央委员会报告中提出："在把美帝国主义侵略军赶出南朝鲜以后，把南北朝鲜的军队分别裁减到十万名或十万名以下，缔结关于互不使用武力的协定；采取实现南北之间的经济文化交流和人士往来等一系列措施；根据朝鲜人民自主的意志，在以和平的方法实现祖国统一的基本条件成熟时，举行自由的南北普选，建立民主的统一政府。""如果由于这样或那样的原因不能立即举行南北朝鲜普选，那么，作为一项解决民族共同关心的紧急问题并早日实现祖国统一的过渡

---

① [韩]林东源："南北高级会谈和北韩的协商战略"，载韩国庆南大学极东问题研究所：《北韩的协商战略和南北关系》，1997年，第7页。

② [韩]林东源：《南北高级会谈和北韩的协商战略》，载韩国庆南大学极东问题研究所《北韩的协商战略和南北关系》，1997年，第7页。

性措施，也可以首先实行南北朝鲜联邦制。"①

1971年4月12日，朝鲜以外务相许锬的名义发表八项和平统一主张，表示：朝鲜具有与"包括南朝鲜执政党民主共和党在内的政治社会团体和个别民主人士在任何时候都可以接触的意愿"。1971年4月，第四届最高人民会议第五次会议提出八项和平统一意愿，而金日成也于8月6日发表谈话，重申了愿意随时同包括民主共和党在内的南朝鲜所有政党、社会团体和个别人士进行接触的意向。

但是，朝鲜反对韩国朴正熙政府提出的同时加入联合国的提议，也反对法国等西方国家提出的"交叉承认论。"为了应对朴正熙政府的同时入联提议，朝鲜提出了"高丽联邦共和国"统一方案。

1973年6月23日，金日成主席在欢迎捷克斯洛伐克共产党胡萨克来访的群众大会上发表《祖国统一五大纲领》，其主要内容有：(1)解除南北军事对峙与缓和紧张状态；(2)实现南北间多方面的交流和合作；(3)召集由南北各阶层人民、政党、社会团体的代表组成的大民族会议；(4)以高丽联邦共和国为单一国号组建南北联邦制；(5)反对南北分别加入联合国，主张以高丽联邦共和国为单一国号加入联合国等。1978年6月15日，金日成在同争取朝鲜自主和平统一国际联络委员会代表团的谈话中表示，"接受'交叉承认论'，就等于把祖国永久分割成两部分……如果以'两个朝鲜'进入了联合国，那么，我国就会永久分裂"②。1978年9月9日，金日成在庆祝朝鲜民主主义人民共和国成立30周年中央大会上所作的报告——《高举主体思想的旗帜，进一步促进社会主义建设》中，一方面表示，"我们绝对不能容许分裂主义者企图制造'两个朝鲜'的任何阴谋活动"，另一方面又向韩国释放出积极的信号，表示，"根据民族大团结的理念，同南朝鲜的任何政党都谋求团结。同时，如果南朝鲜的某个政党要求到共和国北半部来活动，我们将表示欢迎"③。

进入20世纪80年代以后，针对韩国政局出现的变化，朝方采取了更加积极的政策。1980年10月10日，金日成在朝鲜劳动党第六次代表大会中央委员会工作总结报告中，一方面向全斗焕政府施压，指出："为了实现祖国的自主和平统一，就必须在南朝鲜铲除军事法西斯统治，实现社会的民主化。南朝鲜必须废除'反共法'和'国家保安法'等法西斯反动法令，撤销一切高压统治

---

① [朝]《金日成著作集（第25集）》，朝鲜外文出版社1986年版，第253-254页。
② [朝]《金日成著作集（第33集）》，朝鲜外文出版社1988年版，第240-241页。
③ [朝]《金日成著作集（第33集）》，朝鲜外文出版社1988年版，第367页。

机构",并要求美国同朝鲜进行对话,缔结和平协定①";另一方面,提出了"高丽民主联邦共和国创立方案",并详细阐述了"高丽民主联邦共和国"的组建路径和对外政策。"我们党主张,在北方和南方相互承认和容纳对方的思想和制度的基础上,成立北方和南方以同等资格参加的民族统一政府,在这一民族统一政府之下,北方和南方以同样的权限和义务分别实行地区自治,建立这样的联邦共和国来实现祖国的统一。联邦形式的统一国家,以北方和南方同等名额的代表和适当名额的海外侨胞代表组成最高民族联邦会议,最高民族联邦会议组织联邦常设委员会,来领导北方和南方的地区政府,管辖联邦国家的全盘工作"。"联邦国家的国号,定为高丽民主联邦共和国"。"高丽民主联邦共和国应当成为不加入任何政治、军事联盟或集团的中立国家"。②

1988年9月8日,金日成在庆祝朝鲜民主主义人民共和国成立40周年大会上所做的报告中再次指出:"高丽民主联邦共和国是以民族共同的要求和利益为重,超越思想和制度,实现团结民族统一国家的合理形式。……在我国的北方和南方实际存在着互不相同的思想和制度的情况下,为了实现祖国的统一,就应当根据谁也不吞并谁,谁也不被谁吞并,一方不压倒另一方,哪一方也不被另一方压倒的共存原则,照旧保留两种制度,以两个自治政府联合起来的方法形成一个统一的国家。只有建立高丽民主联邦共和国的方法,才是根据民族共同的利益和要求,依靠全民族团结的力量,自由地、和平地解决统一问题的最正确的方法。"③

从20世纪70年代开始,朝鲜多次向美国提出举行朝美双边对话,并签署和平协定的要求,在看到美国没有任何反应后,又于1984年提议同美国、韩国举行三方会谈,但美国里根政府则要求首先由朝鲜的北方和南方举行会谈。在这种背景下,1985年4月,朝鲜向韩国提议举行北南国会代表会谈或国会联席会议,讨论发表关于北方和南方互不侵犯联合宣言的问题。④

(二)韩国的统一政策

进入20世纪70年代之后,朴正熙政府的统一政策发生了比较大的变化。1970年8月15日,朴正熙在庆祝解放25周年的贺词中发表了《关于和平统一基本构想的8·15宣言》,正式向朝鲜发出了和平共存的倡议。在宣言中,朴正

---

① [朝]《金日成著作集(第35集)》,朝鲜外文出版社1989年版,第303-304页。
② [朝]《金日成著作集(第35集)》,朝鲜外文出版社1989年版,第307-308页。
③ [朝]《金日成著作集(第41集)》,朝鲜外文出版社1996年版,第193-194页。
④ [朝]《金日成著作集(第39集)》,朝鲜外文出版社1995年版,第166页。

熙提出北方放弃武力统一的想法，韩国中止以暴力手段颠覆朝鲜的企图，为证明南北哪一种体制更优，南北之间开展面向开放和创造的善意竞争。同时，朴正熙还表态韩国不反对联合国讨论"韩国问题"时邀请朝鲜代表参与。①

1971年8月12日，韩国以红十字会总裁崔斗善的名义发表声明，向朝鲜红十字会提议，为了从人道主义角度解决寻找离散家属问题，召开南北红十字会会谈。韩方的提议得到了朝鲜的积极回应，8月14日，朝鲜通过广播的方式表示了对韩方倡议的接受，并表示"不仅是家属，包括亲戚、亲友在内都要实现他们的自由往来"，还提议为准备红十字会会谈，首先举行预备会谈。共识达成之后，1971年8月20日至9月16日，双方的红十字会工作人员在板门店进行了五次接触之后，从9月20日开始，在板门店举行预备会谈。从1971年9月20日至朝韩红十字会在平壤举行第一次正式会谈的1972年8月30日，双方共进行了25次预备会谈。

朝韩红十字会会谈从1972年8月30日至1973年7月13日，共进行了七次。后因意见存在分歧而中断，但双方从人道主义角度开始的民间性红十字会接触，在双方之间开始形成了一种缓和的政治气氛。正是在这种气氛中，1972年5月2日，朴正熙指示韩国中央情报部部长李厚洛秘密访朝，与朝鲜劳动党中央组织指导部部长、金日成的弟弟金英柱进行了会谈。1972年5月29日，朝鲜劳动党中央组织指导部第二副部长朴成哲又秘密访问汉城，双方达成了于7月4日发表《南北共同声明》协议。②

1972年7月4日，朝韩发表《共同声明》，在朝韩关系史上被称为《7·4共同声明》的这一文件中，双方确立了自主、和平与民族大团结三大统一原则。在此原则下，双方表示：(1)中止相互间的中伤和诽谤；(2)实施各方面的交流；(3)积极合作促成南北红十字会会谈；(4)为防止偶发性的军事事故，开通汉城与平壤之间的常设直通电话；(5)建立和运行"南北调节委员会"。

《7·4共同声明》的发表所营造的缓和气氛，推动了双方红十字会的会谈。经过三次委员长会议之后，南北调节委员会也于11月30日正式组建。

1973年6月23日，朴正熙政府发表了包括七项内容的《和平统一外交政策特别宣言》，系统阐述了其在统一问题和南北关系问题上的立场。主要内容有：(1)为了祖国的和平统一而继续努力；(2)南北互不干涉内政、互不侵

---

① [韩]赵成大："南北韩统一政策的比较研究：以南北韩统一政策的变迁过程为中心"，载《学生生活研究》1986年第6卷；[韩]闵丙徽："南北韩的统一政策比较分析"，载《统一问题研究》1978年第7卷。

② [韩]金昌勋：《韩国外交的昨天与今天》，多乐园2002年版，第106页。

犯；（3）立足于南北共同声明的精神，以诚实和忍耐之心，继续努力以推进南北对话取得具体成果；（4）不反对朝鲜加入国际机构；（5）不反对南北同时加入联合国；（6）大韩民国在互惠平等的原则下，对所有国家门户开放，同时推进理念和体制不同的国家也对韩国开放。

虽然朴正熙在《6·23宣言》中表示，"如上所阐明的政策中与北韩关联的事项，在统一实现之前，作为过渡期中的暂时措施，它绝不意味着我们承认北韩为一个国家"，但不反对朝鲜加入国际组织以及同意朝韩同时加入联合国的表态，实际上意味着韩国政府正式接受了朝鲜的存在。

1974年1月18日，朴正熙在年度记者招待会上提议，韩朝缔结《南北互不侵犯协定》，双方互不使用武力，互不干涉内政，遵守停战协定等。在同年8月15日庆祝祖国解放的贺词中，又发表了和平统一三大基本原则：（1）为了巩固半岛的和平，南北缔结互不侵犯协定；（2）为了南北间的门户开放和恢复相互间的信任，南北间进行诚实的对话，推进多方面的交流和合作；（3）以此为基础，在公正的选举管理和监督下，依据原住人口比例实施南北自由总选举。①

在上述三大原则中，朴正熙政府将过去坚持的"在联合国监督下"实施选举的主张，调整为"在公正的选举管理和监督下"。这是根据联合国成员构成结构的变化而作出的调整。事实上，朴正熙政府不反对朝鲜加入国际组织以及同意同时加入联合国的表态也是根据联合国的变化而作出的调整。在1973年5月17日召开的世界卫生组织第26次大会上，尽管仍有41票反对和22票弃权，但最终仍以66票赞成的比例通过了朝鲜加入世界卫生组织的提案，使朝鲜成为世界卫生组织的138个会员国。面对这种情况，朴正熙政府不得不作出调整。

20世纪70年代后期，朴正熙政府陆续向朝鲜提出了朝韩会谈或对话的提议，如1978年6月23日，朴正熙政府提出为推进南北经济合作成立协商机构的提议，8月12日，提出举行红十字会总裁会谈的提议。1979年1月19日，朴正熙政府还提议南北当局之间进行无条件对话。②

1979年10月26日，朴正熙遇刺身亡，担任国务总理的崔圭夏代行总统职务，并于12月12日经过选举正式就任第十任韩国总统。但是，面对风起云涌的学生和市民民主化运动，1980年8月16日，崔圭夏总统宣布下野。随后，新军部势力的核心人物全斗焕于8月27日被统一主体国民会议选举为第十一任韩国

---

① ［韩］国土统一院：《南北对话白皮书》，国土统一院（南北对话事务局）1988年，第469页。
② ［韩］赵成大："南北韩统一政策的比较研究：以南北韩统一政策的变迁过程为中心"，载《学生生活研究》，1986年第6卷。

总统。1981年2月25日,全斗焕作为民主正义党总统候选人经间接选举当选为第十二任韩国总统,并于3月3日宣誓就职。

全斗焕政府是军人政府,在合法性方面存在严重不足,为了应对朝方在统一问题上的攻势,全斗焕政府也提出了自己的统一方案,这是其获取合法性的重要资源。1982年1月22日,全斗焕在国政演说中提出了"民族和解民主统一"方案。在该方案中,全斗焕提出在民族自决的原则下以民主程序、和平的方式实现南北统一;由南北双方互派代表组成"民族统一协议会",讨论有关国家形态、选举程序、国内外政策的基本方向等问题,并起草统一宪法;依据民主的方式在南北全地区实施国民投票,确定、公布统一宪法;依照统一宪法在南北实施总选举,组成统一的国会和政府,完成单一国家的统一。①

全斗焕政府的"民族和解民主统一"方案与朝鲜的"高丽民主联邦共和国"统一方案可以说针锋相对、差异巨大。全斗焕政府所主张的统一是实现单一制方式下的统一,与朝方在20世纪50年代提出的方案类似。而"高丽民主联邦共和国"方案则主张在联邦制形式下实现国家的统一,其基本的架构是"一个民族、一个国家、两种制度和两个政府"。

全斗焕政府的方案是为了应对朝鲜的方案而提出的,作为一种应对方案,与朝鲜的提案毫无共同之处,可见全斗焕政府并不打算在统一问题上与朝鲜达成共识,其真正的图谋则在它处。在"民族和解民主统一"方案中,全斗焕还同时提议,南北双方缔结《关于南北韩基本关系的暂时协定》和南北当局举行高级会谈。全斗焕政府提出的《关于南北韩基本关系的暂时协定》的主要内容有:(1)至统一国家建立之际,双方立足于平等互惠的原则,维持相互间的关系;(2)双方放弃以任何形态的武力、暴力或威胁解决相互间的纷争,通过对话和协商的方式和平地解决一切问题;(3)相互承认彼此不同的政治秩序和社会制度,不干涉内政;(4)维持停战体制,放弃军备竞争,协商消除军事对峙状态的措施;(5)通过交流与合作,推进社会的开放,为了南北间的自由往来和交流,在贸易、交通、通信、学术、体育、教育等方面进行合作;(6)双方任命部长级的全权代表,在汉城和平壤设置常驻联络代表部。② 从全斗焕政府提出的政策内容可以看出,他真正打算推进的不是南北的统一,而是南北关系的稳定,或许他认为统一在当时是不可能的,而稳定南北关系和国内的政治秩序则是当务

---

① [韩]国土统一院:《南北对话白皮书》,国土统一院(南北对话事务局)1988年,第176-185页。
② [韩]赵成大:"南北韩统一政策的比较研究:以南北韩统一政策的变迁过程为中心",载《学生生活研究》1986年第6卷。

之急。

1984年9月28日,朝鲜向韩国提供的水灾救灾物资到达韩国;11月15日,双方进行了第一次经济会谈;11月20日,举行了红十字会预备会谈。1985年7月23日,进行了第一次国会预备会谈,1985年9月20—23日,"故乡访问团"和"艺术团"实现了互访。1985年10月8日,双方又进行了第一次体育会谈。1989年2月28日至12月20日,朝韩双方为举行总理会谈进行了5次预备会谈。

四、后冷战时期

20世纪80年代末90年代初,无论是世界层面的安全格局,还是朝鲜半岛和东北亚地区层面的安全格局,都发生了重大的结构性变化。1990年9月30日,韩国与苏联正式建交;1991年9月17日联合国第46次大会上,朝韩同时加入联合国;1992年8月24日,中国与韩国正式建交。地区安全结构的变化以及所衍生出来的问题,对包括双方的统一政策在内的朝韩间的相互政策以及朝韩关系都产生了重大影响。

顺承"第二对话时代"之势,至1993年年初之前,朝韩关系取得了快速的进展,1988—1992年,朝韩之间的会谈共进行了183次,超过了自1971年至1987年的总和。① 在这183次会谈中,政府间的高级会谈131次、国会会谈11次、红十字会会谈18次、体育会谈23次。其中,总理级别的高级会谈于1990年9月至1991年12月31日,共进行了5次。双方在第五次高级会谈时签署了称之为《朝韩基本协议书》的《南北间和解、互不侵犯和交流合作的协议书》。这是朝韩关系史上具有重大历史意义的事件,之所以说意义重大,最根本的不在于协议书中规定的双方和解、互不侵犯以及交流与合作方面的内容,而是双方首次正式对南北关系进行了定位,"彼此承认双方之间的关系不是国家与国家之间的关系,而是面向统一的过程中暂时形成的特殊关系"。这一定位对双方的关系作了正式的官方界定,使双方对统一的追求不但得到了彼此的认可,还获得了国际法意义上的承认基础,"暂时特殊关系论"在法律上为彼此对统一的追求创造了更广阔的政策选择空间。但是,自1993年年初以后,由于受到朝核问题以及美朝关系等因素的影响,朝韩关系经历了一个十分曲折的发展过程。

在统一政策方面,1994年金日成逝世之前,朝鲜一方面继续倡导高丽联邦

---

① [韩]林东源:"南北高级会谈和北韩的协商战略",见韩国庆南大学极东问题研究所:《北韩的协商战略和南北关系》1997年版,第7页。

共和国方案,另一方面考虑到国际环境和朝韩实力与国际地位对比方面的变化,开始提倡民族团结问题。金正日主政后,受冷战后地区国际环境的影响,朝鲜基本上继承了金日成时代的统一政策,没有再提出新的统一方案。

后冷战时期韩国的统一政策,由于受到执政党理念、韩国国内政治、对朝鲜局势的判断以及国际环境等因素的影响,伴随着政府的换届,则经历了很大的起伏与变化。

(一)朝鲜的统一政策

1990年10月18日,金日成会见参加第二次朝韩高级会谈的韩国代表团时提议,"以一个民族、一个国家、两种制度、两个政府为基础的联邦制方式实现统一"[①]。在1991年的新年贺词中,金日成在一方面强调高丽联邦制统一方案的正当性,阐明一个民族、一个国家、两种制度、两个政府之统一方法的同时;另一方面,详细地说明了联邦制的内容,金日成提出:"为了更容易地在联邦制方案上达成民族协议,暂时赋予联邦共和国的地区自治政府更多的权限,以后使中央政府的功能再往更高的方向发展,逐渐完成联邦制统一,(我们)具有在此问题上进行协商的用意。"[②]

除了继续倡导高丽联邦制统一方案之外,国际环境的变化也使朝鲜更加重视民族团结问题。1993年4月7日,在朝鲜第九届最高人民会议第五次会议上,金日成提出了《为了祖国统一的全民族大团结十大纲领》,其内容包括:(1)应以全民族大团结为目标建立自主、和平和中立的统一国家;(2)应在民族爱和民族自主精神下团结起来;(3)应在所有一切都应服从谋求共存、共荣、共利的祖国统一伟业的原则下团结起来;(4)应全部中止使同族之间分裂与对决的竞争,团结起来;(5)北侵和南侵,胜共与赤化一并消除,相互之间应信任和团结;(6)珍重民主主义,主义、主张不同,互不排斥,应牵手走向民族统一之路;(7)保护个人和团体所拥有的物质和精神财富,应鼓励在谋求民族大团结的过程中对这些财富的有益利用;(8)应通过接触、往来和对话,全民族相互理解、信任和团结;(9)在通往祖国统一的路上,应强化北和南以及海外全民族之间的纽带;(10)应给予为民族大团结和祖国统一伟业作出贡献的人们以高度评价。[③]

金正日担任朝鲜最高领导人以后,在政策主张上,基本上继承了金日成时

---

① [朝]《劳动新闻》,1990年10月19日。
② [朝]《内外通信》综合版,1991年第44号。
③ [朝]《劳动新闻》,1993年4月8日。

代的统一政策。1997年8月4日，金正日发表了题为《彻底贯彻伟大首领金日成同志的祖国统一遗训》的文章。在文章中，金正日指出："为祖国的统一而进行的斗争中，根据形势的变化，具体的方法是可以不同的，但祖国统一的基本原则和立场是不会有变化的。"为了表示对金日成统一政策的继承，金正日将金日成曾经提出的"统一祖国三大原则"、"高丽民主联邦共和国创立方案"、"全民族大团结十大纲领"统称为统一祖国的三大宪章。而在强调民族团结方面，金正日则在金日成民族大团结十大纲领的基础上提出了"民族大团结五大方针"。1998年4月18日，纪念1948年"南北政党、社会团体代表联席会议"50周年中央研究讨论会在平壤召开，金正日致信表示祝贺，在题为"全民族大团结，实现祖国的自主和平统一"的贺信中，金正日提出了"民族大团结五大方针"：(1)以民族自主原则为基础的民族大团结；(2)在爱国、爱族和祖国统一的价值下团结；(3)改善北南之间的关系；(4)开展反对外势的支配和干涉、反对民族叛变者和反统一势力的斗争；(5)发展全民族之间的来往、接触，强化民族的连带联合。①

经过双方的努力，2000年6月15日，在分裂五十余年以后，朝韩首次实现了历史性的首脑会晤，朝鲜国防委员会委员长金正日和韩国总统金大中签署了《共同宣言》，宣言的第2条指出："北南双方认为，为了国家的统一，北方提出的初级阶段联邦制方案与南方提出的联合制方案具有共同性，双方决定今后将朝着这一方向推进统一的进程。"这是朝韩双方在分裂五十多年后首次正式承认彼此之间的统一方案具有共同之处，意义非凡。对于朝方提出的"初级阶段联邦制"的涵义，2000年10月6日，朝鲜祖国和平统一委员会书记局局长安京浩在纪念高丽民主联邦共和国创立方案提出20周年平壤市的报告会演说中表示，朝方的"初级阶段的联邦制"就是金日成1991年新年贺词中提出的，其基本内容是"以一个民族、一个国家、两种制度、两个政府的基本原则为基础，北和南存在的两个政府在政治、军事、外交权等方面的现有功能和权限依旧拥有，以在其上设置民族统一机构的方法，适应民族共同的利益统一地调整北南关系。"②这个方案与20世纪60年代初提出的方案基本一致。

2002年以后，受朝鲜第二次核危机的影响，朝鲜半岛地区局势持续紧张，朝鲜再没有提出新的统一方案，统一政策实际上衍变为对韩政策，其中的重要

---

① [韩]高有焕："北韩的对南、统一政策的基调和展开过程"，见北韩研究学会编：《北韩的统一外交》，景仁文化社2006年版，第36页。
② [韩]《联合新闻》，2000年10月6日。

内容就是批评和谴责保守性韩国政府所宣传和主张的"朝鲜崩溃论"和"吸收统一论"。

(二)韩国的统一政策

从20世纪80年代后期至2014年,韩国依次经历了卢泰愚政府时期(1988年2月—1993年2月)、金泳三政府时期(1993年2月—1998年2月)、金大中政府时期(1998年2月—2003年2月)、卢武铉政府时期(2003年2月—2008年2月)、李明博政府时期(2008年2月—2013年2月)和朴槿惠政府时期(2013年2月—)等几届政府。冷战结束之后,受国际体系转型以及国内政治发展等因素的影响,围绕着对朝政策、外交战略以及国内问题,韩国政治发生了明显的龟裂,韩国政府的统一政策也伴随着政府的换届以及不同理念之政党的执政,经历了一个明显的起伏和变化过程。

1988年2月25日,卢泰愚就任韩国总统。上台之初,卢泰愚政府就向朝鲜提议举行"外务部长会议"和"总理会谈",遭到朝鲜的拒绝。① 随后,卢泰愚于1988年7月7日发表了被称为《7·7宣言》的《民族自尊统一繁荣的特别宣言》。在宣言中,卢泰愚提议:(1)积极推进政界、经济界、言论、文化艺术、体育等各界人士以及学者和学术等南北同胞间的相互交流,允许海外同胞自由往来;(2)在南北红十字会达成协议之前,从人道主义出发,通过一切可能的方法,积极协助确认离散家属的生死住址,实现书信来往和相互访问;(3)开放南北之间的贸易,南北之间的贸易作为内贸处理;(4)放弃南北之间消耗性竞争、对决外交,为了民族利益,相互合作使南北的代表在国际舞台自由地相见;(5)为半岛和平的巩固创造条件,将为美日等友好国家与朝鲜关系的改善提供帮助,韩国也将追求与以苏联和中国为代表的社会主义国家改善关系。随后,卢泰愚政府陆续主动采取了一些改善南北关系的措施,如宣布全面中止对朝鲜的诽谤广播,在一定程度上放开民众对统一问题的言论,部分公开朝鲜方面的资料,允许与朝鲜的外交官接触,制订与朝鲜开展贸易的一些措施等。

此后,卢泰愚在1988年8月15日庆祝祖国解放纪念日的贺词中,以及10月18日作为韩国总统首次在联合国大会的演说中,两次提出朝韩双方缔结《互不侵犯协定》、以和平协定取代停战协定以及为了讨论增进南北之间的合作与交流而举行南北首脑会谈等建议。

1989年9月11日,卢泰愚在韩国国会发表的总统特别演讲中,又进一步

---

① [韩]金昌勋:《韩国外交的昨天与今天》,多乐园2002年版,第177页。

提出了"韩民族共同体统一方案"。该方案主张：（1）统一的原则是自主、和平与民主，统一后的国家应是保障自由、人权和幸福的国家；（2）建立统一国家的程序是以推进对话恢复南北之间的信任，并通过南北首脑会晤，制定"民族共同体宪章"。通过追求南北的共存共荣，民族社会的同质化以及民族共同生活圈形成这样一种过渡性的统一体制——南北联合（commonwealth）；（3）然后再根据统一宪法，实施总选举，组建统一国会和统一政府，完成统一的民主共和国的建立；（4）在南北联合阶段，根据民族共同体宪章，设立南北首脑会议、阁僚会议、评议会以及共同事务处等机制。

简而言之，卢泰愚政府的"韩民族共同体统一方案"就是在"自主、和平和民主"三大原则下，通过"共存共荣"、"南北联合"两个阶段，最后实现单一民族国家的统一。与全斗焕政府的"民族和解民主统一"方案相比，卢泰愚政府的"韩民族共同体统一方案"也主张最终以单一制方式完成统一，但是，卢泰愚政府明确提出，在最终完成统一之前，要经历一个"南北联合"阶段。笔者认为，这一"南北联合"与朝鲜的"过渡性联邦制"和"高丽民主联邦共和国"方案中所主张的联邦制具有一定的相同之处，但卢泰愚政府并没有详细地阐释"南北联合"的涵义。

在推进南北关系的发展方面，卢泰愚政府可以说颇有建树。在卢泰愚执政时期，朝韩不仅缔结了《基本协议书》，还签署了《朝鲜半岛无核化共同宣言》，在朝韩关系的发展史上留下了重要的一笔，但是随后执政的金泳三政府却没有如此幸运。

（三）金泳三政府的统一政策（1993年2月—1998年2月）

1993年2月25日，金泳三政府上台执政。在就职演说中，金泳三就强调"任何同盟国都不如民族更好，任何理念都不如民族更能给人带来幸福"；演说中，金泳三还表示出为讨论南北之间真正的和解与统一问题举行首脑会谈的希望。1993年7月，金泳三政府提出了"民族共同体统一方案"，在该方案中，金泳三政府主张经过和解合作阶段、南北联合阶段和统一国家阶段等三个阶段，实现民族的统一。按照金泳三政府的设想，通过三个阶段政策的实施，诱导朝鲜对内改革和对外政策的变化，并得到包括周边四大国在内的国际社会对"统一韩国"的理解和支持，最终实现统一。

但是，金泳三政府上台伊始，就遇到了一个非常棘手的问题——朝核问题。上台之初，金泳三政府曾制定了不将推进南北关系与朝核问题挂钩的政策，表示立足于优先发展朝韩关系的原则来推进对朝政策,但随着朝核问题的日趋严重,金泳三政府调整了先前的政策,制定了强硬的对朝政策。金日成离世后,金泳三政府又制定了不允许韩国社会团体赴朝吊唁的政策,从而引起了朝方的强烈不满,导致南北关系恶化。此后,朝鲜便制定了"通美封南"战略,停止了同韩方的接触和对话,专心致力于改善与美国的关系。在这种情况下,金泳三政府不得不采取迂回战略,努力在朝鲜轻水反应堆建设问题以及启动和运行四方会谈问题上发挥韩国的主导作用。金泳三政府的上述目的在某种程度上得到了实现,但直至其任期结束,却始终没有从正面打开朝韩关系的僵局。在推进南北关系的发展上,成为"空白的五年"。[1] 金泳三政府之所以在推进朝韩关系的发展上没有留下建树,一个重要的原因是金泳三政府对金日成逝世后朝鲜形势的判断出了问题,基于朝鲜即将崩溃的判断,导致金泳三政府的政策重心发生了变化,将与朝鲜对立和朝鲜体制的崩溃设定为其对朝政策的目标[2],虽然金泳三政府并没有大肆宣扬将以吸收方式实现统一的政策,但以朝鲜体制的崩溃为目标或前提制订的政策预案,吸收式统一自是题中自有之意。

(四)金大中政府的统一政策(1998年2月—2003年2月)

1998—2003年执政的金大中政府在其执政期间,并没有像全斗焕、卢泰愚和金泳三政府那样提出具体的统一方案。但从金大中在野期间以及执政后发表的一些言论来看,在统一问题上,金大中主张通过三个阶段实现民族统一:第一阶段,一个联合、两个独立政府;第二阶段,一个联合、两个地区自治政府;第三阶段,一个国家、一个政府。金大中是在南北关系处于恶化状态、韩国在朝核问题的解决过程中处于被边缘化的环境下上台的[3]。因此,对金大中政府而言,最急迫的施政课题是打开朝韩关系的僵局,使韩国介入包括朝核问题在内的半岛问题的解决过程并占据主导地位。

金大中政府将其对朝政策命名为"缓和合作政策",1998年2月25日,金大中在任职典礼上提出了对朝政策三大原则,即"不允许武力挑衅、不追求吸收统一、积极推进和解与合作",[4] 同时还提出了并行推进安保与缓和合作、优先

---

[1] [韩]金炼铁:"金大中政府的对北政策评价和南北关系展望",载《统一问题研究》2003年,第73页。

[2] [韩]丁海龜:"金大中政府的对北政策与南北经济协力:以'现代'事例为中心",载《北韩研究学会报》2005年第9卷第2号。

[3] [韩]金炼铁:"金大中政府的对北政策评价和南北关系展望",载《统一问题研究》2003年,第73页。

[4] [韩]统一部:《统一白皮书》2002年,第30-32页。

实现和平共存与和平交流、以缓和合作创造出朝鲜变化的条件、根据政经分离原则积极推进南北经济合作、为了恢复民族的同质性推进社会文化领域的交流与合作、构筑朝鲜半岛和平机制等施政课题。2000 年 3 月 9 日,金大中访问德国,发表了柏林宣言,提议通过南北经济合作帮助朝鲜恢复经济、终结朝鲜半岛的冷战格局和实现南北的和平共存、解决离散家属问题和南北当局间对话等。①

金大中发表柏林宣言之后,朝韩经过秘密接触,达成了举行首脑会晤的协议。2000 年 6 月 13—15 日,金大中访问朝鲜,与金正日举行了会谈,双方发表了《6·15 共同宣言》。朝韩首脑会晤是南北关系史上的重大事件,对朝韩关系的发展产生了巨大的推动作用。首脑会谈之后,南北关系发展迅速,包括部长级会谈、红十字会会谈、南北经济合作促进委员会、国防部长及军方工作会谈在内的南北之间的交流与对话全面展开。1998—1999 年,朝韩之间只进行了四次会谈,而 2000 年至 2003 年 1 月韩国政府换届之前,双方共进行了 72 次会谈。②

"先易后难、先经后政、先民后官、先供后得",以此 16 字概括的金大中政府的对朝"包容政策"和"阳光政策"虽然没有提到统一,实际上是一种目标面向统一的大政策,极大地促进了新世纪前后朝韩关系的发展,唤起了民族的共同意识,推动了朝韩在民间和经济上的交流与合作。

(五)卢武铉政府的统一政策(2003 年 2 月—2008 年 2 月)

2003 年 2 月上台执政的卢武铉政府将其对朝政策命名为"和平繁荣政策"。所谓的"和平繁荣政策"即"以增进韩半岛的和平和追求南北共同繁荣,奠定和平统一和东北亚经济中心国家的发展基础"③。在南北关系上,卢武铉政府强调以下四项原则:(1)通过对话解决问题;(2)相互信任和互惠主义;(3)以朝韩为当事者开展国际合作;(4)听取民意,保证政策的透明性。

对于统一问题,卢武铉政府在 2005 年发表的统一白皮书中,提出了"民族共同体统一方案"。这一方案强调,以建设一个民族共同体为目标,在逐渐、阶段性实现统一的政策基调下,将统一过程设定为缓和合作阶段、南北联合阶段、统一国家实现阶段等三个阶段。④ 单纯从表述上而言,卢武铉政府的"民族共同体统一方案"与金泳三政府的"民族共同体统一方案"没有什么不同,都是在

---

① [韩]统一部:《统一白皮书》2001 年,第 25—26 页。
② [韩]统一部:《国民政府的五年:和平与合作的实践》2003 年。
③ [韩]统一部:《参与政府的和平繁荣政策》2003 年,第 2 页。
④ [韩]统一部:《统一白皮书》2005 年,第 15—16 页。

卢泰愚政府时期"韩民族共同体统一方案"的基础上提出的。但是，就统一目标的推进重点和方向上，却大不相同。2005年4月，卢武铉访问德国时，详细阐明了他在统一问题上的政策主张，表示朝鲜突然崩溃的可能性非常小，韩国政府没有促使朝鲜崩溃的想法，韩国的统一应当好好地准备，首先要实现和平，在此基础之上通过交流合作发展双方的关系。如果朝鲜可以担当统一的力量成熟了，再经过国家联合阶段，实现统一。"我们的统一要经过可以预测的进程以十分稳妥的程序进行"①。

卢武铉政府是在第二次朝核危机爆发、美国小布什政府的单边主义倾向最为高涨的时期上台执政的。因此，卢武铉政府将维持半岛地区的和平设定为最优先的施政课题与目标。为了维护半岛地区的和平，并在艰难的环境中推进朝韩关系的发展，卢武铉政府制定了发展南北关系与解决朝核问题双轨道推进不挂钩的战略。在卢武铉政府时期，于金大中政府时期启动的朝韩经济合作项目——开城工业园区建设和金刚山观光等均取得了较大的进展。具有特别意义的是，双方还启动了军事当局之间的交流与会谈。卢武铉政府时期，南北军事会谈共进行了32次，双方还在建设海军舰艇间共用通讯网和海军当局之间紧急联络体系、防止海上偶然性武力冲突事件的发生等方面进行了努力。②卢武铉政府在困难的环境中推进了朝韩关系的发展。2007年10月4日，双方举行了第二次首脑会晤，发表了《10·4共同宣言》，又一次为规制朝韩关系的正常发展留下了历史性的文件。③

（六）李明博政府的统一政策（2008年2月—2013年2月）

卢武铉政府不将发展南北关系与朝核问题挂钩，在困难的环境下，为了民族的长远利益考虑，推进了南北关系的发展，但却没有能够阻止朝核问题的持续恶化，因而遭到了韩国民众的批评。在这种环境下，上台执政的李明博政府制定了"发展相生·共荣的南北关系"的对朝政策，并为此设定了三项目标：（1）准备履行无核、开放、3 000；（2）扩大相生的经济合作；（3）促进互惠性的人道合作，而其中的第一项是最核心的。所谓无核、开放、3 000，即如果朝鲜放弃核计划，并实行改革开放，韩国将积极帮助朝鲜在10年后人均国民

---

① ［韩］《联合新闻》，2005年4月14日。
② ［韩］朴健荣（音）："卢武铉政府对北政策的评价与课题"，见韩国国际政治学会：《学术发表大会论文集》2007年第1号，第108页。
③ 《10·4共同宣言》的内容参见本书"第三部分相关文本"。

收入达到 3 000 美元。① 很明显，李明博政府为对朝援助、扩大朝韩经济合作设置了前提条件，即朝鲜需要放弃核计划，并实行改革开放。李明博政府的保守色彩、对韩美同盟关系的强调以及上述政策基调，致使李明博政府执政后不久，朝鲜即结束了对李明博政府政策方向的观望，开始了对李明博政府的批评。随后，2008 年 7 月 11 日韩国游客在金刚山被枪杀事件，不仅直接导致了金刚山旅游项目的停止，也影响了朝韩在其他方面经济合作的发展。2010 年 3 月，天安舰事件的发生，更使朝韩关系倒退至冷战结束以来的最低谷。

整体来看，李明博政府执政五年期间，朝韩关系基本处于对峙状态，李明博政府的对朝政策也因而难以实施。但是从 2010 年开始，李明博政府开始强调统一问题，2010 年，李明博在庆祝祖国解放的贺词中，提出了和平、经济和民族共同体等三大共同体统一构想，并提出了征收统一税的问题。② 执政五年期间，李明博政府分别于 2009 年、2010 年、2012 年和 2013 年四次发布《统一白皮书》，2009 年和 2010 年的《统一白皮书》中都没有关于统一问题的综合章目，但在 2012 年和 2013 年的《统一白皮书》中，统一问题均占据了两章的内容，对统一政策的推进方向、推进环境、如何着手做实质性的统一准备、如何筹措统一资金、如何构筑国内外的合作体系和开展统一外交等问题进行了详细的论述。③ 在统一问题上，李明博政府关注度发生变化的重要背景是因为朝鲜前领导人金正日身体状况出现问题之后，朝鲜进入权力交接过渡期。李明博政府认为，这是一种突变的形势，而且很有可能引发危机。④ 尽管李明博政府认为作出统一的准备是非常合理的，但在南北双方的对峙中，单方面的统一言论和统一准备，使人不得不怀疑李明博政府设想的统一是建立在朝鲜崩溃基础上的吸收式统一。

（七）朴槿惠政府的统一政策（2013 年 2 月—）

朴槿惠政府于 2013 年 2 月执政以后，在对朝政策和统一政策方面，首先提出了"朝鲜半岛信任进程"政策。所谓"朝鲜半岛信任进程"政策，即以牢固的安保为基础，通过南北间信任的形成，发展南北关系，巩固半岛的和平，进而构筑统一基础的政策。这一政策的目标有三个：发展南北关系，巩固半岛

---

① ［韩］崔镇旭："李明博政府的对北政策和北韩的反应：为了新的对北政策的建言"，载《统一政策研究》2008 年第 17 卷第 1 号。
② ［韩］统一部：《统一白皮书》2012 年，第 38 页。
③ ［韩］统一部：《统一白皮书》2012 年，第 1 章、第 2 章；《统一白皮书》2013 年，第 1 章、第 2 章。
④ ［韩］统一部：《统一白皮书》2012 年，第 20—21 页。

和平，构筑统一基础。其推进基调包括以牢固的安保为基础推动对朝政策，通过履行相关协议积累信任，营造条件和氛围以使朝鲜进行"正确"选择，于国民信任和国际社会信任的基础之上推进相关政策。从推进课题来看，主要包括通过建立信任实现南北关系正常化、追求半岛长久的和平、强化统一的基础、探索半岛和平统一与东北亚和平合作的良性循环等。①

这一政策提出后，朝鲜在观望一段时间之后，于2013年10月24日通过《劳动新闻》发表评论员文章"《评韩半岛信任进程》"，对朴槿惠政府的朝鲜半岛信任进程政策正式表态，认为"这一政策与上届韩国政府的'无核、开放、3000'没有任何区别，是全面否定北南关系改善、追求体制对决的反统一政策"②。

张成泽事件之后，朴槿惠在2014年1月初发表对国民电视谈话时，提出了"统一大博论"和成立统一准备委员会的设想。2014年3月28日，访问德国的朴槿惠又在德国德累斯顿工业大学发表演讲时，提出了"德累斯顿构想"。"德累斯顿构想"主要强调了以下三个方面的内容：（1）解决人道主义问题；（2）构建南北共同繁荣的民生基础设施；（3）恢复南北居民的同质性。对此，朝鲜方面于2014年4月12日通过国防委员会发言人形式进行了表态，认为朴槿惠提出的"德累斯顿构想"是"吸收性统一的理论，是荒唐的诡辩"③。不仅如此，对于韩国政府批准的所有对朝人道主义援助物资，朝鲜也予以拒绝。

朝韩之间的不信任之心已久，这种不信任是由于长期的敌对状态而形成的心理惯性和心理预期造成的，朴槿惠政府本身的保守性色彩也自然而然地加重了朝方对它的不信任。朴槿惠政府执政后，主观上，一方面想吸取李明博政府对朝政策失败的教训，打破过去五年期间南北关系的停滞状态；但另一方面，却又面临着朝鲜第三次核试之后恶劣的安全环境，独立应对安全威胁之自信的缺乏，又使其不得不强化与美国的安全合作。同时，朝鲜体制也正处于转型时期，面临着任何一个转型国家都会面临的问题，这种状况又极为容易使韩国作出朝鲜体制不稳定、存在不确定性的判断，而这种判断又会直接影响到韩国对朝政策的制定。种种因素使得朴槿惠政府的对朝政策面临着某种困境，执政一年多来推出的对朝政策也存在着一些矛盾的地方。如何能够打破僵局，从民族大义出发，推进南北关系的发展，对朴槿惠政府而言，是一项艰难的施政课题。

---

① ［韩］统一部：《韩半岛信任进程》，2013年。
② ［朝］"评韩半岛信任进程"，载《劳动新闻》2013年10月24日。
③ ［朝］"朴槿惠不应该以荒唐无稽的诡辩愚弄全民族：朝鲜民主主义人民共和国国防委员会发言人谈话"，载《劳动新闻》2014年4月13日。

第四节 相关的问题

自 1945 年解放以来,朝鲜半岛的南北两侧都一直在追求着民族和国家的统一,但是南北分裂已经六十余年。在分裂状态持续的六十余年中,南北双方已经各自衍生出完全不同的政治经济社会制度、迥异的思想文化和社会心理;同时,南北双方也已经作为各自拥有独立主权的国际行为主体存在于国际社会。在这样一种状况和结构中,南北双方在追求和实现统一的过程中,必然会面临如下几个问题。

一、民族同质性的恢复

朝鲜半岛南北两侧民众同属于一个民族,奠定了朝韩追求统一的合法性基础。但是,分裂六十余年期间,已有数代人出生和成长,在完全不同的制度和思想环境下出生和成长起来的人们,彼此之间的社会心理认同究竟如何,对生活在韩国的"脱北者"的研究已经给予了明确的回答。孤独、与韩国民众在情感上的距离以及在就业和经济上的困难等因素使得彼此之间存在严重的心理隔阂。[①]对民族共同体的认同既来自共同的语言和文化,共同的历史想象和构建,更来自频繁而密切的交流与互动,否则,所谓的"共同"就成为了空中楼阁。表 6-1 是自 20 世纪 80 年代末期至 2013 年朝韩之间人际往来交流状况的统计。

表6-1 朝韩人际往来状况

(单位:人次)

	1989年—2000年	2001年	2002年	2003年	2004年	2005年	2006年	2007年
韩→朝	18 601	8 551	12 825	15 280	26 213	87 028	100 838	158 170
朝→韩	1 343	191	1 052	1 023	321	1 313	870	1 044
合计	19 944	8 742	13 877	16 303	26 534	88 341	101 708	159 214
	2008年	2009年	2010年	2011年	2012年	2013年	总计	
韩→朝	186 443	120 616	130 119	116 047	120 360	76 503	1 177 594	
朝→韩	332	246	132	14	0	40	7 921	
合计	186 775	120 862	130 251	116 061	120 360	76 543	1 185 515	

资料来源:[韩]统一部:《统一白皮书》2014年,第310页。

---

① Jih-Un Kim and Dong-Jin Jang, ALIENS AMONG BROTHERS? THE STATUS AND PERCEPTION OF NORTH KOREAN REFUGEES IN SOUTH KOREA, *ASIAN PERSPECTIVE*, Vol. 31, No. 2, 2007, pp. 5-22.

以上的统计不包括前往金刚山旅游的韩国游客数量。朝韩人口总量合计
7 300 余万，但是 20 多年来，朝韩之间的人际往来总计只有 1 185 515 人次，
年均 47 420 人次。而在 2008 年以后，由韩国进入朝鲜的人际往来主要是出
入开城工业园区的。

朝韩之间的人际往来与交流远没有实现正常化。朝韩民众长期处于分割状
态而不能相互往来，在相当程度上影响了共同心理认同的维系。实际上早在 20
世纪 80 年代，朝韩双方的领导人就已经认识到了这个问题。朝鲜的"过渡性联
邦制方案"，韩国的卢泰愚政府提出的"韩民族共同体方案"即是在意识到这一
问题的基础上提出的，随后韩国的金泳三政府和卢武铉政府的"民族共同体统
一方案"以及朴槿惠在"德累斯顿构想"中提出的恢复民族同质性等，均是由
此而出。民族的同质性得不到恢复，会大大影响对民族共同体的认同。

在推动人际往来与交流方面，由于所处的环境不同，朝韩的政策和态度也
有所不同。当年东西德之间也存在类似情况。但是，在 1972 年一年内，进入
东德的西德民众就达到了 154 万人次，东西德之间人际交往频繁化的一个主要
原因，就是在双方签署《基础条约》之后，实现了双边关系正常化。而朝韩之
间的人际往来没有实现正常化的主要原因，也在于双方还没有实现双边关系的
正常化。分裂六十余年来，朝韩双方曾签署了《7·4 共同宣言》《基本协议书》、
《6·15 共同宣言》等代表性文件，但直至今日，双方还没有实现法律意义上
的相互承认，各自的主权地位和体制的合法性还没有得到对方的正式承认，这
在一定程度上强化了弱势一方对强势一方的防范和担心。如果比较一下对朝韩
关系进行定位的《南北基本协议书》和对联邦德国与民主德国关系进行定位的
《基础条约》，立刻就会发现两者的不同之处。如何消除各自的疑虑、担心和防范，
推动民族内部的交流与互动，强化连接民族的纽带和共同的民族认同，对于双
方而言都是一项重大的国政课题，需要对国内的法律体系、国家战略以致统一
哲学方面进行重大的调整，而不仅仅只是停留在施政宣传的口号上。

二、异质制度与统一方式

六十余年的分裂，不但在民族共同体中培育了南北的异质性，而且也因各
自内外环境的不同衍生出完全不同的政治经济和社会制度。朝韩之间的政治经
济制度不但异质程度高，而且还是完全不兼容的。因此，无论是朝鲜还是韩国，
如果追求以自己的制度体系覆盖他方制度体系的方式完成统一，不但需要付出

大量的经济与社会资本，更为重要的是，稍有不慎，将会引发长期的社会动荡。因为制度一旦得以构建，便具有自我运行的动力和惯性，而制度的运行也会产生依附于其运行才能生存的社会集团。长期遵循一种制度而运行的社会，也会形成与制度的运行相配套的社会规则、社会秩序和社会心理。如果以一种制度完全覆盖对方的制度，势必会打破原来的社会规则和秩序，而新的制度与规则又难以快速建立，社会的无序状态将会长期延续，而且也极有可能引发地区动荡。

根据韩国统计厅的统计数据，2012年，韩国和朝鲜的国民总收入（Gross National Income，GNI）分别为1 279 546.4亿韩元和33 479亿韩元，人均分别为2 559万韩元和137.1万韩元；在国民收入的总量和人均上，韩国分别是朝鲜的38.2倍和18.66倍。[①] 在国民收入上，朝韩之间存在如此巨大的落差，如果朝韩统一方式的设计中，像也门那样，双方的公民持身份证即可过境在对方境内工作，足以对韩国本已艰难的就业市场和社会秩序产生致命的冲击。"统一要慢慢地进行，好好地准备"，卢武铉总统的话可谓真知灼见。实际上，朝鲜的过渡性联邦制方案和高丽民主联邦制方案，韩国包括卢泰愚政府、金泳三政府、金大中政府和卢武铉政府在内的几届韩国政府提出的分阶段统一方案，都是在看到朝韩之间制度和社会异质性的基础上提出的。而且在这方面，朝韩双方也曾经达成一定的共识。金正日和金大中于2000年签署的《6·15共同宣言》第2条指明了朝鲜的初级阶段联邦制方案与韩国的联合制方案具有共同性。但是围绕着南北之间的共识，韩国国内却发生了深刻的分化，左右政治和社会势力之间爆发了"南南冲突"，以致使韩国难以依据这种共识去构筑相应的政策体系，去努力促使这种共识落实到政策的推进上，也因此而使我们看到，伴随韩国的政府换届，其统一政策屡屡出现反复和跳跃。尤其在2008年朝鲜进入权力交接与过渡期之后，在韩国的保守阶层和社会舆论中，一直存在朝鲜政局不稳、存在不确定性，甚至存在崩溃可能性的认识和判断。这种认识和判断的存在，直接影响了李明博政府和朴槿惠政府的对朝政策和统一政策。但是，如果朝鲜真的存在上述可能，对国家利益、民族利益和地区利益负责任的政治领袖和决策者，也应该是防止这种"可能"演变成现实，而不是旁观、等待、期待或者力促。对国家和民族负责任的统一方案的设计，应该是本着逐渐消除制度和体制的异质性并尽量使之兼容的原则进行，依据这样的原则和方案推进的统一进程，对整个民族而言，所付出的社会成本可能是最低的。越南和德国的统一过

[①] 韩国统计厅：http://kosis.kr/bukhan/，2014年3月6日访问。

程已经为我们提供了这样的经验和教训。

三、地区结构的均衡

同任何一个分裂国家在走向统一的过程中都要应对和处理国际介入这一问题一样,朝鲜半岛的统一也同样面临着这样的问题,甚至更为严重。朝鲜半岛独特的地理位置,决定了它在地缘政治上的重要性以及半岛统一问题的敏感性。朝鲜半岛的局势走向与国际和地区格局的演变密切相关,六十多年前朝鲜半岛的分裂是美苏冷战格局影响的结果,而分裂之后南北之间的对决和战争的爆发,又进一步巩固和强化了美苏之间的冷战格局。

分裂六十余年来,朝鲜与韩国都已经塑成了各自的国家存在,并在地区和国际体系中占据了自己的位置,构成了地区和国际体系的一个组成单元。无论朝鲜半岛以怎样的方式实现统一,都会引发国际和地区体系的结构性调整,从而也将引发地区体系结构内其他行为体的位置和相互之间结构性安排的变化。地区体系内其他行为体对半岛统一异常敏感的原因即在于此,对半岛统一将对其在地区体系内的相对位置产生怎样的影响的判断,决定着其对半岛统一的态度和政策。因此,从理论上来看,半岛统一方式的设计要有一个原则,即要维持地区结构的均衡,不能因为半岛的统一使地区安全结构的均衡被打破。德国统一过程中,统一后的德国在欧洲地区安全结构中的地位问题,曾经是相关各方争论和关注的焦点问题。对朝鲜半岛的统一而言,如果想要做到统一过程和统一状态的实现不会导致地区安全结构的失衡,需要一个重要的前提条件,就是统一一定要自主实现,而不能依赖于任何外部势力。对此,朝韩之间也曾经达成共识。1972年双方签署的《7·4共同声明》中就确立了自主、和平与民族大团结三大统一原则,卢泰愚政府的"韩民族共同体统一方案"也曾明确提出了"自主、和平和民主"三大统一原则。但这一原则和共识并没有为后来的韩国政府及其领导人所继承。冷战体制结束之后上台的韩国政府,与20世纪70—80年代的朴正熙政府、全斗焕政府和卢泰愚政府相比,在统一问题上表现得越来越不自信,一方面想推进统一进程,另一方面又在强化韩美同盟,政策逻辑上的不自治正是这种不自信的表现。对韩美同盟的强调,不仅会招致朝鲜的怀疑和反对,也会引起地区体系内其他国家的警戒,不仅不利于南北关系的改善和统一进程的推进,也不利于在整个东北亚地区形成一种缓和与合作的气氛。半岛的统一与地区国际关系的走向与安排具有密切的相关性,20世纪80

年代金日成在高丽民主联邦共和国的方案中以及 20 世纪 60 年代初韩国社会对统一问题的讨论中对这一问题都曾进行论述和探讨。如何挖掘前人的智慧,并尊重南北双方达成的自主、和平和民族大团结三大统一原则,如何既要实现民族利益,又要照顾地区利益,这些问题对于追求民族和国家统一的朝韩双方而言,无疑都将是需要认真加以研究和解决的重大课题。

第三部分　相关文本

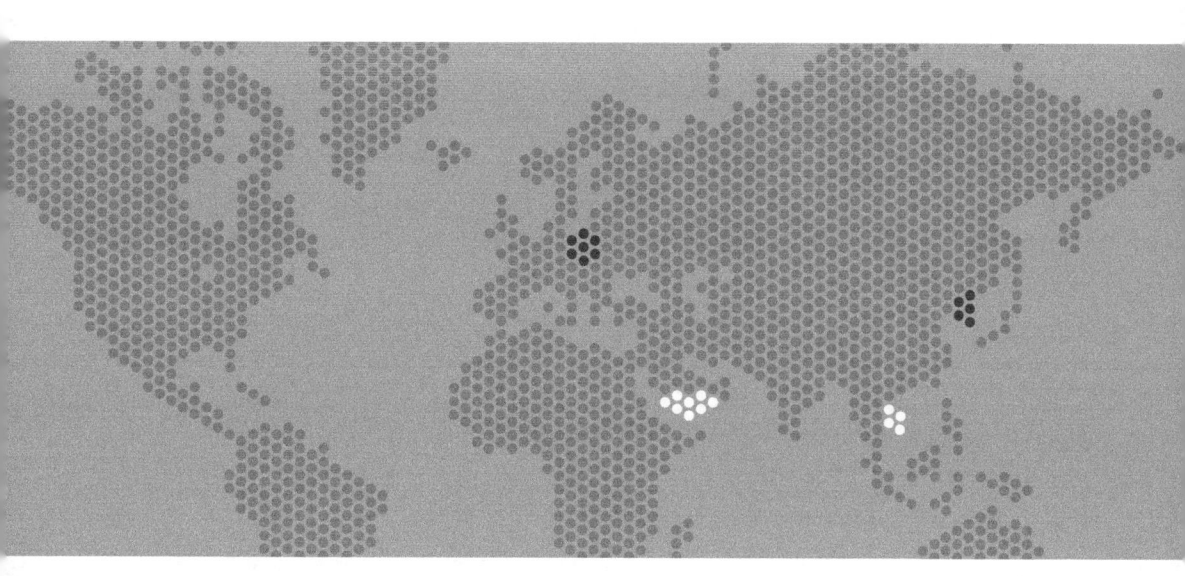

本文末尾　欠損三頁

一、越南统一相关文本

(一)《巴黎协定》

《巴黎协定》
(《关于在越南结束战争、恢复和平的协定》)

越南民主共和国政府在越南南方共和临时革命政府的同意下,美利坚合众国政府在越南共和政府的同意下,为了在尊重越南人民的基本民族权利和越南南方人民的自决权的基础上在越南结束战争和恢复和平,并对巩固亚洲和世界和平作出贡献,已商定并保证尊重和实施下述条款。

第一章 越南人民的基本民族权利

第一条

美国和其他国家尊重一九五四年关于越南问题的日内瓦协议所承认的越南的独立、主权、统一和领土完整。

第二章 停止敌对行动,撤出军队

第二条

自一九七三年一月二十七日格林威治标准时间二十四时起在越南南方全境实现停火。在同一时刻,美国将停止其驻于任何地方的陆、空、海军对越南民主共和国领土的一切军事活动,并结束对越南民主共和国的海域、港口及水道的布雷。本协定一俟生效,美国将对在越南北方海域、港口和水道中的一切水雷进行排除、使之永远失效或销毁。

本条所述的完全停止敌对行动是稳定的和无限期的。

第三条

各方承担义务维持停火并确保持久和稳定的和平。

一俟停火生效后:

(甲)美国军队以及同美国和越南共和结盟的其他外国军队在撤军计划实施前留驻原地。其方式由第十六条所述的四方联合军事委员会决定。

(乙)越南南方的两方武装力量留驻原地。各方的控制地区和驻守方式由第十七条所述的两方联合军事委员会决定。

(丙)越南南方的各方的各军种、兵种的正规部队和非正规部队停止一切针对对方的进攻活动并严格遵守以下各项规定:

禁止一切陆地、空中和海上的武力行动；

禁止双方的一切敌对行动、恐怖和报复行为。

第四条

美国将不继续其对越南南方的军事卷入或不干涉越南南方的内政。

第五条

本协定签字后六十天内，将完成自越南南方全部撤出第三条（甲）款中所述的美国军队和其他外国的军队、军事顾问和军事人员，包括军事技术人员和与绥靖计划有关的军事人员、武器、弹药和作战物资的事宜。上述国家派驻一切准军事组织和警察部队的顾问也将于同一时期内撤出。

第六条

第三条（甲）款中所述的美国和其他外国在越南南方的所有军事基地的拆除应于本协定签字后六十天内完成。

第七条

从实施停火至本协定第九条（乙）款和第十四条所规定的政府组成期间，越南南方的两方不得接受把军队、军事顾问和包括军事技术人员在内的军事人员、武器、弹药和作战物资运进越南南方。

允许越南南方的两方在越南南方的两方联合军事委员会和国际监察和监督委员会的监督之下，在一对一和特点与性能相同的基础上，逐个时期地替换自停火以后毁坏、损坏、损耗或用尽的武器、弹药和作战物资。

第三章　交还被俘的军事人员、被俘外国平民以及被俘和被监禁的越南非军事人员

第八条

（甲）交还各方被俘的军事人员和被俘的外国平民与第五条所述的撤军同时进行，完成的日期不迟于完成撤军的日期。各方于本协定签字之日交换上述被俘的军事人员和外国平民的全部名单。

（乙）各方须彼此协助以获得关于战斗中失踪的各方军事人员和外国平民的消息，确定死者坟墓的地点并加以照管，并为挖掘和送回遗骸提供方便，并且采取其他的必要措施以获得关于仍被认为是战斗中失踪人员的消息。

（丙）交还在越南南方被俘和被监禁的越南非军事人员问题将由越南南方的两方在一九五四年七月二十日关于在越南停止敌对行动的协定的第二十一条（乙）款的原则基础上予以解决。为了结束仇恨，减轻痛苦并使家庭团聚，越

南南方的两方将以民族和解与和睦的精神进行这一工作。越南南方的两方将尽力在停火生效后九十天以内解决这个问题。

第四章　越南南方人民自决权的行使

第九条

越南民主共和国政府和美利坚合众国政府保证尊重有关越南南方人民行使自决权的下列原则：

（甲）越南南方人民的自决权是神圣的、不可侵犯的，并应受到所有国家的尊重；

（乙）越南南方人民通过在国际监督下进行的真正自由和民主的普选，自己决定越南南方的政治前途；

（丙）各外国不得将任何政治倾向和人物强加于越南南方人民。

第十条

越南南方的两方保证尊重越南南方的停火并维持和平，通过谈判解决一切争议问题，并避免一切武装冲突。

第十一条

一俟停火，越南南方的两方将：

实现民族和解与和睦，结束仇恨，禁止对曾与一方或另一方合作的个人或团体采取任何报复和歧视的行动；

保障人民的各项民主自由权利：人身自由、言论自由、新闻自由、集会自由、结社自由、政治活动自由、信仰自由、往来自由、居住自由、工作自由、财产拥有权和自由经营权。

第十二条

（甲）一俟停火，越南南方的两方本着民族和解与和睦、相互尊重和互不并吞的精神进行协商，以建立一个由三种同等成分组成的民族和解与和睦国家委员会。该委员会以一致的原则行事。民族和解与和睦国家委员会承担其职能后，越南南方的两方将就各下级委员会的组成问题进行磋商。越南南方的两方须按照越南南方人民对和平、独立和民主的愿望，尽早就越南南方的内部事务签署一项协定，并尽力在停火生效后九十天内予以完成。

（乙）民族和解与和睦国家委员会担负督促越南南方的两方实施本协定、实现民族和解与和睦和保障民主自由权的任务。民族和解与和睦国家委员会将组织第九条（乙）款中所述的自由和民主的普选，并规定这种普选的程序和方式。

由普选产生的权力机构将由越南南方的两方通过协商确定。越南南方的两方所商定的地方选举的程序和方式也由民族和解与和睦国家委员会予以决定。

第十三条

在越南南方的越南武装力量问题，由越南南方的两方本着民族和解与和睦、平等和互相尊重的精神，在没有外来干涉的情况下，根据战后的形势加以解决。将由越南南方的两方讨论的问题中包括裁减他们的军队数量并复员所裁减的军队的措施。越南南方的两方将尽早完成这项工作。

第十四条

越南南方将奉行和平独立的对外政策。它将准备同所有国家，不论其政治与社会制度如何，在互相尊重独立和主权的基础上建立关系，并接受任何国家不附带任何政治条件的经济和技术援助。越南南方今后接受军事援助的问题属第九条（乙）款中规定的在越南南方进行普选之后建立的政府的权限。

第五章　越南的统一和越南北方和南方之间的关系

第十五条

越南的统一将在越南北方和南方之间进行讨论和达成协议的基础上，在不受任何一方的压制或并吞以及在没有外来干涉的情况下，通过和平的方法逐步实现。统一的时间将由越南北方和南方商定。

在统一之前：

（甲）如一九五四年日内瓦会议最后宣言中第六段所规定，位于十七度线上的两个地区之间的军事分界线只是临时性的，而不是一条政治或领土的边界；

（乙）越南北方和南方将尊重临时军事分界线两侧的非军事区；

（丙）越南北方和南方将早日开始旨在重建各方面的正常关系的谈判。将要谈判的问题包括平民通过临时军事分界线的方式；

（丁）如一九五四年关于越南问题的日内瓦协议所规定，越南北方和南方将不加入任何军事联盟或军事集团，不得允许外国在各自领土上保持军事基地、军队、军事顾问和军事人员。

第六章　各联合军事委员会、国际监察和监督委员会、国际会议

第十六条

（甲）参加关于越南问题的巴黎会议的各方将立即指派代表组成四方联合军

事委员会，其任务是保证各方采取配合行动执行本协定规定的下述条款：

第二条第一款，关于在越南南方全境实施停火的问题；

第三条（甲）款，关于该条中所述美国军队和其他外国军队的停火问题；

第三条（丙）款，关于越南南方所有各方之间的停火问题；

第五条，关于从越南南方撤出第三条（甲）款中所述的美国军队和其他外国军队问题；

第六条，关于拆除第三条（甲）款中所述的美国和其他外国在越南南方的军事基地问题；

第八条（甲）款，关于交还各方的被俘军事人员和外国平民的问题；

第八条（乙）款，关于各方彼此协助以获得关于各方在战斗中失踪的军事人员和外国平民的消息的问题。

（乙）四方联合军事委员会根据协商一致的原则行事。分歧的问题提交国际监察和监督委员会。

（丙）四方联合军事委员会自本协定签署后立即开始活动，并在六十天内，在第三条（甲）款中所述的美国军队和其他外国军队撤出完毕以及各方被俘的军事人员和外国平民交还完毕之后，结束其活动。

（丁）四方将立即商定四方联合军事委员会的组织、工作程序、活动工具和经费。

第十七条

（甲）越南南方的两方将立即指派代表组成两方联合军事委员会，其任务是保证越南南方的两方采取配合行动执行本协定规定的下列条款：

第二条第一款，关于四方联合军事委员会结束其活动后在越南南方全境实施停火的问题；

第三条（乙）款，关于越南南方的两方之间的停火问题；

第三条（丙）款，关于四方联合军事委员会结束其活动后，越南南方所有各方之间停火问题；

第七条，关于禁止向越南南方派进军队问题及该条中所有其他条款；

第八条（丙）款，关于交还在越南南方被俘和被监禁的越南非军事人员问题；

第十三条，关于裁减越南南方的两方的军队数量并复员被裁减的军队问题。

（乙）分歧的问题应提交国际监察和监督委员会。

（丙）本协定签署后，两方联合军事委员会将立即商定在越南南方实施停火以及维持和平的措施和组织。

第十八条

（甲）本协定签署后，立即建立国际监察和监督委员会。

（乙）直至第十九条规定的国际会议作出明确的安排之前，国际监察和监督委员会将向四方报告有关监察和监督本协定以下条款的执行情况的事宜：

第二条第一款，关于在越南南方全境实施停火问题；

第三条（甲）款，关于该条所述的美国军队和其他外国军队的停火问题；

第三条（丙）款，关于越南南方所有各方之间的停火问题；

第五条，关于从越南南方撤出第三条（甲）款中所述的美国军队和其他外国军队的问题；

第六条，关于在越南南方拆除第三条（甲）款中所述的美国和其他外国军事基地的问题；

第八条（甲）款，关于交还各方被俘的军事人员和外国平民的问题。

国际监察和监督委员会建立监察小组执行其任务。四方将立即商定这些小组的驻地及其活动。各方将为它们的活动提供便利。

（丙）在国际会议作出明确的安排之前，国际监察和监督委员会将向越南南方的两方报告有关监察和监督本协定下述条款的执行情况的事宜：

第二条第一段，关于四方联合军事委员会结束其活动后在越南南方全境实施停火的问题；

第三条（乙）款，关于越南南方的两方之间停火问题；

第三条（丙）款，关于四方联合军事委员会结束其活动后越南南方的各方之间停火问题；

第七条，关于禁止向越南南方派进军队以及该条中所有其他条款；

第八条（丙）款，关于交还在越南南方被俘和被监禁的越南非军事人员的问题；

第九条（乙）款，关于在越南南方举行自由和民主普选的问题；

第十三条，关于裁减越南南方的两方的军队数量和复员被裁减的军队的问题。

国际监察和监督委员会建立监察小组执行其任务。越南南方的两方将立即商定这些小组的驻地及其活动。越南南方的两方将为其活动提供便利。

（丁）国际监察和监督委员会由波兰、加拿大、匈牙利、印度尼西亚四国代表组成。该委员会的主席由其成员轮流担任，其任期由委员会确定。

（戊）国际监察和监督委员会根据尊重越南南方主权的原则执行其任务。

（己）国际监察和监督委员会根据协商一致的原则行事。

（庚）国际监察和监督委员会将在越南停火生效之时开始活动。至于第十八条（乙）款中有关四方的规定，国际监察和监督委员会在完成有关条款所规定的监察和监督任务时停止其活动。对于第十八条（丙）款中所述的有关越南南方的两方的条款，国际监察和监督委员会在按第九条（乙）款所述的在越南南方进行的普选以后组成的政府的要求下，停止其活动。

（辛）四方立即商定国际监察和监督委员会的组织、活动工具和经费问题。

国际委员会和国际会议之间的关系将由国际委员会和国际会议商定。

第十九条

各方商定，在本协定签署后三十天内召开国际会议，以承认签署的各项协定；保证在越南结束战争、维护和平，保证越南人民的基本民族权利和越南南方人民的自决权得到尊重；为对印度支那的和平作出贡献并给予保证。

越南民主共和国和美国代表参加关于越南问题的巴黎会议的各方，建议下列各方参加该国际会议：中华人民共和国、法兰西共和国、苏维埃社会主义共和国联盟、联合王国、国际监察和监督委员会的四国和联合国秘书长，以及参加关于越南问题的巴黎会议的各方。

第七章　关于柬埔寨和老挝

第二十条

（甲）参加关于越南问题的巴黎会议的各方必须彻底尊重一九五四年关于柬埔寨问题的日内瓦协议和一九六二年关于老挝问题的日内瓦协议所承认的柬埔寨和老挝人民的基本民族权利，即这些国家的独立、主权、统一和领土完整。各方必须尊重柬埔寨和老挝的中立。

参加关于越南问题的巴黎会议的各方保证不利用柬埔寨的领土和老挝的领土去侵犯彼此和其他国家的主权和安全。

（乙）各外国停止在柬埔寨和老挝的一切军事活动，从这两个国家全部撤出，并不再重新运进军队、军事顾问、军事人员、武器、弹药和作战物资。

（丙）柬埔寨和老挝的内政应由这些国家的人民在没有外来干涉的情况下自行解决。

（丁）印度支那各国之间的问题将由印度支那各方在互相尊重独立、主权和领土完整以及互不干涉内政的基础上加以解决。

第八章　越南民主共和国和美国之间的关系

第二十一条

美国希望本协定将开辟一个同越南民主共和国以及印度支那各国人民和解

的时代。美国将按其传统政策对越南民主共和国和整个印度支那医治战争创伤和战后重建工作作出贡献。

第二十二条

在越南结束战争、恢复和平以及彻底实施本协定将为越南民主共和国和美国之间在互相尊重独立和主权以及互不干涉内政的基础上建立一个新的、平等互利的关系创造条件。同时，这将保证越南的稳定和平，并对维护印度支那和东南亚的持久和平作出贡献。

第九章 其他规定

第二十三条

关于在越南结束战争、恢复和平的巴黎协定，在越南民主共和国政府外交部长和美国政府国务卿签署本文件，并在越南民主共和国政府外交部长、越南南方共和临时革命政府外交部长、美国政府国务卿和越南共和政府外交部长签署一个内容相同的文件以后生效。所有有关各方应彻底执行本协定及其议定书。

一九七三年一月二十七日以越南文和英文订于巴黎。越南文和英文文本均为正式文本，并具有同等效力。

越南民主共和国政府代表	美利坚合众国政府代表
外交部长	国务卿

（二）四方草签的协定文本的序言部分和第九章的内容

序言部分

参加关于越南问题的巴黎会议的各方，为了在尊重越南人民的基本民族权利和越南南方人民的自决权的基础上在越南结束战争和恢复和平，并对巩固亚洲和世界和平作出贡献，已商定并保证尊重和实施下述条款……

第九章 其他规定

第二十三条

本协定于参加关于越南问题的巴黎会议的各方的全权代表签署后生效。所有有关各方应彻底执行本协定及其议定书。

一九七三年一月二十七日以越南文和英文订于巴黎。越南文和英文文本均为正式文本，并具有同等效力。

在下面签字的是越南民主共和国政府外交部长、越南南方共和临时革命政府外交部长、美利坚合众国政府国务卿和越南共和政府外交部长。

二、也门统一相关文本

（一）《开罗协议》

《开罗协议》
（1972年10月28日签署）

一、两国政府同意按照下文所提及的基础和原则，联合也门南北两个部分，建立一个统一的国家

第一条 统一体将在两个国家之间即阿拉伯也门共和国和也门人民民主共和国建立。在此过程中两国的国际人格将合并为一个国际人格和一个统一的也门国家存在。

第二条 新的国家将有：
1. 一个国旗和国徽；
2. 一个首都；
3. 一个领导；
4. 单一的立法、行政和司法机构。

二、政府的组织形式

第三条
1. 新国家的政府组织将是共和的、民族的和民主的；
2. 统一宪法将保证所有民众并赋予国内的各种专业贸易联合基金会和组织的人身自由和政治自由，并将采取所有必要的措施来保证上述自由得以实现；
3. 统一国家将维护九月和十月革命取得的所有成果。

三、实现统一的方法与新国家的建立

第四条 作为走向统一的第一阶段，将采取必要的措施举行两个国家总统

间的首脑会议以考虑为完成统一而在目前的必要措施。首脑会议的举行日期由两国政府总理协商而定。

第五条 两国的总统将各自选择一位个人代表。两位代表负责监督第七条中所提到的专家委员会的工作。

第六条 阿拉伯国家联盟将继续为建立在彼此愿望之上的国家统一的实现提供必要的协助。

第七条 两个国家的首脑会议将建立由两国数额相等的代表组成的联合专家委员会以负责统一存在于两国内的组织（结构）和立法机构的事宜。联合专家委员会的工作最长在一年之内完成，起始日为本协议签署之日。

第八条 联合专家委员会将由两个国家的高级代表和专家组成。委员会有权组建下属委员会协助其工作。这些委员会包括：

1. 宪法事务委员会，负责宪法草案的起草；
2. 对外事务委员会，负责两国外交政策的统一，规划新国家的对外政策；
3. 财经事务委员会，负责经济事务、关税、经济发展以及统一的货币机构和国家的预算；
4. 立法和司法事务委员会，负责立法机构的统一和规划统一后的审判机构；
5. 教育文化和信息事务委员会，负责所有阶段的教育、文化和信息；
6. 卫生事务委员会，负责有关疾病防治、医院及其相关事务；
7. 军事事务委员会，负责国防、军队及其统一事务；
8. 行政与公共事务委员会，负责地方政府组织并对国家的统一事务进行监督。

第九条 宪法事务委员会完成宪法草案的起草之后，将宪法草案提交至两国的立法机构按照各自的宪法予以批准。

第十条

1. 两国的总统将委托各自的立法机构进行宪法公投，并根据新宪法的规定为新国家选举统一的立法机构。
2. 执行过程中，两国总统将组建包括两国内务部长在内的联合部长委员会，该委员会负责监督两个国家的立法机构批准宪法草案之日以后六个月的工作。
3. 两国总统请求阿拉伯国家联盟委派代表参加该委员会的工作。

第十一条 新宪法经全民公决通过后，两国的议会机构立即解散。

第十二条 宪法草案经过全民公决以后，可立即建立新的国家。

第十三条 新宪法一经同意立即生效。

四、最后规定

第十四条 执行和解委员会的公告,双方的义务及具体实施按照前述规定执行。

第十五条 本文件一式三份,签署双方各保存一份,第三份由阿拉伯国家联盟秘书处保存。

(二)《的黎波里宣言》

《的黎波里宣言》
(1972年11月28日签署)

第一条 也门的阿拉伯人民将建立一个名称为也门共和国的单一国家。

第二条 也门的国旗将具有红、白、黑三种颜色。

第三条 也门的首都设在萨那。

第四条 伊斯兰教为也门的国教,伊斯兰教教法为立法的主要源泉。

第五条 阿拉伯语是也门官方语言。

第六条 国家的目标是实现阿拉伯伊斯兰风格的社会主义和社会公正。

第七条 作为社会发展基础的公共财产属于人民。

第八条 也门共和国政府的组织是民族和民主的。

第九条 将建立一个包括所有同落后做斗争的公民生产组织在内的统一政治组织。

第十条 也门共和国宪法将作出规定。

(三)《边境协议》

《边境协议》
(1988年5月4日签署)

基于双方领导人为双方公民的迁移和交通提供便利的决定,达成如下协定。

第一条 拆除双方在边境地区现存的所有界桩,代之以联合界桩。

第二条 双方的公民持身份证可自由通过边境,任何一方不得对公民过境设定条件。

第三条 双方的内务部长负责制定具体的措施,以使上述措施尽早实施(北也门的版本加入了"不超过两个月"的期限）。

第四条 双方政府应寻求国际和国内的财政支持开通连接双方的四条道路：Qa'tabah 至 Dali；Tawr al-Bahah 至 Mafalis；Mukayras 至 Bayda；以及 Bayhan 至 Harib。

签署：亚辛·努曼（Dr Yasin Sa'id Nu'man）南也门总理兼政治局委员；阿卜杜勒·阿齐兹·阿卜杜勒·加尼（Abd al-Aziz Abd al-Ghani）北也门总理，北也门永久委员会成员。

（四）《萨那协议》

《萨那协议》
（1988年5月4日签署）

［摘要］以仁慈而富有同情心的上帝的名义，也门两部分的领导人对也门的统一富有信心，并坚持9月26日革命和10月14日革命之不朽的宗旨。

两位领导人忠诚于也门人民的斗争，为了建立一个统一独立的也门愿意奉献出一切。他们正在从也门民众的愿望——实现也门国土和人民的完全统一——出发。我们阿拉伯国家也门的统一，是阿拉伯国家全面统一过程中的一个重要步骤和里程碑，对此，两位领导人意识到了其肩负的历史重任。两位领导人希望依据两个也门的领导人和官员所签署的协议和声明，付出所有努力以实现国家统一的宝贵目标。

两位领导人将继续进行统一的有关接触与对话。为了实现上述的目标，以共和国总统、武装部队总司令、全国人大的总书记萨利赫和也门社会党中央委员会总书记比德为代表的也门南北双方的领导人于1988年5月3日至4日在首都萨那举行会议，会议上双方同意了以下条款：

第一条 继续推进统一措施和落实先前也门的两个部分在各领域达成的协议，重启南北也门之间的高级也门委员会、联合部长委员会和统一委员会。

第二条 使高级也门委员会秘书长快速完成上次塔兹会议赋予他的任务，为统一国家的宪法草案准备时间表，并将其提交至双方的人民议会以便使之进行与双方的统一协议相一致的民众公决。

第三条 如果委员会在尽可能短的时间内完成其工作，本着真实的履行目的和作为联合主义者的过渡性措施，重启《的黎波里宣言》第九条规定的统一的政治机构直到双方就统一的政治行动达成一个与双方的协议相一致的共同概念。

第四条 也门两个部分的领导进一步努力，控制和处理令人遗憾的 1986 年"1·13 事件"，通过所有可能的方法，共同合作，加强也门两个部分的安全与稳定。

第五条 鉴于祖国两个部分之间经济统合的重要性，为了发展和繁荣统一后祖国的经济活动，在完成自然资源合作投资事业的相关措施之后，达成如下协议：

1. 在位于边境的马里卜和夏卜瓦地区之间的 2 200 平方公里区域内建立一个合作投资公司；

2. 一个联合测绘委员会将负责合作投资公司所在区域的划定工作；

3. 双方的驻军从该区域撤出，双方将遵守和履行双方的参谋长于 1985 年 1 月 19 日达成的备忘事项；

4. 双方的石油部将采取一切必要的措施，包括投资、技术、财政、行政管理以及其他措施以推进这项计划的实施；

5. 此联合事业强调也门两个部分之领导人坚持也门国民和国土统一的希望以及他们对任何分离和设界方面的反对。此外，本协议在任何情况下都不意味着也门两个部分之间边界的测定或划定，也不意味着对传自于可恶的殖民主义和已不存在的伊玛目制度、旨在加深分裂的消极影响的接受和认可；

6. 也门两个部分的领导人将致力于实施上述协议，并致力于克服协议的实施过程中出现的一切困难。

阿里·阿布杜拉·萨利赫（祖国北部的共和国总统、武装部队总司令、全国人大总书记），阿里·萨利姆·比德（祖国南部的也门社会党中央委员会总书记）签署

（五）《亚丁首脑协议》

《亚丁首脑协议》
（1989年11月30日签署）

位于祖国两部分的双方：

坚信也门的统一以及 9 月 26 日革命和 10 月 14 日革命不朽的目标；

坚信也门人民的斗争以及无数仁人志士的牺牲在于建立一个统一独立的也门；

希望将单一祖国两个部分之间联合主义者的活动推进到一个更接近统一之日的更高阶段，因为统一不仅是也门两个部分可成就的，而且也是双方人民的命运。

实现祖国和也门人民的统一是我们人民的愿望；

联合起来实现也门祖国的稳定、安全、发展和进步的成就,特别是因我们为统一而进行的斗争为众多的处于分离中的民族和兄弟创造了统一的氛围,而他们是孤立于民众、政府、机构和公共组织的统一实践的。这将使也门的公民更加关注其国家迈向宣布建立一个单一国家之最后阶段的国家事业;

继续推动达成双方领导人和政府官员所期待的协议和声明;

继续推动实现国家统一的必要步骤——营造和平与民主的气氛;

承诺双方要对政策进行讨论,以及两个部分之间的相互理解,维护安全与稳定,维持交流渠道和联合会议;

1989年11月29至30日,以共和国总统、武装部队总司令、全国人大总书记阿里·阿布杜拉·萨利赫为首的大型官方和民间代表团参加南也门独立二十二周年纪念活动期间,由联合委员会于1981年12月30日起草的单一国家的永久宪法草案获得了通过,并由共和国总统、武装部队总司令、全国人大总书记阿里·阿布杜拉·萨利赫和也门社会党中央委员会总书记阿里·萨利姆·比德为代表的双方领导人加以确认。实施《科威特协议》第二部分内容,为完成先前协议中已达成的措施的条款,尤其是《开罗协议》的第九、第十、第十一、第十二、第十三条,将采取以下措施。

第一条

1. 将宪法草案提交至祖国两个部分的协商议会和人民议会,依照各自的宪法体系在不超过六个月的期限内通过。

2. 双方的领导人从各自的立法机构获得授权以组织宪法草案的公民表决以及依据新宪法而成立的新国家统一立法机构的选举。

3. 为了上述各项措施的实施,双方的总统将组建联合内阁委员会,其成员包括两个内务部长以监督这一过程。从宪法草案被立法机构批准之日起六个月之内,该委员会将拥有一切必要的权力以履行其任务。

4. 双方的总统将邀请阿盟委派两名代表参与委员会的工作。

第二条

1. 为完成履行1988年5月协议的各项措施,包括启动也门最高委员会、联合内阁委员会和统一委员会,履行1989年3月12至23日在萨那举行的联合内阁委员会第一次会议的决定,由联合统一委员会在两个月内完成各项工作。

2. 保证统一政治组织委员会在两个月之内快速完成其自第一次会议启动的工作,以准备单一国家根据单一宪法草案而启动的包括加强政治运行的民主路径在内的将来的政治运行。

第三条

双方领导人承诺在其规定的时间里实现协议中条款的内容。

阿里·萨利姆·比德（也门社会党中央委员会总书记）、阿里·阿布杜拉·萨利赫（共和国总统、武装部队总司令、全国人大总书记）1989年11月30日于亚丁签署

（六）《萨那协定》

《萨那协定》
（1990年4月22日签署）

也门人民的祖国正处在一个全面准备重建统一和建立一个单一国家的过程中，如同在也门的各个领域、各个层面——领导层、政府、行政部门、各类组织、贸易联盟以及普通大众所见证的那样，都在推动去年（1989年）11月30日签订的具有历史意义的《亚丁协议》的实施。

两国领导人继续真诚地考虑寻求加强其共同的愿望以指导统一的行动，确认任何一个层面所有负责人的义务和责任，保证走向统一的过渡时期的步骤和措施，建立一个统一的国家。

赞赏领导人在国家层面上通过旨在服务国家统一的总体事业而进行的沟通和对话所作出的一切。

出于以后建立也门共和国的需要，有限但充分的过渡时期包括规划也门国家的未来以及举行大选以选出议员的过程，同时还要保证单一的国家宪法及其合法性不被无视，或在没有授予任何一方修改宪法权力的情况下却诉诸修宪。

确定统一建设的各种工作是建立在由不朽的九月革命和十月革命而确立的国家基础之上，并来自民族主义、伊斯兰教义以及人性。

萨那见证了祖国也门的所有领导人参加的于伊斯兰纪元1410年斋月4月24—27日（相当于公元1990年4月19—22日）召开的首次会议，包括阿里·阿布杜拉·萨利赫（共和国总统、武装部队总司令、全国人大总书记）和阿里·萨利姆·比德（也门社会党中央委员会总书记）、协商委员会主席、最高人民委员会总统组织处主席、总理、政治局成员、总委员会成员、协商议会成员以及最高人民委员会总统组织处部分成员、协商委员会部分成员、两国政府部分成员、也门社会党中央委员会部分成员、全国人大常务委员会部分成员、一些高级文员和军方代表。

第一条 在阿拉伯也门共和国和也门人民民主共和国（也门祖国的两个部分）之间将出现完全的统一和融合，两个国民认同将融合为一个单一的、称之为也门共和国的国家认同。也门共和国将拥有单一的立法、行政、司法机构。

第二条 本协议得到履行后，也门共和国将在过渡期内组建一个总统委员会，总统委员会由五人组成，并在第一次会议上从中选举产生任期与总统委员会一致的主席和副主席。总统委员会将由南北议会主席团联席会议选举产生。总统委员会在履职之前将进行宪法宣誓。一经选举，总统委员会即可行使宪法赋予总统委员会的一切权利。

第三条 过渡期限定为自本协定履行之日起的两年六个月。在此期间，议院将由南北议会的全体成员和总统委员会任命的 31 名成员组成。议院将实施宪法赋予其的所有权力，不仅仅是选举总统委员会和修改宪法。不论出于任何原因，议院的职位出现空缺，总统委员会将以任命方式补缺。

第四条 总统委员会第一次会议将发布法令，组建 45 人的咨询委员会，并确定该委员会的职能。

第五条 总统委员会将组建也门共和国政府，共和国政府将获得宪法赋予政府的一切权力。

第六条 总统委员会在其第一次会议上将指定一个技术小组就也门共和国政府的职位安排提出复审意见以保证加强国家的团结和消除分离的后果。

第七条 总统委员会被赋予了就共和国的国徽、国旗和国歌发布具有法律效力的法令的权力。总统委员会将被委托在其第一次会议作出决定召集议会会议，以使其解决如下问题：

1. 批准总统委员会颁布的法令；
2. 根据政府的陈述授予议会对政府的信任；
3. 使总统委员会担负起在 1990 年 11 月 20 日之前将宪法提交全民公决的职责；
4. 颁布总统委员会提交的基础性法律。

第八条 本协定将在其被批准和双方议会批准也门共和国宪法草案之后生效。

第九条 本协定将适用于整个过渡期，也门共和国宪法的规定，只要不与本协定的条款发生冲突，在过渡期内一旦批准立即生效。

第十条 本协定及也门共和国宪法被双方议会的批准即意味着先前两国家宪法的废除。

阿里·萨利姆·比德（也门社会党总书记）、阿里·阿布杜拉·萨利赫（共

和国总统、武装部队总司令、全国人大总书记）于 1990 年 4 月 22 日签署

三、德国统一相关文本

（一）《交通问题条约》

《德意志联邦共和国和德意志民主共和国之间交通问题条约》

本着致力于欧洲局势的缓和、发展两国作为两个独立国家所应该维持的正常邻里关系之目的，怀着规范缔约国双方在其领土范围内或穿越领土的越境人员及物资交通问题之愿望，德意志联邦共和国和德意志民主共和国达成一致，签署了本条约。

I 总则

第一条

第 1 款：该条约涉及的对象为该条约适用范围内被允许的或者已经注册的陆路、铁路和水路上的交通工具在两国之间的来回运输和过境运输问题。

本国国内关于使用某种特定交通工具的法律规定将不受该条约影响。

第 2 款：缔约双方有义务在最大的范围内、本着互惠和非歧视原则、按照国际普遍实践，允许、方便以及最合目的的规范在本国领土内或穿越本国领土的交通。

【对第一条的会议记录附注】对以海运客轮以及内河航运客轮进行的客运问题目前暂无规定。双方达成一致,在条件具备的情况下协商该问题的规范可能性。

第二条 只要该条约中没有另行规定，交通运输则受其交通工具行驶领域所在国家的法律之约束。

第三条

第 1 款：交通运输参与者可以在对方国家使用其对公共交通开放的交通设施。

第 2 款：如果缔约一方确定在本国领土内修建一条交通道路，在此交通道路上会有越境交通工具驶行，那么该国应当本着最大程度符合道路使用目的的原则进行建设。

第四条 过境交通从双方预先规定的过境点通过。对于过境点的变动德意

志民主共和国交通部和德意志联邦共和国交通部需要事先达成一致。

第五条 由缔约一方出具的用于授权交通工具运输的官方证明以及用于明确在其领土范围内被允许的和已经注册的交通工具的官方证明需要得到双方国家的认可。另行约定参考本条约第二十条。

交通运输参与者需要通过由主管机构或者缔约国官方出具的、用于授权其有权过境的人员证件来证明自己的身份。

第六条

第1款：对于和交通运输相关的、一定数量的、需要收取的税款和费用可以在总结算中商定。

第2款：交通运输参与者在运输过程中随身携带的旅行用品和消费品可以免交进出境税以及类似费用。

对于交通工具附带的正常数量的发动机燃料、润滑剂以及装备品、备用品、附件都不需要征收进出境税以及类似费用。

第七条

第1款：缔约双方都应当负责为在本国领土内发生故障或损坏的交通工具及因此而受伤害的人员提供紧急援助，包括故障修复、破损车辆托运、医疗救助以及船坞和车间援助。

第2款：在发生故障或损坏的情况下，适用事故发生地的法律规定来进行调查或出具所需的报告单。道路交通事故损害赔偿调解书要同时送交另一缔约国。

第八条 缔约一方应当为缔约另一方提供以下信息：路况、高速公路上大范围的交通改道以及重要的长途公路干线、深水区路段、浅水区路段、开闸放船时间、航运禁期以及其他涉及交通运输的信息。

第九条 为了实现尽可能简单且最大限度符合道路使用目的来进行交通建设的利益，缔约一方在设计和实施对缔约另一方的越境交通会产生影响的建筑计划时，需要通知另一方且根据需要来进行意见交流。

II 铁路交通

第十条

第1款：在铁路交通中关于常规列车和货运列车的行车时刻表、旅游列车的组织和调度可以在考虑到交通运营收益这一因素的基础上于国际列车行车时刻表大会上或者由缔约双方的主管中心部门来负责协商。

第 2 款：在维持铁路正常运营的前提下，如果可以获得巨大的交通运营收益则可以协商追加临时列车。

第十一条

第 1 款：对于运输游客及其行李的问题适用铁路旅客和行李运输国际协定（International Convention on the Carriage of Passenger and Luggage by Railway，CIV）及其附加协定。

第 2 款：对于运输货物的问题适用铁路货物运输国际协定（Convention Concerning International Carriage of Goods by Railway,CIM）及其附加协定。

第十二条

第 1 款：本条约意义上的边境路段指的是位于缔约双方各自边境火车站之间的、用于过境运输的一段铁路线（次要意义上也包括位于这段铁路线上的运营站）。在这段铁路线上适用每个缔约国领土内各自的法律规定，也可适用铁路运营规定。例外情况另作协商。

第 2 款：各国铁路管理部门需维护、管理、更新各自路段上的铁路设备及设施。只要在本条约中没有涉及的例外情况双方可再作协商。

第 3 款：如果缔约双方有意对设备进行变动和调整或者意图改变边境路段和边境火车站上的技术，只要变动情况对交通的进行会产生影响，则双方主管中心应互相告知。

第 4 款：如果维护工作会对交通产生影响，则双方铁路管理部门应对在边境路段上维护、管理和更新工作的时间点协调一致。

第 5 款：双方铁路管理部门应对位于对方国家领土范围内的电信设备的维护、管理和更新工作协调一致。

第 6 款：存在于缔约双方铁路运营点之间的通讯线只能被用于通告铁路事务，不允许和铁路专用网络或者公共网络相连接。

第 7 款：关于在边境路段上铁路交通运行的细节问题将另作协商。

【对第十二条的会议记录附注】缔约国双方的铁路管理部门应当检查用于通告铁路事务的电话设备。对此应参阅由德国联邦铁路公司和德意志民主共和国交通事务部于 1972 年 9 月 25 日签署的关于铁路边境交通协议（边境铁路协议）（没有发表在德意志民主共和国法律公报上）。

第十三条

第 1 款：列车乘务人员的证件应被缔约双方认可。

第 2 款：被任命在对方国家领土范围内工作的铁路管理部门职工必须穿着

工作制服，必须遵守对方国家铁路管理部门的工作守则。他们有权随身携带开展工作所必需的日用品和消费品，且不需交税和其他相关费用。边境火车站应该为他们提供休息室，必要时他们也应获得医疗救助。

第十四条

第 1 款：德意志民主共和国允许德国联邦铁路穿越其领土在 Gerstungen 和 Dankmarshausen 之间的国营铁路上、往返 Heringen/Werra（属于德意志联邦共和国）进行货运，只要该货运在此路段上从事的是钾盐的运输任务。有关该交通运输的商业条件和运营技术条件将另行协商。

第 2 款：从 Heringen/Werra 向德意志民主共和国进行的钾盐运输或者穿过其领土进入第三国的钾盐运输列车在途中将被导向 Gerstungen 边境火车站。在 Gerstungen 火车站对列车及运载货物的边境验关程序和对通过边境点 Bebra（属于德意志联邦共和国）和 Gerstungen（属于德意志民主共和国）的邮政包裹进行的边境验关程序是一样的。

第十五条

第 1 款：德意志民主共和国允许德国联邦铁路在边境铁路段上穿越德意志民主共和国管辖的领土往返 Obersuhl 火车站（属于德意志联邦共和国）进行铁路交通运输。该许可包括免费使用铁路线、高层建筑物和附带设施所必须占用的地带。该德意志民主共和国国营铁路段由德国联邦铁路承担管理和维护费用，同时不得妨碍经过边境点 Bebra 和 Gerstungen 的交通。

第 2 款：德意志民主共和国允许德国联邦铁路在边境铁路段上穿越德意志民主共和国管辖的领土往返于 Schwebda 火车站（属于德意志联邦共和国）和 Heldra 火车站（属于德意志联邦共和国）之间，前提条件和第 1 款中所列相同。

第十六条 德意志联邦共和国允许德意志民主共和国国营铁路在 Wartha/Werra（属于德意志民主共和国）至 Gerstungen 的双轨路段上穿越德意志联邦共和国管辖的领土进行铁路交通运输。该路段的管理和维护费用由德意志民主共和国国营铁路负担，其工作人员由德意志民主共和国国营铁路选派。该许可包括免费使用铁路线、高层建筑物和附带设施所必须占用的地带。

Ⅲ 内河航运交通

第十七条

第 1 款：缔约双方将共同致力于在其国土范围内为经济快捷的航运交通提供条件。

第2款：本着互惠性的原则双方交通工具在对方河道里通航不需要出示许可证明。

【对第十七条的会议记录附注】德意志民主共和国有关当局声明，如果德意志联邦共和国重新对德意志民主共和国的内河航运交通采用准入制度，那么其对德意志联邦共和国内河航运交通的许可程序也将生效。

第十八条

第1款：在对方缔约国的港口或泊船点之间进行货物运输（内河航运）需要获得对方国家主管部门或有关当局的特别批准。

第2款：如果在过境运输返程时是将货物运送到对方缔约国的领土范围内（内河航运联运），那么就不需要批准了。

第十九条

第1款：关于泊位的规定适用第十七条第1款的相应内容。内河航运船只停靠在被准许进入的泊位中时，其船员可上岸休息。

第2款：根据关于泊位的规定，在遇到特殊事件时，如事故、运营障碍、疾病、自然灾害以及经所涉及缔约国的主管部门或有关当局的要求或批准进行的航行停顿和船员上岸休假，那么船只将被允许进入其他合适的泊位。船长需要向主管部门或有关当局报告导致船只在特殊情况下实施航行停顿的决定性原因。

第3款：如果由于水位过高或过低、水面结冰、海损导致船只无法继续航行或航行受限，那么所涉及的缔约国应为船只提供货物转运或用驳船给船只卸货的可能。需要进行货物转运或者用驳船卸货的情况应报告给主管部门或有关当局，并在其在场的情况下进行。

第二十条

第1款：本条约第五条中提及的双方国家对官方证明的认可在内河航运中只针对于为易北河和中德运河内的航运开具的资格证书。德意志民主共和国的船舶注册证书只在属于《德意志联邦共和国内河航运河道规定》适用范围的河道中被认可。德意志联邦共和国的船舶注册书在德意志民主共和国的河道中被认可。

第2款：缔约一方过量的个体运输工具或船队要在缔约另一方的河道内通航需要获得该国主管部门或者有关当局的同意。

过量的个体运输工具或船队是指超过了各缔约国的法律规定对河道使用所确定的交通工具规格和数量。

第3款：可漂浮器具和漂浮物可以被运输，新建的船只也可以被运送，体育摩托艇、赛艇和其他私人水上交通工具都可以作为甲板上装载的货物或者以拖索牵引的方式被运输。

第4款：根据关于航行路线的规定，偏离预定航线需要获得主管部门或者有关当局的批准。

第二十一条 如果内河航运船只按照一般普遍国际实践在海关加封的条件下才被允许运输货物，那么该船只需要被认可为海关加封的担保方。作为海关加封担保方的凭证海关加封证明需要得到认可。

【对二十一条的会议记录附注】双方缔约国声明，他们在对内河航运船只及其运载货物提供担保方面不会改变目前的实践方式。

第二十二条 对于使用包括船闸、船舶升降装置以及船只泊位在内的河道时要根据当地适用的法律规定被征收税款以及费用。

第二十三条 缔约双方保证在易北河472.6公里至566.3公里河段上的内河航运交通顺利进行。

【对第二十三条的会议记录附注】

1. 德意志民主共和国和德意志联邦共和国达成一致，双方主管部门或者有关当局要对以下几项工作的进展状况及时提前通知对方：关于维护河道排水处于正常状态的工作、维护在易北河472.6公里至566.3公里河段上的航运，比如长度和宽度的定向、排水测量、疏浚河道以排除浅滩以及其他航运障碍。破冰以及标记航道工作要在双方的协商下执行。

2. 在易北河该河段上的航道、水提和海港入口应根据目前的实践情况被标记。双方以签订该条约的时间点所存在的标记为准，在标记上的任何改动都需要双方主管机构或者有关当局协商进行。

3. 在易北河该河段上发生事故或海损时，由发生事故或海损船只所属缔约国的主管监督和控制机构或者有关当局来进行调查并出具事故报告书。如果所发生的事故或海损涉及双方缔约国的船只，则双方主管部门或有关当局分别对事故进行调查并交换事故报告书。

4. 在易北河边境河段上通航的德意志民主共和国船只，在其往返于德意志民主共和国的港口之间时需要以特殊旗帜作为标志，且不受德意志联邦共和国边境验关手续的约束。

IV 汽车交通

第二十四条

第1款：本条约意义上的职业客运指的是以机动车或其拖车进行有偿的或

者商业性质的客运活动。

第 2 款：本条约意义上的货运指的是以机动车或其拖车进行的职业货运和工厂运送（指用工厂自备运货车运送本厂产品等）。

第二十五条

第 1 款：在互惠性原则的基础上，对于在其领土范围内或穿越其领土的临时性职业客运和机动车货运各缔约国不会行使使用准入制度的权利。

第 2 款：缔约一方的企业如果要用班期公共汽车在缔约另一方的领土内或穿越其领土进行职业客运，则需要缔约另一方的运送许可。

第 3 款：对于职业性运送被该国接纳人员的交通运输活动以及只在该国领土内进行的货物运输，各缔约国都保留对其使用准入制度的权利。

【对第二十五条的会议记录附注】关于申请过境公共汽车班期交通的准入许可企业需要向其代理处所在的该缔约国的主管部门或有关当局递交申请。如果对申请没有疑虑，则该缔约国的交通部应把表态之后的申请转交给另一方缔约国的交通部。

在提交申请和获得批准的路段上实行该路段各分段所属缔约国的法律规定。

第二十六条　只要交通工具的制造和装备符合机动车许可证发放地适用的规定，那么就应该被缔约双方认可为合格。机动车辆及其拖车，还包括其运载的货物如果在对方缔约国的领土范围内超过了规定的长宽高及重量，则其在该缔约国领土范围内或穿越其领土行驶时需要得到该国主管部门或有关当局的特别批准。

第二十七条　参与交通运营的机动车必须上赔偿保险。关于机动车事故中的损害赔偿问题是分则调整的对象。

第二十八条　对于道路交通上的货物运输适用 1959 年 1 月 15 日通过的《国际货物运输的有关关税协定》（Customs Convention on the International Transport of Goods under Cover of TIR Carnets）、1957 年 9 月 30 日通过的《危险品公路运输欧洲协议》（Autorisation Dangerous Road，ADR）

【对二十八条的会议记录附注】直到双方缔约国在 1959 年 1 月 15 日通过的《国际货物运输的有关关税协定》和 1957 年 9 月 30 日通过的《危险品公路运输欧洲协议》中获得享有同等权利的成员资格时，本条约第二十八条即被废除。

V　海上交通

第二十九条

第 1 款：缔约双方达成一致，互相为海上货物运输和转运提供使用海港和其他海运设施的条件。双方保证在各自的海港内将对方缔约国的船只和其他国家的船只同等对待，尤其在验关、征收费用和海港税、自由通行和使用港口等方面。

第2款：挂着缔约一方国旗的远洋船可以出入缔约另一方境内进行货物运输。往返于缔约另一方的港口和停靠点之间的货物运输（内河航运）需要获得该国主管部门或有关当局的特别批准。

第三十条

第1款：挂着缔约一方国旗的船只如果携带了依法证明其国籍的文件，则被视为该缔约国的船只。

第2款：如果船只配有按规定出具的船舶吨位证书，则可免于被再次测定或者复测。

第3款：海港税的计算以船舶吨位证书上注明的船只体积为基础。

第三十一条　在缔约一方的领海内航行的缔约另一方的船只受其悬挂的国旗所属国家的规定之约束，如对泊船、装备、设备、船只安全措施、测量以及适航性等方面的规定。

VI　最后规定

第三十二条

第1款：关于使用和解释该条约最终出现的意见分歧由缔约双方组成的委员会负责澄清。

第2款：委员会中的代表团分别由德意志民主共和国交通事务部部长和德意志联邦共和国交通部部长作为全权代表来领导。

第3款：委员会在双方缔约国的申请下召开会议。

第4款：行事方法的细节问题由委员会确定。

第5款：如果委员会对交由其处理的意见分歧不能作出调整，该问题则将被呈送给两国政府，由政府通过谈判的途径进行调解。

【对第三十二条的会议记录附注】根据第三十二条规定组成的委员会可以在适当的时间提出建议以方便和符合目的的规范客运及货物事宜，相应的建议最终需要政府或主管机构和有关当局来决定实施。

第三十三条　该条约将会在不确定的时间被终止。条约有效期至少为五年，五年之后在某个公历年结束前三个月可宣布废除该条约。

该条约将于双方政府互换照会之日起生效，通过互换照会两国政府将声明，本国已满足该条约生效的前提条件。

缔约国双方全权代表互阅签约全权证书之后签署了此条约。

两份原稿以德语撰写，签约时间、地点：1972年5月26日于柏林

德意志民主共和国代表：Michael Kohl

德意志联邦共和国代表：Egon Bahr

【该条约大部分内容通过1990年5月18日签署的《德意志联邦共和国和德意志民主共和国关于建立货币、经济和社会联盟的条约》（《联邦法律公报》第二卷，第537页，《德意志民主共和国法律公报》第一卷，第332页）第2条失效。该条约最终通过1990年8月31日签署的《统一条约》（《联邦法律公报》第二卷，第889页）被完全废除。】

（二）《基础条约》

《关于德意志联邦共和国和德意志民主共和国之间关系的基础条约》

鉴于双方负有维护和平的义务，并且愿意为欧洲的稳定与安全作出积极的努力；鉴于双方意识到在欧洲所有国家目前的边界情况下，保证边界不受侵犯、尊重各国领土和主权完整是实现和平的根本前提；鉴于双方认识到两德在处理相互关系时已放弃使用武力或者以武力相威胁；鉴于双方认为应从历史情况出发，在尊重德意志联邦共和国和德意志民主共和国不同观点的基础上解决双方基本问题，即国家问题；鉴于双方为了实现两德人民繁荣安康的美好愿望，认为有必要为两德的合作创造前提，因此条约缔结双方就几个重要方面达成了以下协议。

第一条 德意志联邦共和国和德意志民主共和国在平等的基础上发展正常的睦邻关系。

第二条 德意志联邦共和国和德意志民主共和国将以联合国宪章中规定的目标和原则为指导，特别是要遵循以下几点原则：所有国家主权平等；互相尊重独立、自主和领土完整；自决权；维护人权和反歧视原则。

第三条 根据联合国宪章规定，德意志联邦共和国和德意志民主共和国只能以和平手段解决争端，必须放弃使用武力或以武力相威胁。双方须确证在现

在和未来互不侵犯双方之间已存边界，并有义务完全尊重对方领土完整。

第四条 德意志联邦共和国和德意志民主共和国认为，双方任何一方都不能在国际上代表另一方或以另一方的名义采取行动。

第五条 德意志联邦共和国和德意志民主共和国将积极促进欧洲各国之间的友好和平关系，并致力于维护欧洲的安全与合作。双方支持欧洲范围内为缩减武装力量和军事装备所做的努力，只要此做法不对有关国家的安全构成危害。

德意志联邦共和国和德意志民主共和国支持在有效的国际监督下，以普遍和彻底裁军为目标而进行的有利于国际安全的军备限制和裁军，尤其是为在核武器和其他大规模杀伤性武器方面限制和裁减军备所作的有利于国际安全的努力。

第六条 德意志联邦共和国和德意志民主共和国以下列原则为出发点，即两国的主权仅限于各自的国土范围内。双方互相尊重两国在内政外交事务中的独立和自主。

第七条 德意志联邦共和国和德意志民主共和国宣布，双方准备在双方关系正常化的进程中处理实际的和人道主义方面的问题。双方愿意为实现双边利益、在此条约的基础上签订协议，来发展和促进双方在经济、科技、交通、法律事务、邮政和电信事务、卫生事业、文化、体育、环境保护以及其他领域中的合作。细节问题将在附加议定书中加以规定。

第八条 德意志联邦共和国和德意志民主共和国将互设常驻代表机构，代表机构的驻地应被安排在双方政府所在地。

与设立代表机构相关的实际问题，将另作规定。

第九条 德意志联邦共和国和德意志民主共和国一致认为，本条约将不触动双方以前签订的或与它们有关的双边的和多边的国际条约及协定。

第十条 该条约需要通过批准并将于双方交换批准书之日起生效。

缔约国双方全权代表互阅签约全权证书之后签署了此条约。
两份原稿以德语撰写，签约时间、地点：1972年12月21日于柏林
德意志联邦共和国代表：Egon Bahr
德意志民主共和国代表：Michael Kohl

四、朝韩关系相关文本

（一）《7·4南北共同声明》

《7·4南北共同声明》

为了改善南北关系和协商分裂之祖国的统一问题，最近在平壤和首尔进行了会谈。首尔的李厚洛中央情报部长从1972年5月2日至5月5日访问了平壤，与平壤的金英柱组织指导部长进行了会谈，代替金英柱部长的朴成哲第二副部长于1972年5月29日至6月1日访问了首尔，与李厚洛部长进行了会谈。

会谈中，双方怀着祖国的和平统一应尽早到来的共同期盼，开诚布公地交换了意见，在增进相互之间的理解上，取得了大的成果。

在此过程中，为了消除因双方长期不能相见而产生的南北间的误解与不信，缓解高涨的紧张，并进一步推进祖国的统一，双方在如下问题上达成了完全一致的意见。

一、双方在祖国统一的原则上达成如下协议：

1. 统一应该在不依赖于外来势力或没有外来势力干涉的情况下自主解决；
2. 统一应该以相互不使用武力的和平方法实现；
3. 应超越思想、理念和制度的差异，首先作为一个民族来谋求民族的大团结。

二、双方同意采取积极措施，缓和南北之间的紧张状态，形成信任的气氛，相互不中伤和诽谤对方，无论大小，不进行武装挑衅，并防止偶发性的军事冲突事件。

三、为了恢复割裂的民族联系，增进相互间的理解，促进自主和平统一，双方同意实施南北之间的多方面交流。

四、双方同意积极协作使正在全民族的重大期待中进行的南北红十字会会谈尽早取得成果。

五、为防止偶发性的军事事故和直接、迅速和正确地处理南北间提出的问题，双方同意在平壤和首尔安装常设直通电话。

六、与推进如上协议事项一道，改善解决南北之间的各种问题，并以已达成协议的祖国统一原则为基础，以解决国家的统一问题为目标，双方同意组建并运行以李厚洛部长和金英柱部长为共同委员长的南北调节委员会。

七、双方确信如上协议事项符合热切期盼祖国统一的全民族的共同愿望，并在全民族面前郑重承诺将诚实地履行协议事项。

彼此接受上级意思的

李厚洛　　金英柱
1972 年 7 月 4 日

(二)《南北基本协议书》

《关于南北间和解、互不侵犯和交流合作的协议书》

根据期盼分裂之祖国和平统一的民族意志，南北双方再次对《7·4 南北共同声明》中阐明的祖国统一三大原则予以确认，消除政治军事上的对决状态，实现民族和解，防止武力侵略和冲突的发生，保障紧张局面的缓和与和平，实现多方面的交流与合作，谋取民族共同的利益和繁荣，彼此承认双方之间的关系不是国家与国家之间的关系，而是面向统一的过程中暂时形成的特殊关系，为了实现和平统一，双方表示将共同努力，并达成如下协议。

第一章　南北和解

第 1 条　南北双方彼此承认、尊重对方的体制。

第 2 条　南北双方彼此不干涉对方的内部问题。

第 3 条　南北双方彼此不进行诽谤和中伤。

第 4 条　南北双方不从事破坏、颠覆对方的一切行为。

第 5 条　南北双方共同努力将现存的停战状态转换为南北之间巩固的和平状态，在如此的和平状态实现之前，遵守军事停战协定。

第 6 条　南北双方中止在国际舞台上的对立和竞争，相互合作，为了民族的尊严和利益而共同努力。

第 7 条　南北双方为了相互间的紧密联络和协商，在本协议书生效后 3 个月之内在板门店开设、运行南北联络事务所。

第 8 条　南北双方在本协议书生效后 1 个月之内于正式会谈框架之内组成南北政治委员会，就南北和解协议的履行和遵守的具体对策进行协商。

第二章　南北互不侵犯

第 9 条　南北双方彼此不使用武力，不以武力相侵略。

第 10 条　南北双方通过对话与协商和平解决相互之间的意见对立和争议问题。

第 11 条　南北双方之间互不侵犯境界线和区域为 1953 年 7 月 27 日军事停战协定规定的军事分界线和现今双方管辖的区域。

第 12 条　南北双方为履行和保障互不侵犯，在本协议书生效后 3 个月之内组建、运行南北军事共同委员会。就大规模部队调动和军事演习的通报与控制、非武装地带的和平利用、军方人士的交流与情报交换、大规模杀伤性武器和攻击能力的消除等阶段性军控实现、验证等军事信任的形成和裁军等问题在南北军事共同委员会内进行协商、推进。

第 13 条　南北双方为防止偶发性的武力冲突及其扩大，在双方军事当局之间设置、运行直通电话。

第 14 条　南北双方在本协议书生效后 1 个月之内于正式会谈框架之内组建南北军事委员会，就履行、遵守互不侵犯协议，消除军事对立状态的具体对策进行协商。

第三章　南北交流、合作

第 15 条　南北双方为了民族经济的统一、均衡发展，为了提高全民族的福利，开展资源的共同开发、民族内部的物资交流、合作投资等经济交流和合作。

第 16 条　南北双方开展科学、技术、教育、文化、艺术、保健、体育、环境和新闻、广播、电视和出版物等若干领域的交流和合作。

第 17 条　南北双方实现民族成员的自由往来与接触。

第 18 条　南北双方开展离散亲属的书信自由投递、自由往来、相逢和走访，根据其自由实现重新组合，谋求以人道主义解决其他问题的对策。

第 19 条　南北双方连接中断的铁路和公路，开设海路和航空通道。

第 20 条　南北双方设置连接书信和电子通信交流所需要的设施，保障书信和电子通讯交流的秘密。

第 21 条　南北双方在国际舞台上开展经济、文化等领域的相互合作，共同对外发展。

第 22 条　南北双方为实现经济、文化等各领域的交流与合作之协议的履行，在本协议书生效之后 3 个月之内组建、运行以南北经济交流、合作共同委员会为代表的部门共同委员会。

第 23 条　南北双方在本协议书生效之后 1 个月内在正式会谈框架之内组

建南北交流、合作委员会，就南北交流、合作协议的履行和遵守之具体的对策进行协商。

第四章 修正和生效

第 24 条　本协议书可依据双方的协议进行修正、补充。

第 25 条　本协议书经过南北各自必要的程序，从相互交换文本之日起生效。

1991 年 12 月 31 日

北南高级会谈北侧代表团团长　　　　　南北高级会谈南侧代表团首席代表
朝鲜民主主义人民共和国政务院总理　　　　　大韩民国国务总理
延亨默　　　　　　　　　　　郑元植

（三）《6·15南北共同宣言》

《6·15南北共同宣言》

根据企盼祖国和平统一的崇高民族意志，朝鲜民主主义人民共和国国防委员长金正日和大韩民国总统金大中于 2000 年 6 月 13—15 日在平壤进行了历史性的会晤并举行了首脑会谈。

南北首脑认为，在分裂的历史上首次进行的这次会晤和会谈对增进相互理解、发展南北关系、实现和平统一具有重大的意义，并宣言如下。

一、南北双方决定，国家统一问题，要由其国家的主人——我们民族相互合力自主地加以解决。

二、南北双方认为，为了国家的统一，北方提出的初级阶段联邦制方案与南方提出的联合制方案具有共同性，双方决定今后将朝着这一方向推进统一的进程。

三、南北双方决定，在今年 8·15 之际交换离散亲属访问团，并尽早解决未转变思想的长期在押犯等人道主义问题。

四、南北双方决定，通过经济合作均衡地发展民族经济，并加强社会、文化、体育、卫生、环境等各个领域的合作和交流，以增进相互间的信任。

五、南北双方为早日将上述协议事项付诸实践，决定在尽早的时日之内开始当局间的对话。

金大中总统郑重邀请金正日国防委员长访问汉城，金正日国防委员长决定今后在适当的时候访问汉城。

2000年6月15日

朝鲜民主主义人民共和国国防委员长　　　　　　大韩民国总统
　　　　　金正日　　　　　　　　　　　　　　　　金大中

（四）《10·4南北首脑宣言》

《为了南北关系发展与和平繁荣的宣言》

根据大韩民国卢武铉总统和朝鲜民主主义人民共和国金正日国防委员长之间的协议，卢武铉总统于2007年10月2—4日访问了平壤。

访问期间进行了历史性的相逢与会谈。

在相逢与会谈中，再次确认了《6·15南北共同宣言》的精神，并对实现南北关系的发展、朝鲜半岛的和平以及民族共同的繁荣和统一等诸问题进行了开诚布公的协商。

双方确信如果我们民族的意志和力量形成一致，将开启民族繁荣的时代、自主统一的新时代。为了以《6·15南北共同宣言》为基础，扩大、发展南北关系，双方宣言如下。

一、南和北维护并积极实现《6·15南北共同宣言》。

南和北决定依照我们民族的精神自主解决统一问题，重视民族的尊严和利益，所有一切都以此为方向。

南和北决定研究反映坚定不变地要履行《6·15南北共同宣言》的意志、纪念6月15日的方案。

二、南和北决定超越思想和制度的差异，坚定地将南北关系转换为相互尊重和信赖的关系。

南和北决定不干涉内部问题，以符合缓和、合作和统一（的原则）解决南北关系问题。

为了按照统一的方向发展南北关系，南和北决定整理各自的法律和制度。

为了按照符合民族的愿望解决南北关系的扩大和发展问题，南和北决定积极推进两侧议会等各领域的对话与接触。

三、南和北决定为了终结军事敌对关系、保障朝鲜半岛的紧张缓和与和平而进行紧密的合作。

南和北决定不相互敌视，缓和军事紧张，通过对话和协商解决纷争问题。

南和北决定反对朝鲜半岛上的任何战争，坚定地遵守互不侵犯的义务。

为了防止西海上的偶发性冲突，指定共同捕捞水域，并为了协商使此水域成为和平水域的方案和各种合作事业的军事性保障问题等军事性信任构筑措施，南和北决定南侧国防部部长和北侧人民武力部部长之间的会谈于2007年11月中旬在平壤召开。

四、南和北在终止现行的停战体制、构筑永久和平体制方面认识一致，决定在为促进直接相关三方或四方首脑在朝鲜半岛地区内会晤并宣布结束战争的问题上进行合作。

为了朝鲜半岛核问题的解决，南和北决定共同努力以使六方会谈《9·19共同声明》和《2·13协议》顺利得到履行。

五、为了民族经济的均衡发展和共同繁荣，南和北决定在互利共赢、互通有无的原则下，积极活跃并持续扩大发展经济合作事业。

南和北决定奖励为了经济合作而进行的投资，积极促进基础设施的扩充和资源开发，依照民族内部合作事业的特殊性优先赋予各种优待条件和特惠。

南和北决定设置包括海州地区及周边海域的西海和平合作特别地带，设定共同捕捞区域与和平水域，积极推进经济特区建设和海州港的利用、民间船舶向海州的直航以及汉江河口的共同利用等。

南和北决定在尽早的时日内结束开城工业园区第一阶段的建设，着手第二阶段的开发，开始汶山至凤东间的铁路货物运输，尽早完善以通行、通信和通关问题为代表的各种制度性保障措施。

为了共同利用开城—新义州的铁路和开城—平壤的高速道路，南和北决定协商和促进（道路）改修问题。

南和北决定建设安边和南浦的朝鲜工业园区，推进农业、保健医疗、环境保护等领域的合作事业。

为了顺利地推进南北经济合作事业，南和北决定将现在的南北经济合作促进委员会升级为副总理级的南北经济合作共同委员会。

六、为了将民族悠久的历史和优秀的文化发扬光大，南和北决定发展历史、语言、教育、科学技术、文化艺术、体育等社会文化领域的交流与合作。

南和北决定实施白头山观光，并为此开通白头山—首尔间的直航。

南和北决定南北拉拉队首次搭乘京义线火车参加 2008 年北京奥林匹克运动会。

七、南和北决定积极推进人道主义合作事业。

南和北决定扩大离散家属和亲戚的团聚，推进影像和书信的交换事业。

为此，金刚山会面场所完工后，双方派驻常住代表，以推进离散家属和亲戚的经常相逢。

南和北决定在以自然灾害为首的灾难发生时，根据同胞爱和人道主义、相扶相助的原则积极进行合作。

八、南和北决定为了民族的利益和同胞的权利与利益，强化在国际舞台上的合作。

为了该宣言的履行，南和北决定举行南北总理会谈，第一次会议于 2007 年 11 月中旬在首尔召开。

为了南北关系的发展，南和北决定双方首脑随时会晤以对悬而未决的问题进行协商。

2007 年 10 月 4 日

大韩民国总统　　　　　　　朝鲜民主主义人民共和国国防委员长

卢武铉　　　　　　　　　　　　　　金正日

参考文献

一、外文资料

(一) 著作

[1] Hedley Bull.*The Anarchical Society*：*A Study of Order in World Politics*［M］.London: Macmillan, 1977.

[2] Phillip B. Davidson.*Vietnam at War*：*The history*：1946-1975［M］.Novato CA Presidio Press, 1988.

[3] Nguyen Phu Duc, Edited by Arthur J. Dommen.*The Viet-nam Peace Negotiations*：*Saigon's Side of the Story*［M］.Christiansburg: Dalley Book Service, 2005.

[4] McCune, George M. and Grey, Jr. Arthur L..*Korea Today*［M］.Cambridge, Massachusetts: Harvard University Press, 1950.

[5] U.S. Department of State.*Korea's Independence*［M］.Washington: 1974.

[6] ［韩］廉燉载.德国统一的过程与教训［M］.首尔：和平问题研究所，2010.

[7] ［韩］朴明林.韩国战争的爆发与起源（Ⅱ）［M］.首尔：Nanam 出版社，1996.

[8] ［韩］沈之渊.韩国政党政治史：危机和统合的政治［M］.首尔：白山书堂，2004.

[9] ［韩］全得柱.世界的分断事例比较研究［M］.首尔：Purungil 出版社，2004.

[10] ［韩］赵淳升.韩国分断史［M］.首尔：形成社，1982.

[11] ［韩］李庭植.大韩民国的起源［M］.首尔：一潮阁，2006.

[12] ［韩］郭台焕.北韩的协商战略和南北关系［M］.首尔：韩国庆南大学极

东问题研究所，1997.

［13］［韩］国土统一院.南北对话白皮书［M］.首尔：国土统一院（南北对话事务局），1988.

［14］［韩］北韩研究学会.北韩的统一外交［M］.首尔：景仁文化社，2006.

［15］［韩］统一部.国民政府的五年：和平与合作的实践［M］.2003.

［16］［韩］统一部.参与政府的和平繁荣政策［M］.2003.

［17］［韩］金昌勋.韩国外交的昨天与今天［M］.首尔：多乐园，2002.

［18］［韩］统一部.统一白皮书系列［M］.

（二）文章

［1］J. A. C. Grant.The Viet Nam Constitution of 1956［J］.*The American Political Science Review*，Vol. 52，No. 2 Jun.，1958.

［2］HUYNH KIM KHANH.Restructuring the Economy of South Vietnam［J］.*Southeast Asian Affairs*，1976.

［3］John C. Donnell.South Vietnam in 1975: The Year of Communist Victory［J］.*Asian Survey*，Vol.16，No.1，A Survey of Asia in 1975：Part 1 Jan.，1976.

［4］Harish Chandola.Towards Early Reunification［J］.*Economic and Political Weekly*，Vol. 10，No. 48 November 29，1975.

［5］Tai Sung An.The All-Vietnam National Assembly：Significant Developments［J］.*Asian Survey*，Vol.17，No. 5 May，1977.

［6］Robert D. Burrowes.Prelude to Unification: The Yemen Arab Republic, 1962－1990［J］.*International Journal of Middle East Studies*，Vol.23，No. 4 Nov.，1991.

［7］Robert D. Burrowes.State-Building and Political Construction in the Yemen Arab Republic, 1962-1977//Peter J. Chelkowski and Robert J. Pranger, eds., *Ideology and Power in the Middle East:Studies in Honor of George Lenczowski*［M］.Durham, N.C.: Duke University Press, 1988.

［8］Jim Lewis.People's Democratic Republic of Yemen：Struggle for Survival［J］.*Geography*，Vol.72，No. 4 October，1987.

[9] Sheila Carapico.The Economic Dimension of Yemeni Unity [J]. *Middle East Report*, No. 184, New Orders: The Middle East in a Realigned World Sep.–Oct., 1993.

[10] Border Clashes between North and South Yemen. - Earlier Unrest. Agreement on Unification of the Two Yemeni States [J].*Keesing's Record of World Events*, Volume 19, January, 1973.

[11] Sheila Carapico.Elections and Mass Politics in Yemen [J].*Middle East Report*, No. 185, Despots and Democrats Political Change in Arabia Nov.– Dec., 1993.

[12] Thomas B. Stevenson.Yemeni Workers Come Home: Reabsorbing One Million Migrants [J].*Middle East Report* 23, No. 181 March\April, 1993.

[13] Gwenn Okruhlik and Patrick Conge.National Autonomy, Labor Migration and Political Crisis: Yemen and Saudi Arabia [J].*Middle East Journal*, Vol. 51, No. 4 Autumn, 1997.

[14] Maxine Molyneux.Women's Rights and Political Contingency: The Case of Yemen, 1990–1994 [J].*Middle East Journal*, Vol.49, No. 3, Summer, 1995.

[15] Fred Halliday.North Yemen Today [J].*MERIP Reports*, No.130, The Contest for Arabia, Feb., 1985.

[16] Jih-Un Kim and Dong-Jin Jang.ALIENS AMONG BROTHERS?THE STATUS AND PERCEPTION OF NORTH KOREAN REFUGEES IN SOUTH KOREA [J].*ASIAN PERSPECTIVE*, Vol.31, No. 2, 2007.

[17] [韩] 金顺圭.北韩的初期统一政策:民主基地路线 [A] //庆南大学极东问题研究所.北韩体制的树立过程, 1991.

[18] [韩] 赵成大.南北韩统一政策的比较研究:以南北韩统一政策的变迁过程为中心 [J].学生生活研究, 1986 (6).

[19] [韩] 朴河一.南北韩的统一政策 [J].社会科学研究, 1988 (15).

[20] [韩] 金炼铁.金大中政府的对北政策评价和南北关系展望 [J].统一问题研究, 2003.

[21] [韩] 丁海龜.金大中政府的对北政策与南北经济协力:以"现代"事例为中心 [J].北韩研究学会报, 2005, 9 (2).

［22］［韩］朴健荣（音）.卢武铉政府对北政策的评价与课题［A］.韩国国际政治学会.学术发表大会论文集，2007（1）.

［23］［韩］崔镇旭.李明博政府的对北政策和北韩的反应：为了新的对北政策的建言［J］.统一政策研究，2008，17（1）.

二、中文资料

（一）著作

［1］童之伟.国家结构形式论［M］.武汉：武汉大学出版社，1998.

［2］陈云林.当代国家统一与分裂问题研究［M］.北京：九州出版社，2009.

［3］余富兆.越南历史［M］.北京：军事谊文出版社，2001.

［4］中国史学会.中法战争（一）［M］.上海：上海人民出版社，1956.

［5］陈鸿瑜."中华民国"与东南亚各国外交关系史（1912—2000）［M］.台北：鼎文书局股份有限公司，2004.

［6］梁英明，梁志明.东南亚近现代史［M］.北京：昆仑出版社，2005.

［7］世界知识出版社.印度支那问题文件汇编［M］.北京：世界知识出版社，1961.

［8］世界知识出版社.国际条约集（1934—1944）［M］.北京：世界知识出版社，1961.

［9］世界知识出版社.日内瓦会议文件汇编［M］.北京：世界知识出版社，1954.

［10］人民出版社.关于朝鲜停战协定的文件［M］.北京：人民出版社，1953.

［11］黄华.亲历与见闻：黄华回忆录［M］.北京：世界知识出版社，2007.

［12］贺圣达，王文良，何平.战后东南亚历史发展（1945—1994）［M］.昆明：云南大学出版社，1995.

［13］越南社会科学院史学院编.越南大事记（1945—1986）［M］.北京：军事译文出版社，1991.

［14］徐绍丽，等.越南［M］.北京：社会科学文献出版社，2005.

［15］李毅臻.统一之路与分裂之痛：二战后分裂国家统一的启示与统一国家分裂的教训［M］.北京：中国广播电视出版社，2007.

［16］本书编辑组.中国军事顾问团援越抗法纪实［M］.北京：中共党史出版社，2002.

［17］吕桂霞.遏制与对抗：越南战争期间的中美关系（1961—1973）［M］.北京：社科文献出版社，2007.

［18］人民出版社.朝鲜问题文件汇编［M］.北京：人民出版社，1954.

［19］时延春.当代也门社会与文化［M］.上海：上海外语教育出版社，2006.

［20］郭宝华.中东国家通史：也门卷［M］.北京：商务印书馆，2004.

［21］吴友法，邢来顺.德国：从统一到分裂再到统一［M］.西安：三秦出版社，2005.

［22］吴友法.德国现当代史［M］.武汉：武汉大学出版社，2007.

［23］萨纳柯耶夫，等.德黑兰、雅尔塔、波茨坦会议文件集［M］.北京：三联书店，1978.

［24］丁建弘，陆世澄，刘祺宝.战后德国的分裂与统一（1945—1990）［M］.北京：人民出版社，1996.

［25］人民出版社.德国问题文件汇编［M］.北京：人民出版社，1953.

［26］王绳祖，何春超，吴世民.国际关系史资料选编［M］.北京：法律出版社，1988.

［27］邓红英.民主德国德国政策的演变（1949—1990）［M］.武汉：湖北人民出版社，2009.

［28］中央马列主义研究所编写组.德国统一社会党简史［M］.北京：人民出版社，1990.

［29］世界知识出版社.欧洲安全和德国问题文件汇编（第一集）［M］.北京：世界知识出版社，1956.

［30］杨绍全.韩国文化史［M］.济南：山东大学出版社，2009.

［31］黄连枝.东亚的礼仪世界——中国封建王朝与朝鲜半岛关系形态论［M］.北京：中国人民大学出版社，1994.

［32］朴真奭，姜孟山，等.朝鲜简史［M］.延吉：延边大学出版社，1998.

［33］曹中屏.当代韩国史（1945—2000）［M］.天津：南开大学出版社，2005.

［34］［英］安东尼·史密斯.民族主义：理论、意识形态、历史［M］.叶江，译.上海：上海世纪出版集团，2006.

［35］［美］约翰·A.霍尔，G.约翰·艾坎伯雷.国家［M］.施雪华，译.长春：吉林人民出版社，2007.

［36］［美］罗伯特·麦克纳马拉.回顾——越战的悲剧与教训［M］.陈丕西，

译.北京：作家出版社，1996.

[37] 越南国防部军事历史院.越南人民军50年（1944—1994）[M].北京：军事谊文出版社，1996.

[38] [美]亨利·基辛格.基辛格越战回忆录[M].慕羽，译.海口：海南出版社，2009.

[39] [也]艾哈迈德·拉荷米中校，等.也门革命秘录[M].杨福昌，译.北京：商务印书馆，1981.

[40] [法]乔治·埃斯蒂厄弗纳尔.德意志联邦共和国政党[M].上海师范大学外语系语法专业1975届工农兵学员及部分教员，译.上海：上海人民出版社，1976.

[41] [联邦德国]康拉德·阿登纳.阿登纳回忆录（1945—1953）（第一卷）[M].上海外国语学院德法语系德语组部分同志，译.上海：上海人民出版社，1976.

[42] [民主德国]乌布利希.目前形势和德国统一社会党的新任务[M].纪年，译.北京：世界知识出版社，1954.

[43] 萧汉森，黄正柏.德国的分裂、统一与国际关系[M].武汉：华中师范大学出版社，1998.

[44] [联邦德国]维利·勃兰特.会见与思考[M].张连根，等，译.北京：商务印书馆，1979.

[45] 何春超，等.国际关系史资料选编[M].北京：法律出版社，1988.

[46] [德]卢夫特·克利斯塔.最后的华尔兹：德国统一的回顾与反思[M].朱章才，译.北京：中央编译出版社，1995.

[47] [德]特奥多尔·霍夫曼.最后一道命令：东德剧变亲历记[M].王建政，译.海口：海南出版社，2001.

[48] [朝]金日成著作选集1[M].平壤：朝鲜劳动党出版社，1975.

[49] [朝]朝鲜民主主义人民共和国宪法[M].平壤：新朝鲜社，1956.

[50] [朝]许哲.朝鲜问题[M].吴应镐，译.北京：大众书店出版社，1950.

[51] [朝]金日成略传[M].平壤：朝鲜外文出版社，2001.

[52] [朝]金日成著作集系列[M].平壤：朝鲜外文出版社.

（二）文章

[1] 王文光.越南京族、芒族的由来与发展之我见[J].广西民族研究，1994（3）．

[2] 罗文青.越南语言文字使用的历史回溯[J].广西民族大学学报（哲学社会科学版）.2009, 29（1）．

[3] ［越］青山.四十五年来的越南工业[J].李岳洪，译.东南亚研究，1991（1）．

[4] 李信.南越历届政府头目更迭简况[J].印度支那，1986（2）．

[5] ［美］伯纳·B.佛尔（Bernard B. Fall）.南越的经济基础[J].云翔，译.南洋问题资料译丛，1965（1）．

[6] ［法］米谢尔·林波格.越南民主共和国的经济现状[J].王云翔，译.南洋问题资料译丛，1957（1）．

[7] ［越］陈芳.关于越南南方的所谓"土地改革"[J].绿叶，张良生，译.东南亚研究资料，1965（1）．

[8] ［越］尊室善.1954—1960年南越经济的发展[J].承泽，译.东南亚研究资料，1962（1）．

[9] 然.南越伪军武装部队[J].世界知识，1965（13）．

[10] 王晓东."国家建设"战略与肯尼迪政府对南越的非军事介入[J].内江师范学院学报，2005, 20（1）．

[11] ［美］K.G.古华巴拉（Kenichi G. Kuwabara）.南越经济基本资料[J].廖宝昀，译.东南亚经济资料汇编，1960（1）．

[12] ［越］彪欢.日内瓦和平协定带给南越的经济后果[J].许华，译.南洋问题资料译丛，1959（2）．

[13] ［越］彪欢.南越：一个依赖性的经济结构[J].魏嵩寿，译.南洋问题资料译丛，1959（3）．

[14] ［日］江桥正彦，山田康博.战后北越经济三十年（1945—1975年）[J].汪慕恒，译.南洋资料译丛，1981（4）．

[15] ［越］黄灵，文问.停滞不前的南越农工业[J].徐善福，译.东南亚经济资料汇编，1960（1）．

[16] ［越］明之.南越经济危机[J].徐善福，译.东南亚经济资料汇编，1959（1）．

[17] [法]米谢尔·林波格.越南民主共和国的经济状况[J].王云翔,译.南洋问题资料译丛,1957(1).

[18] 李伯杰."一个麻烦的祖国"——德意志民族的德国认同危机[J].清华大学学报(哲学社会科学版),2010,2(25).

[19] 徐良利.论马丁·路德在德意志民族国家形成中的作用[J].湘潭师范学院学报,1994,15(1).

[20] 赵智滨.熊津都督府陷落始末——兼论唐罗战争的爆发[J].中国边疆史地研究,2010(2).

[21] 郑红英.朝鲜民族的起源与原初文化[J].安徽文学,2008(7).

[22] 林坚.朝鲜半岛的中国移民历史考察[J].延边大学学报(社会科学版),2009,42(2).

[23] 齐欢.二战后越南现代化进程研究(1945—2010)[D].云南大学博士学位论文,2008.

[24] 杨勇.在革新中寻求富强:统一后越南现代化的路径选择与实践研究[D].南京理工大学硕士学位论文,2004.

[25] 邵笑.美国—北越巴黎谈判与越南战争的终结(1969—1975)[D].华东师范大学博士学位论文,2010.

[26] 蒋超喆.也门统一问题的历史考察[D].上海社会科学院硕士学位论文,2012.

后 记

对统一问题进行比较研究的兴趣产生于十多年前。当时，笔者在韩国庆南大学学习时选修了具甲祐教授开设的一门课程——《南北统合论》。这门课程主要是围绕着这样一个问题而设计，即朝鲜半岛南北两侧在统一过程中如何在政治、经济、社会体制以及文化和社会心理等方面消除因数十年的分裂而产生的异质化问题。为了使选修者更形象、更深入地思考朝鲜半岛的统一问题，课程还将也门和德国的统一作为案例纳入了内容体系。

看到这门课程的名称后，笔者十分好奇，因为在已有的概念体系中，在国家统一问题上经常使用的概念是"统一"，没有或很少使用"统合"。那么，"统合"究竟是一个什么概念？还原成英文后，发现"统合"这一概念相当于我们学术语境中的"一体化"(integration)，但是在我们的学术习惯中，这个概念经常被用于描述主权国家走向某种程度的地区联合的现象或过程，如欧洲一体化。在国家统一问题上使用统合概念要强调什么？揣着这些问题，笔者选修了这门课，也就是从那时起，笔者开始收集相关资料，对统一问题进行比较研究。在此过程中，笔者对于统一概念和统一事物的认识也发生了一些变化，感觉到统一不应该仅仅是一种结果，而更应该是一种过程。

到中国政法大学工作之后，正好赶上学校教务处提倡开设案例课程，于是便决定在过去研究的基础上开设一门以统一问题为对象的比较研究的案例课。经过一段时间的准备之后，从2009年起，笔者面向本科生开设了《分裂国家统一方式案例研究》这门课。迄今，已经整整过去了五年的时光，这门课程也连续讲授了五次。此间，选修这门课的同学来自中国政法大学的各个专业，既有政治学和国际政治学专业的，也有国际法、行政和公共管理等专业的，甚至还有刑法、经济学等专业的。选课人数时多时少，多则近百名，少则十来名。

研教相促、教学相长，五年来通过教、学、研的互动，笔者受益匪浅。专业背景不同的同学对统一问题的关注视角和关注问题是不同的，正是在教学过程中不同专业背景的同学所提出的众多视角新颖而独特的问题促使笔者去收集更多的资料、进行更多的思考，最终促成了拙作于今日面世。

进行比较研究不是一件容易的事情，其中最难的是建立比较框架的问题。尽管都是统一问题，但各自的情况又千差万别。硬是在千差万别的个案中抽取共性的要素并建立比较框架，不仅需要深入的洞察力，更需要高屋建瓴的概括和抽象功力。在拙作中，笔者努力尝试建立这样一个观察统一问题的框架，但自感功力不够。同时，又因四个案例涉及四种语言，笔者除了英语和朝鲜语之外，对于德语、越南语和阿拉伯语全然不知，资料收集难度之大亦可想而知。因此，从建立框架到资料收集再到下笔行文都会存在众多的缺陷与不足，这一切还望读者给予谅解。

借拙作的出版之机，对我的同事及领导——中国政法大学政治与公共学院院长常保国教授致以衷心的感谢，以常保国院长为代表的院领导班子不但为我们创造出一个宽松而惬意的学术空间与氛围，对于本书的出版更是给予了无微不至的关怀；对知识产权出版社的领导对本书的出版所给予的大力支持致以衷心的感谢；对以雷春丽老师为代表的编辑们为本书的出版所付出的辛勤和汗水致以衷心的感谢；最后，对所有曾给予我学术支持、鼓励和帮助，给予我学术启迪的老师、朋友和同学们致以衷心的感谢。

韩献栋
2014 年 6 月于北京